# Anekdoten von Fontane

# *Ein gewisses Quantum Mumpitz*

# *Anekdoten von Theodor Fontane*

Gesammelt und aufgeschrieben
von Werner Liersch

EULENSPIEGEL VERLAG

## *Ankunft 1819*

Im Jahr 1819 wird Goethe siebzig, kaufen die USA Florida, ersticht der Student Sand in Mannheim den Lustspieldichter Kotzebue, verliert Beethoven sein Gehör, wird Gottfried Keller geboren, stirbt Marschall Blücher, heiraten am 24. März in Berlin der dreiundzwanzigjährige Louis Henri Fontane und die einundzwanzigjährige Emilie Labry, trifft das junge Ehepaar drei Tage später in Neuruppin ein, übernimmt Louis Henri mit einem Kredit des Vaters die Löwenapotheke, schreibt dieser Vater sich ins Tagebuch »Gott der Allmächtige mache ihn zum Gegenstand seines Segens«, wird dem jungen Paar am 30. Dezember nachmittags zwischen 4 und 5 Uhr das erste Kind geboren: Henri Théodore. Im Neuruppiner Kirchenbuch auch eingetragen als: Heinrich Theodor Fontane.

## *Ankunft 1694/1813*

Am 26. Februar 1662 wurde in Nîmes Jacques François Fontaine geboren. Jacques wird Strumpfwirker, im katholischen Frankreich Protestant, emigriert 1694 nach Brandenburg-Preußen, heiratet in Berlin, bringt es in der Stadt zu Reichtum, den sein 1698 geborener Sohn Pierre François als Zinngießer vermehrt. Dessen Sohn Pierre Barthélemy, ebenfalls ein Zinngießer, führt eine Neuerung ein. Er läßt das »i« im Namen fallen und nennt sich *Fontane*. Im Dienst des friderizianischen Hofes, in den er um 1780 tritt, heißt er »Peter Fontane, Zeichenmeister der Königlichen Kinder«. Peter wird der Vater von Louis

Henri, dem Vater des Dichters. Apothekerlehrling Louis Henri tritt ohne innere Schwierigkeiten am 24. März 1813 als freiwilliger Jäger zu Fuß in das preußische Kriegsaufgebot gegen Napoleon ein. Und ein dreiviertel Jahr später kehrt er aus dem Feld heim. Bei seiner Ankunft in Berlin ist er Feldlazarett-Apotheker.

## *Lebenseintritt*

Für Emilie Fontane, geborene Labry, deren Familie aus der Languedoc am Ende des 17. Jahrhunderts in das Magdeburgische einwanderte, war die Geburt des Sohns Theodor eine Sache *auf Leben und Sterben*. Warf man ihr später, als schon die Brüder Rudolph und Max, die Schwester Jenny geboren waren, vor, sie bevorzuge Theodor, dachte sie an seinen Eintritt ins Leben und antwortete einfach: »Er ist mir auch am schwersten geworden.«

## *Dissertation*

In der Ära von »Blut und Boden« und der nazistischen »Rassegesetze« erforschte eine Frau Ursula Wiskott 1938 in einer Dissertation den Anteil deutschen und französischen »Blutes« in dem Schriftsteller Theodor Fontane. Frau Wiskott errang den Doktortitel einer deutschen Universität mit der Feststellung, der Dichter sei zu 19/32 deutscher und 13/32 französischer Herkunft gewesen. Sie rettete Fontane mit dieser Rechnung für das Dritte Reich; unter seinen 32 direkten Vorfahren waren »19 rein deutschen und 13 rein französischen Stammes«.

## *Souvenirs*

Louis Henri Fontane brachte aus dem Krieg von 1813 eine Flinte, eine Brieftasche samt Kugel darin, Abenteuer und eine Lehre mit, an die er sich nicht hielt.

Die Flinte verstaubte in den Flurwinkeln der verschiedenen Familienwohnungen der späteren Jahre.

Die Kugel war bei der Schlacht von Großgörschen in den Tornister Louis Henris eingeschlagen, durchbohrte den Wäschevorrat und blieb in den Pergamentblättern einer dicken Brieftasche stecken. Tornister trägt man gewöhnlich auf dem Rücken.

Vater Louis Henri erklärte Sohn Theodor die Angelegenheit später so: »Du mußt wissen, mein lieber Sohn, es war kein Schuß von hinten; wir stürmten einen Hohlweg, auf dessen Rändern, rechts und links, französische Voltigeurs standen. Also Seitenschuß.«

Louis Henri hatte eine Reihe weiterer Gefechte mitgemacht. Der Sohn fragte: »Die waren dir nun wohl vollkommen gleichgültig?«

»Kann ich durchaus nicht sagen.«

»Ich dachte, die Macht der Gewohnheit ...«

»Die Macht der Gewohnheit ist im Kriege, wenigstens nach meiner persönlichen Erfahrung, von keinerlei Trost und Bedeutung. Eher das Gegenteil. Man sagt sich, wer drei- oder viermal heil durchgekommen ist, hat Anspruch, das fünfte Mal dran glauben zu müssen. Eine Karte, die viermal gewonnen, hat immer Chance, das fünfte Mal zu verlieren.«

Später am Spieltisch hielt sich der Neuruppiner Apotheker nicht an die kriegerische Erfahrung. Louis Henri spielte regelmäßig auch noch die fünfte Karte und verspielte Löwen-Apotheke und Vermögen.

## *Glückskind*

Louis Henri Fontane brauchte die sieben Jahre von 1819 bis 1826, um sein Geld beim Whist zu verspielen. Der Hauptgewinner war ein benachbarter Rittergutsbesitzer in Kränzlin. In seinen Lebenserinnerungen nannte Fontane später seinen Vater doppeldeutig ein »Glückskind«.

Als ihm dreißig Jahre später der Sohn des Rittergutsbesitzers eine kleine Summe Geld lieh, sagte Louis Henri: »Das stecke nur ruhig ein, sein Vater hat mir ganz allmählich zehntausend Taler in Whist en trois abgenommen.«

Dem Spieler redeten Frau und Vater energisch immer wieder ins Gewissen, bis er sich entschloß, der sein Selbstbewußtsein verletzenden Lage durch den Verkauf der Apotheke zu entfliehen. Das »Glückskind« erhielt dabei beinahe das Doppelte, das er einmal angelegt hatte.

## *Louis Henris wundersame Fahrten*

Pferd und Wagen und mit ihnen herumzukutschieren war die andere große Leidenschaft von Louis Henri Fontane. Nach dem Verkauf der Neuruppiner Löwen-Apotheke gab es einen guten Grund, unterwegs zu sein. Die Suche nach einer neuen Apotheke. Louis Henri suchte ein dreiviertel Jahr, bis Weihnachten 1826. Mit seinem Schimmel durchstöberte er Brandenburg, Sachsen, Thüringen, und zum Ende des Jahres zog es ihn auch nach Pommern. Als Leichtfuß konnte er nicht gelten. Solch ein Geschäft wollte ja überlegt sein. »Je kritischer er verfuhr, je länger konnte er seine Fahrten fortsetzen«, sagte der Sohn später. »Sein Lebelang in der Welt umherzukutschieren, immer auf der Suche nach einer Apotheke, ohne diese je finden zu können, wäre wohl sein Ideal gewesen.«

Louis Henri machte offensichtlich eine Lebensreise. Auf seine Art fuhr er der unendlichen Frage hinterher, was des Menschen Sinn zwischen Anfang und Ende sei, und da er zwar ein Spieler, aber sonst ein redlicher Mann war, mag er gewußt haben, daß man der Antwort zwar näher, aber sie nie wirklich bekommen kann. Louis Henri Fontane fehlte etwas. Er war auf der wundersamen Suchreise des Peter Schlemihl, des Mannes ohne Schatten. Manchmal ehrt einen, was man nicht hat und nicht kann.

## *Swinemünde, besser für Pferde*

In der Dezemberkälte des Jahres 1826 begann Louis Henri auf der Suchreise sein Schimmel zu dauern, und er benutzte die Fahrpost. Bei 26 Grad Kälte erreichte er Swinemünde und wurde fündig. Vielleicht auch, weil der Kognak in der Flasche gefror und der treue Schimmel ihm fehlte oder die Geburt seines vierten Kindes unmittelbar bevorstand. Louis Henri vereinbarte mit der Witwe Geißler den Kauf der Swinemünder Adler-Apotheke. Vor dem Mann kam ein Brief zur Familie nach Neuruppin: »Wir haben nun eine neue Heimat, die Provinz Pommern, Pommern, von dem man vielfach falsche Vorstellungen hat; denn es ist eigentlich eine Prachtprovinz und viel reicher als die Mark. Und wo die Leute reich sind, lebt es sich auch am besten. Swinemünde ist zwar ungepflastert, aber Sand ist besser als schlechtes Pflaster, wo die Pferde ewig etwas am Spann haben. Freilich ist noch ein halbes Jahr bis zur Übergabe, was ich beklage. Man muß doch wieder etwas zu tun haben.«

## *Anekdotenerzähler*

Louis Henri Fontane hatte in den Befreiungskriegen 1813 zwar die großen Schlachten von Großgörschen und Bautzen mitgemacht, doch wußte er auch über Napoleon und seine Marschälle von Marengo bis zu den Sankt-Helena-Tagen des Kaisers Anekdoten, als habe er zum Gefolge gehört. Auch aus diesem Grunde war das Haus des geschichtsfesten Besitzers der Adler-Apotheke ein Anziehungspunkt für die

Honoratioren des bescheidenen Seestädtchens, das Friedrich II. gegründet hatte.

Einmal war Konsul Thompson in der Apotheke zu Gast und brachte mit, daß der Marschall Bertrand auf der Verbannungsinsel St. Helena aus Liebe zum Kaiser ihm zeitweilig seine angetraute Frau abgetreten haben soll. Thompson fragte in Gegenwart von Frau Emilie, ob sich denn sein Freund Louis Henri auch zu einem ähnlichen Akt loyaler Aufopferung entschlossen hätte?

»Unbedingt, wenn ich Bertrand gewesen wäre.«

»Das sind Ausflüchte, lieber Bruder. Ich möchte wissen, wie du dich persönlich dazu verhältst.«

»Alle solche Fragen empfangen in den oberen Regionen eine neue, von dem Gewöhnlichen mehr oder weniger abweichende Beleuchtung.«

»Ich glaube, daß du recht hast, und wir müssen am Ende glücklich sein, daß wir nicht in jenen oberen Regionen leben; wir wären sonst vor nichts sicher.«

»Sind wir auch nicht. Im absoluten Staat gehört alles dem König; er kann mir nicht bloß meine Frau nehmen, auch meinen Kopf.«

»Das hat er schon«, sagte Frau Emilie und verließ das Zimmer. Als Thompson gegangen war, bekam Louis Henri einiges zu hören. Ob er denn nicht merke, daß die Leute sich einen Spaß mit ihm machen wollten? Ja, sagte der Apotheker, aber er sei ein freundlicher Wirt, und dann *kultiviere* er auch das Historische, um *nützliche Kenntnisse zu verbreiten*.

»Guter Wirt. Nun vielleicht«, sagte Frau Emilie skeptisch und definierte den Typ des Anekdotenerzählers mit leichter Unterstützung ihres anekdotenverliebten Sohnes Theodor, der ihr siebzig Jahre später in den Mund legte: »Du hast bloß die grenzenlose Schwäche, deine Geschichten immer wieder anbringen zu wollen, und bist schlimmer als die schlimmsten Anekdotenerzähler, die, wenn man ihnen sagt ›kenn ich schon‹, sich nicht stören lassen und ruhig weitersprechen.«

## *Geschichtsprofessor*

Auf die Frage, was er werden wolle, antwortete Fontane als Zehnjähriger ohne Zaudern: »Professor der Geschichte.«

## *Fontanes erstes Werk*

Bei einer Versteigerung in Hamburg 1963 tauchte auf wundersame Weise ein in schmales Rückenleder gebundenes Heft des Swinemünder Knaben auf. Das erste Manuskript Fontanes! In einzelnen Aufsätzen gibt der Elfjährige eine fortlaufende Darstellung der deutschen Geschichte von Ludwig dem Frommen bis zum Spanischen Erbfolgekrieg. Und er hatte Erkenntnisse mit Ewigkeitswert. »Heinrich vermählte sich mit der Berta nach her vertrieb er sie sahe aber zuletzt ein das es ohne einem Weibe nicht ginge und nahm sie sich wieder.«

In einer Schlußbemerkung sagte der junge Mann

ohne Punkt und Komma selbstbewußt: »Theodor Fontane hat es aus geschrieben gans allein es ist gewiß war ihr könnt es mir glauben alle samt und sonders denn ich lüge nicht das könnt ihr glauben er ist ein ehrlicher Neuruppiner.«

### *Überregulierung*

Ja, Swinemünde war herrlich ...«, sagte der alte Mann mit Punkt und Komma und zählte die Herrlichkeiten der Kindheit auf: Sturm und Überschwemmungen, das Leben auf Strom und See, englische Matrosen und russische Dampfschiffe und nichts lernen zu müssen, keine unregelmäßigen Verba. Ruhm der Bequemlichkeit war das nicht. Nur realistisch. Wissen, das die Lebenspraxis ersetzen sollte, war ihm degoutant. »Die rasch wachsende Verlederung der Menschen datiert von Examinas, und wir sind deshalb das langweiligste Volk, weil wir das Examensvolk sind.« Im siebenten Lebensjahrzehnt kannte er den Anfang – und wußte, wie es weiterging. »Alles war Poesie. Die Prosa kam bald nach, in allen möglichen Gestalten, oft auch durch eigene Schuld.«

### *Prosa*

Der fantasievolle Vater war recht fantasielos, Sohn Theodor einen Beruf zu bestimmen. Fontane begann 1836 seine Lehrzeit als Apotheker in der Berliner Apotheke »Zum weißen Schwan« in der Spandauer Straße. »Warum ich das bin?« fragte sich der Dreißigjährige und gab selbst die lakonische Antwort: »Mein Vater sprach: ›Car tel es notre plaisir‹ (Denn das ist unser Vergnügen); zudem war er selbst Apotheker; ein anderer Grund liegt nicht vor …«

## *Zu jung*

Eine Zeitlang waren Sohn Theodor und Vater Louis Henri Fontane zu jung füreinander.

Eingeklemmt zwischen den Brotberuf eines Apothekers und den Wunsch, ein Poet zu werden, eine Frau zu haben und doch nicht über die Mittel für eine Familie zu verfügen, rebellierte der dreißigjährige Sohn gegen den Vater: »Der Egoismus meines Vaters, der immer Geld hatte für Wein und Spiel, nie für Erziehung und Zukunft seiner Kinder, hat schlimme Frucht getragen …« Jahrzehnte später waren andere Früchte für den Sohn gereift.

Auch das Leben des Louis Henri Fontane, der sein Vermögen vertan, den Sohn enttäuscht, die Ehe mit Frau Emilie zerstört hatte, war weitergegangen. Das *Beste* des Lebens, seine *Jugend*, schien dem Mann, der schließlich einsam in einem kleinen Häuschen in Schiffmühle bei Bad Freienwalde wohnte, *Schuld* an allem zu haben. Dem Sohn Theodor, der jedes Jahr liebevoll den *schiefgewickelten Weltweisen* besuchte, sagte Louis Henri 1867 kurz vor seinem Tod: »Sieh, ich hatte noch nicht ausgelernt, da ging ich schon in den Krieg, und ich war noch nicht lange wieder da, da verlobte ich mich schon. Und an meinem dreiundzwanzigsten Geburtstag habe ich mich verheiratet, und als ich vierundzwanzig wurde, da lagst du schon in der Wiege ... das mit der Unerfahrenheit bleibt ein schlimmes Ding.«

Den alten Fontane vor Augen schrieb der alte Fontane den Satz: »Wie er ganz zuletzt war, so war er eigentlich.«

## *Poesie*

Fontanes Vater suchte die Poesie des Lebens am Spieltisch und im Unterwegssein mit Pferd und Wagen, sein Sohn in der »richtigen« Poesie. Im Oktober 1833 war Theodor nach Berlin zur Vorbereitung auf die Apothekerausbildung gekommen, aber lieber als in der Schule saß er in den Berliner Cafés und las in den literarischen Journalen. Und es kam, wie es kommen mußte. Nach einiger Zeit begann er, Gedichte zu machen. Sehr schlimme.

»Der Bach und der Mond
Es floß ein Bach durch Waldesgrün,
War lauter, klar und rein,
Viel Blümchen an dem Bache blühn,
Und alle nett und fein ...«
Usw.

Und er wurde trotzdem ein Dichter.

## *Weidendammer Brücke*

Im Dezember 1845 wohnte Fontane in Berlin bei seinem Onkel August. Es kam der 8. Dezember, der Tag von Augusts Geburtstag. In den frühen Nachmittagsstunden erhielt Neffe Theodor an seinem

Arbeitsplatz in der Schachtschen Apotheke einen zierlichen, dreieckigen Brief. In Schulmädchenschrift las er: »Lieber Freund. Ich war eben zur Gratulation bei Ihrem Onkel und erfuhr zu meinem Bedauern, daß Sie durch Ihren Dienst verhindert sind, die heutige Geburtstagsfeier mitzumachen. Ich meinerseits werde da sein, bin aber in einiger Verlegenheit wegen des Nachhausekommens. Ich denke, Ihr Bruder soll mich um 10 bis an Ihre Apotheke begleiten, von wo aus Sie wohl den Rest des Weges übernehmen.

Ihre Emilie Kummer«

Um 10 Uhr stand das Fräulein vor der Apotheke. Der Weg ging von Süden nach Norden die ganze Friedrichstraße hinunter bis zum Oranienburger Tor und dann in die Oranienburger Straße hinein, wo Emilie Kummer vis-à-vis vom Posthof wohnte. Emilie und Theodor liefen entspannt und »plauderhaft« durch das nächtliche Berlin, sie kannten sich seit Kindertagen.

Wenige Schritte vor der Weidendammer Brücke sagte Theodor plötzlich: »Ja, nun ist es wohl eigentlich das beste, dich zu verloben.« Und wenige Schritte nach der Brücke stand für ihn fest, mit Emilie Kummer verlobt zu sein. Doch auch für das Mädchen? Vor der Kummerschen Haustür packte ihn noch einmal eine »kleine Angst«, ob denn der Himmel tatsächlich auf der Erde ein Fenster für ihn auftat. Er nahm die Hand des Fräuleins, um ohne alles Plauderhafte ihre Liebe zu beschwören.

Fünf Jahre mußte er noch warten, bis das Verlöbnis in einer Ehe mit Emilie Kummer eingelöst wurde. Gut doppelt so lange kannten sich der Apotheker und das Mädchen schon bei der Verlobung auf der Spreebrücke. Ihre Gemeinsamkeit sollte bis zum Lebensende halten.

## *Die Verlobte*

Seine spätere Frau Emilie hatte Fontane das erste Mal als »Nachbarskind« in der »Großen Hamburger Straße« gesehen, als er fünfzehn und sie zehn Jahre alt war. Onkel August hatte den Neffen zu sich in Pension genommen, als der Junge 1833 begann, in Berlin zur Schule zu gehen. Emilie war die Adoptivtochter eines älteren sächsischen Herren aus dem Nebenhaus, den die Leute wegen seines Rufes als Erfinder und Tausendkünstler respektvoll »Herrn Rat Kummer« nannten. Knabe Theodor traf auf ein abenteuerlich gekleidetes Mädchen. Die nassen Stiefel baumelten an den Beinen herab. Den kleinen Mantel von rotem Merino schmückten schwarze Käfer. Und auf dem Kopf trug Emilie Kummer einen sonderbaren, nach hinten gerutschten Strohhut, der ihr bei anderen Berliner Rangen den Spitznamen »das Mädchen mit de Eierkiepe« eintrug. Das allerauffälligste aber war das Gesicht. »Ein blasses Dreieck mit vorspringender Stirn und Stupsnase, war nahezu häßlich, aber die zurückliegenden, etwas unheimlichen Augen glühten wie Kohlen und machten, daß man das Kind bemerken mußte.«

Emilie war ein Berliner Kind und ein französisches Kind aus dem Languedoc. Ihr eigentlicher Name war »Rouanet« gewesen, den sie, früh verwaist, bei ihrer Adoption durch Kummer verloren hatte. Als sie geboren wurde, lebte in hohen Jahren der Großvater Jean Pierre Barthelmy Rouanet noch als Stadtkämmerer im märkischen Städtchen Beeskow.

»Ich möchte beinahe sagen«, erinnerte sich der alte Fontane, »daß ich mich auf der Stelle in das sonderbare Kind verliebte.« Und auf der Stelle kam auch die Eifersucht. Zunächst auf einen um ein Jahr älteren Freund, an dessen Rockschößen das wilde Kind hing, um sich über die herrliche Schlitterbahn des zugefrorenen Gossenunrates in der »Großen Hamburger« ziehen zu lassen. Zehn Jahre später beinahe auf jeden, der in ihre Nähe kam.

Der Verlobte dankte der Verlobten, daß »Du für die schreckliche Krankheit meines Herzens, die doch am Ende mich am meisten quält, stets ein Wort des Trostes hast – sieh, mein Herz, dann muß es doch am Ende anders mit mir werden, und ich werde dann so unbegrenzt in meinem Vertrauen sein, wie jetzt wahnsinnig in meinem Argwohn. Rede mir zu, streichle mich, blicke mich fest und freudig an – ach, Du kannst alles auch mit Worten, auch wenn Du mir fern bist – thu es, und zu meiner Liebe gesellt sich mein wärmster Dank. Ich will ein Mann sein, Dein Mann, und ich bitte Dich: behandle mich wie ein Kind.«

Später bestimmte Emilie Fontane, die Briefe aus der Verlobungszeit nach ihrem Tode ungelesen zu vernichten. Der Verlobte hatte einem Freund gestanden: »Ich habe in meiner Liebe viele Kämpfe durchgemacht ... zu dem Allen hab ich den Höllensoff brennender Eifersucht gekostet.« Die Büchse der Pandora kann eben auch ein Becher sein.

## *Aufruf*

Während seiner am 1. Juli 1842 begonnenen neunmonatigen Dresdner Apothekerzeit zeugte Theodor Fontane zwei uneheliche Kinder. In einem Brief an den Freund Bernhard von Lepel gestand der Verlobte am 1. März 1849: »Denke Dir ›Enthüllung No II‹; zum zweiten Male unglückseliger Vater eines illegitimen Sprößlings. Abgesehen von dem moralischen Katzenjammer, ruf' ich aus: ›Kann ich Dukaten aus der Erde stampfen usw.‹

Meine Kinder fressen mir die Haare vom Kopf, eh die Welt weiß, daß ich überhaupt welche habe.

O horrible, o horrible, o most horrible! ruft Hamlets Geist, und ich mit ihm. Das betreffende interessante Aktenstück (ein Brief aus Dresden) werd' ich Dir am Sonntag vorlegen, vorausgesetzt, daß Du für die Erzeugnisse meines penes nur halb so viel Interesse hast wie für die meiner Feder.«

Der Brief wurde lange unterdrückt und fand erst in den letzten Jahrzehnten Aufnahme in die Briefausgaben. Die Namen der Mütter und Kinder sind bis heute unbekannt. Die illegitimen Nachfahren

Theodor Fontanes werden herzlich gebeten, sich zu melden.

## *Emilies Großvater*

Großvater Rouanet hatte in den sechziger Jahren des 18. Jahrhunderts Südfrankreich verlassen und war in die Schweiz gegangen. Rouanet hatte die Heimat im Streit verlassen. Nach Sitte der Zeit wollte ihn die Familie in Toulouse als jüngsten Sohn zum katholischen Geistlichen machen. In der Schweiz fiel Jean Pierre preußischen Werbern in die Hände, und in Potsdam wurde er unter die »Langen Kerls« des Bataillons Garde eingereiht. Der Franzose maß nicht weniger als 1,90 Meter. Weil er, was Wunder, so gut Französisch sprach, wurde Jean Pierre ein Protegé Friedrichs II. und für ein Amt im Städtchen Beeskow bestimmt. Weil er, was Wunder, so schlecht Deutsch sprach, wollten ihn die Beeskower nicht. Und für ein Kirchenamt wollte ihn die evangelische Gemeinde wegen der falschen Konfession nicht. Jean Pierre hingegen wollte nicht, weil die Beeskower ihm ein zu geringes Gehalt zahlen wollten. Aber königliche Rescripte regelten alles zu seiner Zufriedenheit. Und in der »Franzosenzeit« 1806, als die napoleonischen Truppen in die Mark kamen, waren die Beeskower mit ihrem Stadtkämmerer dann besonders zufrieden, weil er so gut Französisch sprach. Auch sein Gehalt hatte sich erheblich gebessert. Der 81jährige Rouanet bezog bei seiner Pensionierung das volle Gehalt in bar von 500 Reichstalern und dazu 24 Scheffel Roggen, 11 Scheffel Hafer und 39 Klafter dreifüßiges Elsenholz im Jahr. Ein schönes Einkommen.

Fontane will wissen, die Beeskower hätten sich getröstet, daß es der Alte nicht mehr lange machen und die Stadtkasse so bald entlastet würde. Doch als es dann dauerte, verbreiteten sie, Jean Pierre sei längst tot, aber die Angehörigen besäßen ein gutes Porträt von ihm, das sie abends immer ins Fenster stellten, um die Vorübergehenden zu täuschen. Rouanet wurde 91 Jahre und starb 1837.

Generationen nach Rouanet und Fontane bezweifelte ein Beeskower Chronist die Täuschung, weil das »doch in einer Kleinstadt wie Beeskow mit noch nicht 4000 Einwohnern ganz undenkbar« sei! Recht hatte der Mann. Was aber wäre das Leben ohne die Anekdote? Besonders die Fontanesche. Durch nichts wird eine Menschenseele besser geschildert als durch die kleinen Züge, meinte der Meister. »Schon das Sprichwort sagt: ›An einem Strohhalme sieht man am deutlichsten, woher der Wind weht.‹«

## *Namenswechsel*

Jean Pierre Barthélemy Rouanet war dreimal verheiratet gewesen, und in seiner dritten Ehe mit der Tochter eines Beeskower Arztes wurde 1790 Thérèse Rouanet geboren, die einen Prediger heiratete. Er starb bald und ohne Nachkommen. Ein Kind stellte sich erst viele Jahre später in der Witwenschaft Thérèses ein. Es war Emilie Rouanet, Fontanes spätere Frau, die am 24. November 1824 in Dresden geboren wurde. Ihr Vater war der unverheiratete preußische Bataillonsarzt Georg Bosse. In die Familie des Beeskower Stadtkämmerers wurde ein Skandal hineingeboren. Die Familie entledigte sich seiner, wie eine reiche Familie es kann. Sie setzte in die Berliner »Vossische Zeitung« eine Adoptionsanzeige, auf die sich ein kinderloses Berliner Ehepaar unter Zusicherung einer namhaften Summe meldete. Es war der »Rat« Kummer mit seiner Frau, und so wurde in ihrem vierten oder auch fünften Lebensjahr aus Emilie Rouanet eine Emilie Kummer. Ein paar Jahre später erfuhr sie ihre wirkliche Herkunft und ihren wirklichen Namen. Den sie allein bewahren sollte. Denn 1842 machte ihre Mutter noch einmal eine »gute Partie« und heiratete einen Oberförster aus Dammersdorf bei Liegnitz. Sie hieß nun Thérèse Triepke.

## *Kasernenhof*

Kummer hatte, als er Emilie adoptierte, eine aus Rußland stammende Frau, die als »sehr gütig«, auch gegenüber dem Adoptivkind, geschildert wird. Sie starb jedoch bald, und den Haushalt »führte« nun ein Dienstmädchen. Ihm war Emilie die längste Zeit des Tages überlassen, denn »Rat« Kummer pflegte von Mittag an auszufliegen. Was sie dann erlebte, vergaß das Mädchen nie, und auch Theodor Fontane erfuhr davon später. »Erschien dann der soldatische

aufschlagend und den Abschnitt »Die Caryophlylaccen« lesend. Genau danach fragte der Professor Link und ließ den Kandidaten Fontane bestehen. Als Apotheker. Nicht als Bräutigam. Der fragte sich, was nun? »Ich hatte das Examen hinter mir, aber keine Spur von Lebensaussicht vor mir; bloß eine arme Braut, die wartete.« Also mußte er wieder irgendwo unterkriechen. Im Spätherbst 47 in der Jungschen Apotheke, Ecke Neue Königs- und Georgenkirchstraße in Berlin.

## *Dichter*

Der Dichter machte Militärmusik, damit man ihn hörte. Viel Gebläse, große Pauke, Hörnerklang, Schellenbaum. Er machte Gedichte auf große preußische Reiter. Die Lieblinge des Alten Fritz: »Der alte Derffling«, »Der alte Dessauer«, »Der alte Zieten«, »Herr Seydlitz auf dem Falben«. Ja, Preußen, die Alten litten bei dir noch nicht unter Liebesentzug. Und der Dichter hatte Erfolg mit seinen vaterländischen Altenversen. Zudem noch paar Taler Honorar zusätzlich auf das schmale Apothekersalär.

Die Reitergedichte erschienen regelmäßig in dem vom feinen Publikum gelesenen »Morgenblatt«. Die Reime druckte aber neben der geachteten Literaturzeitschrift und ohne Wissen der Blattredakteure noch ein anderes Periodikum. Sie fanden sich im »Soldatenfreund«, einer »Zeitschrift für die faßliche Belehrung und Unterhaltung des preußischen Soldaten«. So klingelte für *»Herr Seydlitz auf dem Falben,*

*Sprengt an die Front heran. Sein Aug' ist allenthalben, Er mustert Roß und Mann, Er reitet auf und nieder. Und blickt so lustig drein«* die Kasse noch einmal. Ein schöner Klang der Militärmusik. »Ich scheine Glück mit der Cavaillerie zu haben, obschon ich selbst eine Carrikatur von Reiter bin«, meinte der Sänger. Doch als Dichter muß man ja nicht jedes Pferd kennen, das man reitet.

## *Augen zu*

Als Fontane den »*Alten* Dessauer« in der literarischen Gesellschaft »Der Tunnel über der Spree« vortrug, hielt sein Freund, der dichtende Assessor am Berliner Kammergericht Wilhelm von Merckel, im Protokoll der Tunnelsitzung das denkwürdige Vereinsurteil fest: »Wie der biedere Leopold von keiner anderen Richtung als: Augen rechts!, von keiner anderen Musik als seinem Marsche, von keinem Fortschritt, als dem Sturmschritte, und von keinem Zopfe, als woran ein Held, wie er, saß, etwas wußte, das rollte so überzeugend und alle Kritik aufrollend fort, daß der alte Fritz selber gesagt hätte: sehr gut!, wenn er Mitglied des Tunnels gewesen wäre.«

## *Demokraten*

Der examinierte Apotheker Fontane fühlte sich im Beruf wie ein »Salzhering in seiner Tonne«, und sein Unterkommen in der Jungschen Apotheke nannte er »eine Schandkneipe, einen Hundestall, eine

Räuberhöhle«. Nach Fisch wird er deftig gestunken haben, denn in der Jungschen Apotheke verkaufte er hauptsächlich – Lebertran. Die Armenärzte des Viertels rund um die Apotheke am Alexanderplatz verschrieben das Fischöl reichlich. Ihre Klienten wußten aber besseren Gebrauch davon zu machen, als ihn zu schlucken. Sie füllten den Lebertran als Brennmaterial in ihre Lampen. Fontane kannte auch die andere Seite von Preußens Glanz und Gloria. In einem Blatt der »Demokraten«, der »Zeitungshalle«, hatte er seine Ansichten überdies öffentlich kundgemacht. Seine Mitapotheker waren von diesem Mann reichlich irritiert. Auch war in diesem beginnenden Jahr 1848 ein Brodeln im Land, und als die Nachricht von der Pariser Februarrevolution in der preußischen Hauptstadt eintraf, griff in den Märztagen vollends das Gefühl um sich, daß sich auch in Berlin etwas anbahne. In der Jungschen Apotheke ging eine besondere Ungewißheit um. War dieser Fontane etwa ein verkappter Revolutionär, ein »Demokrat« oder gar ein Provokateur der politischen Polizei?

Das Grübeln in der Apotheke war kein Nachteil. »Im ganzen aber verbesserte sich meine Stellung dadurch doch um ein nicht unbeträchtliches ... Wer glaubt, speziell hierzulandes, sich ausschließlich mit ›Liebe‹ durchschlagen zu können, der tut mir leid«, sagte der alte Fontane im Rückblick. Er sagte es wohl nicht nur mit dem Blick auf die Apothekerkollegen.

Das Volk auf den Berliner Straßen hatte seit dem

13. März aufgehört, sich allein mit der »Liebe« zu König und Vaterland durchzuschlagen. Es machte *Revolution.*

## *Jagdszenen*

Am 8. März 1848 hatte König Friedrich Wilhelm IV. in einer Proklamation zahlreichen Wünschen des Volkes nachgegeben. Sein Minister von Bodelschwingh verlas die Bekanntmachung vom Balkon des Schlosses der wartenden Menge. Abschaffung der Zensur, eine Verfassung für Preußen waren versprochen. Die Nachricht »Alles bewilligt« verbreitete sich schnell in der Stadt. Jetzt machten sich noch mehr Berliner auf den Weg zum Schloßplatz. Dem König war das zu viel Volk. Das Volk zu nahe dem Thron. Der König rief sein Militär. Die Gardedragoner sprengten zu Pferd in die Menge. Die Infanterie schoß zu Fuß in sie hinein. Unter den Flüchtenden war auch Fontanes Chef. Atemlos und schimpfend kam er in seine Apotheke. Er war ein guter Jäger, aber »selbst angeschossen zu werden«, war darum noch nicht sein Wunsch, wie er wissen ließ. Er war ein braver Bürger, aber alles versprechen und dann schießen lassen »auf uns, auf ganz reputierliche Leute, die Front machen, und grüßen, wenn eine Prinzessin vorbeifährt«, das wäre Verhöhnung, meinte Prinzipal Jung und ging in seine Wohnung. Sein Angestellter Fontane auf die Straße.

## *Lache, Bajazzo*

Fontane zog mit der Menge über den Alexanderplatz zum Königstädter Theater, das gestürmt wurde. Im Fundus gab es Waffen. Degen, Speere, Spieße und mehrere Dutzend »hübscher« kleiner Gewehre mit Bajonett und Lederriemen, die vor Jahren einmal zur Ausstattung eines Lustspiels gehört hatten. Pulver bekam man anderswo, und für die fehlenden Kugeln war Fontane entschlossen, Murmeln oder Pfennige zu laden. Der Karabiner war verrostet, ob das Feuersteinschloß noch funktionierte, stand in den Sternen, und wenn es funktionierte, platzte vielleicht der Lauf, erinnerte sich Fontane Jahrzehnte später in den Lebenserinnerungen. »Und mit solchem Spielzeug ausgerüstet, nur gefährlich für mich selbst und für meine Umgebung, wollte ich gegen ein Garde-Bataillon anrücken! Ich war unglücklich, daß ich mir das sagen mußte, aber war doch zugleich auch wie erlöst, endlich zur vollen Erkenntnis meiner Verkehrtheit gekommen zu sein.« Der Fontane von 1895 läßt den Fontane von 1848 »kleinlaut« nach Hause gehen.

## *Soldaten*

Nach der Revolution von 1848 machte Fontanefreund Merckel ein Gedicht:

Also hausen durch das Land
Die unsauberen Geister
Bis das Kreuz mit fester Hand
Drüber schlägt der Meister;
Bei dem ersten Trommelklang

Fahren sie davon mit Stank
*Gegen Demokraten*
*Helfen nur Soldaten!*

Nach der Revolution von 1848 machte Merckelfreund Fontane ein Gedicht:

... Tu Buße *Volk*! Bis Reueschmerz
Sich brennend dir versündigt;
An jenem Tag, in jenem März
Hast du zu schwer gesündigt.
Erkenne, daß dein bißchen Recht
Auf bloßem Irrtum fuße;
Arbeite viel und esse schlecht, –
Tu Buße, *Volk*, tu Buße!

## *Irrtümer*

Im September 1848 bekam Fontane plötzlich eine gutdotierte Stellung in dem gerade erst im Vorjahr eingeweihten Diakonissenhaus »Bethanien«, das am südöstlichen Vorstadtrand des damaligen Berlin lag.

»Ein Sonnenstrahl des Glücks hat mich getroffen. Ich bin in Bethanien bei *freier Wohnung und Station* mit 20 Rth. monatlich angestellt. Nur während zweier Mittagsstunden habe ich in der Apotheke zu arbeiten; die übrige Zeit ist mein«, hörte ein Freund.

Der Sonnenstrahl kam nicht vom Himmel, doch von einem Mann des Himmels. Pastor Ferdinand Schultz, ein Freund der Mutter und das geistliche Oberhaupt der Krankenanstalt Bethanien, hatte ihn auf den Sohn fallen lassen, damit er von den linken

Flausen ließe. Theodor aber, im Glauben an eine Fügung von viel, viel weiter oben, nahm sich die Freiheit, Entscheidungen zu treffen, die Pastor Schultz nie gebilligt haben würde.

Als für eine Tagung der »äußersten Linken« in Berlin Quartiere gesucht wurden, bot er dem Veranstaltungskomitee ein Bett bei sich in Bethanien an. Fontane wünschte, man möge ihm doch Dichter Ferdinand Freiligrath schicken. Ausgerechnet Ferdinand Freiligrath, der am 17. März 1848 gedichtet hatte: »Das ist noch lang die Freiheit nicht, wenn man, statt mit Patronen, mit keiner anderen Waffe ficht, als mit Petitionen.« Freiligrath kam jedoch nicht. Fontanes Wunsch blieb unerfüllt. »Das Komitee war klüger als ich und begriff den Unsinn, einen blutroten Revolutionär – der Freiligrath damals wenigstens war – ganz gemütlich in Bethanien einquartieren zu wollen.«

## *Woran liegt es?*

Nach einem Jahr endete zum 30. September 1849 Fontanes Anstellung in Bethanien. Und nun? Bessere Stellungen als Apotheker waren nicht in Aussicht. Eine eigene Apotheke zu kaufen, fehlten die Mittel. In der Pharmazie war alles probiert. Das Beste für ihn sei, sagte er sich, den ganzen Kram an den Nagel zu hängen und sich *»auf jede Gefahr hin*, auf die eigenen zwei Beine zu stellen«. Doch ohne wenigstens ein ganz kleines Fundament ging nicht einmal das. 400 Taler im Jahr wären dazu 1849 nötig gewesen.

Und dafür sei er bereit, jede Stellung anzunehmen, bekannte er dem Freund Lepel. »Eisenbahnbeamter, Sekretär, Calculator, Registrator, Lehrer in Chemie, Geographie und Geschichte, Constabler – Wachtmeister, Redacteur einer gesinnungslosen Zeitschrift, ministerieller Zeitungsleser und Berichterstatter, Billetteur eines Theaters, Bücher-Cropier in der Königl. Bibliothek und noch hundert andere Dinge könnt ich so gut werden wie alle die Hinze und Kunze, denen das Glück des Lebens, in Gestalt von 400 Talern so reichlich zufließt. Sage mir, Lepel, woran liegt es?«

## *Kartoffelpreise*

In der Pharmazie war es aussichtslos, das Geld zusammenzubringen, das ihn in die Ehe und ins Bett zu seinem »Milachen« hätte bringen können. Das Junggesellenleben sei ihm gründlich zuwider, bekannte der Apotheker. Vom Hunger der Sinne redete er kulinarisch. »Ich sehne mich nach einem Herd, sei er auch noch so klein, nur um gerade ein Töpfchen Kartoffeln dran kochen zu können.« Vom unbefriedigten Schriftsteller Theodor Fontane deutlich gesagt.

Irgendein Lehrling rührt in der Apotheke die Haarpomade mürrisch und langsam. Darauf ruft der approbierte Apotheker Fontane: »Mein Gott, lassen Sie doch das schöne Kind nicht so lange warten.« Denkt als Mann: Was für ein Saumensch, das Abends hinter einer Tür abgeknutscht wird. Schreibt als Literat auf: »Und dabei: *Streben nach Unsterblichkeit*.«

Im Oktober 1849 wirft Fontane den Apothekenkrempel hin. Und weil es kleiner mit dem Töpfchen Kartoffeln nicht gehen will, macht er sich nolens volens auf den Weg in die Unsterblichkeit. Als Literat.

## *Wünschenswerter Fall*

Im kalten Januar 1850 klopft ein Helfer an die Zimmertür des armen Poeten. Er ist der ehemalige Leutnant von Saint Paul, und er sagt, er habe die Absicht, Fontane mittels vorliegender Empfehlungen seinem Dienstherren, dem Geheimrat Hesse, im Ministerium vorzustellen. Fontane kennt Saint Paul flüchtig aus der Literatenvereinigung des »Tunnel«. In diesem kalten Winter klopft Saint Paul öfter an seine Tür. Der Mann friert und hungert und wärmt sich bei Fontane bei einem Grog oder Tee.

Fontane ist über die Botschaft etwas irritiert und doch erfreut. Bei den Einflußreichen läßt er ja seine preußischen Gedichte kursieren. Vielleicht empfehlen ihn die Gedichte für einen Posten im Staatsdienst. Der Fall wäre wünschenswert. Fontane hat schon gehört, daß man sich höheren Ortes für seine vaterländischen Gedichte interessiere. Der Bote sagt, Geheimrat Hesse erwarte seinen Besuch.

Saint Paul kommt bald wieder. Die Kälte hat zugenommen. Er bibbert in seinem dünnen Mäntelchen und sagt, jetzt sei die Stunde der Vorstellung gewiß. Donnerstag. Dann fragt Saint Paul ohne Umschweife, ob Fontane wie alle Poeten kein Geld hätte oder ausnahmsweise welches besäße? In diesem wünschenswerten Falle bitte er um eine kleine Summe. Fontane tut nobel und fragt, wieviel er wünschen würde, soweit seine Barschaft reiche, stünde sie Saint Paul zur Verfügung.

»Oh, bitte geben Sie nur«, sagt Leutnant von Saint Paul und macht eine unbestimmte Handbewegung. Fontane drückt ihm einen halben Taler in die Hand. Als Saint Paul abgeht, ist Fontane elend zumute. Solche Kerle als Protektoren! Verkapptes Gesindel, schimpft er. Er gelobt, bleibt der adlige Herr weg, eine gute Summe in die Armenbüchse zu stecken. Das Schicksal hält keinen Posten im Staatsdienst für Fontane bereit. Es tritt der andere wünschenswerte Fall ein, die Möglichkeit einer ansehnlichen Spende für die Armenbüchse.

Zu Fontane war ein Mann mit Leistungen gekommen. 1842/43 hatte Wilhelm Le Tanneux von Saint Paul als Zensor den Auftrag, die von Karl Marx in Köln redigierte »Rheinische Zeitung« totzumachen.

Unter Fontanes Freunden und für den Dichter galt Saint Paul als »verlumpt«. Es war Saint Pauls großer Vorteil. Es hinderte ihn, gänzlich zum Lumpen zu werden. Die Erledigung der »Rheinischen Zeitung« betrieb er lax, weshalb der Graf Fritz Eulenburg, der spätere preußische Innenminister, nach Köln geschickt wurde, um den schlaffen Zensor auf Trab zu bringen. Saint Paul erwies sich als die stärkere Persönlichkeit. Bald saß auch Eulenburg in Saint Pauls

Lieblingskneipen mit seinem Zensor beim Schoppen. Und der Redakteur der »Rheinischen Zeitung«, Bekker, nach dem Hörensagen dazu.

### *Heldentod*

Sooft Saint Paul Fontane im Winter 49 auf 50 besuchte, war er im Sommer danach für Fontane wie verschollen. Saint Paul war nichts anderes mehr übriggeblieben, als ein Held zu werden. Unter Berufung auf seine militärischen Erfahrungen war er in die gegen die Dänen fechtende schleswig-holsteinische Freiheitsarmee eingetreten. Noch im März hatte Saint Paul in der Berliner Hausvogtei in Schuldhaft gesessen. Erst nach fünf Wochen kam er frei, als sein Bruder die Schulden für ihn bezahlte.

Bei der großen Schlacht bei Idstedt im Juli war Saint Paul dabei. Er stürmte seinen Soldaten als Kompagniechef voran, wendete sich pötzlich um und machte in Richtung des Feindes eine eindeutige Geste. Daß sie unbedingt den Dänen galt, ist so sicher nicht. Saint Paul mochte an die Umstände gedacht haben, die ihn gezwungen hatten, ein Held zu werden. Die dänische Kugel traf ihn nicht in den Hintern. Doch in den Rücken. Saint Paul starb einige Zeit später.

### *Herzenssache*

Als die aufständischen Schleswig-Holsteiner bei ihrem Kampf gegen die dänische Oberherrschaft am 24./25. Juli 1850 bei Idstädt eine Niederlage erlitten und die Dänen wieder Schleswig besetzten, befand sich der freie Schriftsteller Fontane gerade als freier Journalist Fontane auf dem Weg zum Kriegsschauplatz und machte in Altona Station. Er war ein sehr entschlossener Journalist. »Auf die Ereignisse loszustürzen, noch während sie sich machen«, hatte er sich vorgenommen. Es war eine Herzenssache. Am liebsten hätte er sich unter die Freiwilligen eingereiht, doch Mutter und Braut hatte er feierlich versprochen, sich an den Kämpfen nicht zu beteiligen. Es war eine Herzenssache. Vielleicht gelang dem Journalisten der große Durchbruch und die Basis, Emilie endlich heiraten zu können. Den Bräutigam Fontane beherrschte nur der eine Gedanke, es möge endlich aus einer der vielen Türen, vor denen er sich zugleich abmühte, ein kleines Glück für Emilie und ihn treten. Das Glück kam nach Altona mit einem großgesiegelten amtlichen Schriftstück.

Freund Merckel teilte ihm mit, er habe eine Anstellung im »Literarischen Bureau« des Preußischen Ministerium des Innern für ihn. »Literarisches Bureau« war der nome de guerre für die 1848 in Preußen vorgeblich abgeschaffte Zensur. Fontane ließ die Schleswig-Holsteiner. Den freien Journalismus. Und noch ein paar Dinge mehr. Noch in derselben Stunde schrieb er zwei Briefe. In dem einen, an Wilhelm von Merckel, dem Leiter des »Bureaus«, akzeptierte er »dankbarst« das Angebot. In dem anderen, an Emilie Rouanet-Kummer, stand: »Schleswig-Holstein aufgegeben. Wenn Dir's paßt, im Oktober Hochzeit.«

»Der Mensch ist ein Egoist«, sagte Fontane. Oder liebt sehr.

## *Hochzeit*

Nach fünf Jahren Verlobungszeit ging alles sehr rasch. Auf die lapidare Anfrage des Bräutigams »im Oktober Hochzeit«, kam die ebenso bündige Antwort der Braut: »Also Oktober! Alle Verwandten, wie Du Dir denken kannst, haben lange Gesichter gemacht: aber niemand hat zu widersprechen oder auch nur abzuraten gewagt.« Der Termin war nun der 16. Oktober 1850. Die üblichen Vorbereitungen waren zu treffen. Und besondere. Freund Bernhard von Lepel wurde vom Bräutigam instruiert, wenn er die drei Geschwister der Braut kennenlernen würde, den Oberstabsarzt Dr. Müller (Halbbruder der Braut), eine Frau von Below (Halbschwester) und eine Frau Dr. Fels (noch eine Halbschwester), sie immer nur als *Cousins* und *Cousinen* wegen der »romanhaften« Lebensgeschichte der Braut zu betrachten, »da sie *vor der Welt* als solche gelten«. Emilie war ja ein uneheliches Kind.

In der Sakristei der französisch-reformierten Kirche in der Klosterstraße wurden am 16. Oktober Theodor Fontane und Emilie Kummer-Rouanet vom Pfarrer der Gemeinde Auguste Fournier getraut. Auch Pastor Schultz von Bethanien war anwesend. Fontanes Vater verspätete sich um eine halbe Stunde. Fournier wußte einen freundlichen Spruch für die Braut: »Es ist vielleicht von Vorbedeutung – *Sie sollen warten lernen*«. Jahre später hatte Fournier eine Ohrfeige für eine Braut. Trug sie doch tatsächlich den Kranz als Zeichen der »Jungfräulichkeit«, obwohl sie Erfahrungen in der Liebe hatte. Ein Hochzeitsmahl gab es bei Fontanes natürlich auch. Und Theodor fand, daß an den vielen ausgebrachten Toasts das Charmanteste war, daß er, der Sitte nach, nicht zu antworten brauchte. Als Pastor Schultz eine Weile dem munter essenden Bräutigam zugeschaut hatte, wußte auch er einen Spruch für die Braut: »Liebe Emilie, wenn der so fortfährt, so wird seine Verpflegung Ihnen allerhand Schwierigkeiten machen.«

## *Stürmisch*

Bald nach der Hochzeit wurde Emilie Fontane schwanger. Theodor Fontane wurde kurze Zeit nach seiner Anstellung im »Literarischen Bureau« des Preußischen Innenministeriums im Rahmen interner Behördenvorgänge gekündigt. Direkt nach der Eheschließung waren die Fontanes in eine Vierzimmerwohnung in der Puttkamerstraße gezogen.

Rasch mußten sie, um durchzukommen, in der Wohnung eine Schülerpension einrichten. Nach einiger Zeit wurde Theodor Fontane als Mitarbeiter der »Centralstelle für Presseangelegenheiten« eingestellt. Zehn Monate nach der Hochzeit wurde am 14. August 1851 das erste Kind der Fontanes, der Sohn George, geboren.

Im April 1852 ging Fontane als Korrespondent der ministeriellen »Preußischen Zeitung« nach London. Dahinter stand steuernd die »Centralstelle für Presseangelegenheiten« mit ihrem Bemühen, auf die Öffentlichkeit Einfluß zu nehmen.

Auf dem Wege nach London bekommt Fontane in Brüssel die Nachricht von der zweiten Schwangerschaft seiner Frau. Emilie empfindet sie nicht als Glück. »Da ich Dir nichts vorlamentiren will, so will ich Dir nicht beschreiben, wie mir seitdem zu Muthe ist. Aber ich bin trostlos!«

Am 2. September wird in Berlin der Sohn Rudolph geboren. Durch Pfarrer Fournet erhält er die Nottaufe. Rudolph stirbt am 15. September.

Im nächsten Jahr 1853 wird Peter Paul geboren. Er stirbt nach sechs Monaten.

1855 wird Emilie auf einer Reise in Luckenwalde zu Pfingsten von einem Siebenmonatskind entbunden. Es ist ein Knabe, den die Fontanes Ulrich nennen. Er wird nur wenige Tage alt.

Im Oktober 1856 wird wieder ein Sohn geboren. Auch diesmal ist es eine schwere Geburt, und Emilie leidet monatelang an den Folgen. Der Knabe bekommt nach Vater und Großvater den Namen Theodor und bleibt, als zweites von fünf Kindern der einunddreißigjährigen Emilie Fontane, am Leben. Später werden noch zwei weitere Kinder hinzukommen.1860 die einzige Tochter Martha, »Mete«. 1864 der letzte Sohn Friedrich, »Friedel«.

## *Zuviel*

Emilie Fontane liebte ihr erstes Kind, George, innig. Die Dauerschwangerschaften der nächsten Jahren machten die junge Frau bitter. Ihr fünftes Kind, Theodor jr., erlebte seine Mutter als »herb« und daß sie ihn mehr schätze als liebe. »Das beste, aber unsympathischste meiner Kinder«, hatte sie sogar einmal gesagt. Ein halbes Jahr nach dem Tod des Vaters reiste Theodor jr. der Mutter Ende April 1899 nach Karlsbad nach. Als er wieder abfuhr, sagte sie ihrem zweiundvierzigjährigen Sohn: »Ich danke Dir für diese Zeit, in der ich Dich durch den täglichen Verkehr so kennengelernt habe, wie Du eigentlich bist. Von Deinem innersten Wesen hatte ich mir bisher kein rechtes Bild machen können und verstehe jetzt und erkenne es aus anderem Gesichtswinkel berechtigt.

Zu meiner Freude habe ich sogar festellen dürfen, daß Du im Wesen, in Empfindungen und Anschauungen Deinem Vater viel ähnlicher bist, als ich dies je für möglich gehalten hätte.«

## *Großer Fall*

Zu ähnlicher Strenge wie in Kunstfragen hatte Vater Fontane als Pädagoge im Familienalltag wenig Gelegenheit. Auf ihn kamen nur die »großen Fälle«.

An einem schönen Maitag war Sohn Theo unterwegs, von einem Freund sich eine Schachtel mit Maikäfern zu holen. In der Wohnung des Freundes angekommen, erschien ihm nach ewig vorkommender Wartezeit der Freund mit der niederschmetternden

Nachricht, »die Biester sind alle krepiert«, aber auch mit dem frohen Bescheid »wir holen uns neue«. Die Jungen zogen in die nahe Hasenheide, wo die Käfer in der untergehenden Sonne munter und reichlich umherschwirrten. Zurückgekehrt, erwartete ihn vor dem Haus des Freundes Vater Theodor mit Bruder George, die Straße im Laternenschein auf und ab schreitend. Der Heimweg verlief stumm, obwohl Theodor jr. die Umstände der Verspätung entschuldigend schilderte. Nur Bruder George sagte, man hätte an ein Unglück gedacht, da ein Ausbleiben bis in die späte Nacht unvorstellbar erschienen war. Vater Fontane hörte wortlos zu.

Schon im Nachthemd, bedeutete die Hausangestellte dem Junior, er müsse wohl dem Papa »Gute Nacht« sagen. Der Gruß fiel bitter aus. Theo bezog mit einem vom Alter zusammengekrümmten Hartgummispazierstöckchen eine Tracht Prügel vom Vater.

Theo blieb lebenslang das Bild vor Augen: der Stock mit einer indisch wirkenden Farbmusterung und das Gesicht des Vaters. Auf ihm war Zwiespalt zu lesen. Verständnis für den Sohn und zugleich das Gebundensein an das hilflose Verlangen der Mutter nach Strafe.

## *Der Pate*

Mit zweiundvierzig konnte man zu allen Zeiten sehr gut Vater werden. Und mit einundvierzig selbst im frühen 19. Jahrhundert Mutter. Louis Henri Fontane und seiner Frau war am 23. April 1838 in

Mühlberg an der Elbe nach fast zwanzigjähriger Ehe noch einmal ein Töchterchen geboren worden. Ihr Sohn Theodor soll sich darüber wenig respektvoll geäußert haben. Eben 19. Jahrhundert. Aber daß er ungern der Bitte der Eltern nachgekommen sei, das kleine Mädchen in der Kirche über die Taufe zu halten, hat man nicht gehört. Der Achtzehnjährige wurde der Taufpate seiner Schwester Elise. Das Kindchen muß sich vom kalten Taufwasser nicht haben erschrecken lassen und warm und weich im Arm des Paten gelegen und so das herzliche Verhältnis eines großen Bruders zu seiner kleinen Schwester begründet haben, das Theodor Fontane lebenslang zu seinem »Lieschen« hatte.

## *Die Fontanes und das Infanterieregiment Nr. 24*

Schwester Elise lebte nach der Trennung der Eltern zunächst bei ihrer Mutter und später allein in Neuruppin. Das dunkelgelockte Mädchen war von auffallender Schönheit und Mittelpunkt aller Bälle und Feste, die Bürgerschaft und Offizierscorps in der Garnisonsstadt veranstalteten. »Jugend ist nun mal Jugend und amüsirt sich bei Beinstrapatze und Geigenquitsche«, sagte Bruder Theodor. Beinahe jeder der Leutnants des in Neuruppin stationierten Infanterieregiments Mecklenburg-Schwerin Nr. 24 verliebte sich in das schöne, charmante, plauderhafte Fräulein Fontane. Das Unglück war nur, daß keiner der Leutnants in der Lage war, der Familie Fontane näherzukommen. Jedem von ihnen fehlte das Geld, für die bei der Armee zu hinterlegende Heiratskaution.

Es war aber auch ein Glück, daß keiner der Offiziere in die Lage kam, sich der Familie Fontane zu nähern. Das Regiment Nr. 24 war 1848 in Berlin an der Niederschlagung der Revolution beteiligt gewesen, und der Apotheker Theodor Fontane hatte auf der anderen Seite der Barrikade gestanden. So blieb es im Verhältnis der Fontanes und des Infanterieregimentes Nr. 24 bei dem schönen Satz: »Er war Leutnant, und sie hatte auch nichts.«

## *Sandtorte und Kamel*

Zu seinem dreiundfünfzigsten Geburtstag schickte Schwester Elise dem Bruder, pünktlich zum 30. Dezember 1872, eine große Sandtorte. Ich esse nicht täglich davon, seufzte er am Dreikönigstag, teils aus Achtung gegen die Torte, teils aus Achtung gegen mich selbst, denn die Mühe der letzten Tage war groß. »Wenn schließlich ein Haar den überbürdeten Kamelsrücken bricht, wie bricht nicht erst eine Sandtorte einen überbürdeten Magen.«

## *Ein stiller, ruhiger Leichnam*

Lange vor Bertolt Brecht ließ Theodor Fontane seine Frauen für sich arbeiten. Gattin Emilie schrieb ihm alle seine mit Korrekturen und Einschiebseln übersäten Manuskripte ab. Die Stiftsdame Mathilde von Rohr in Dobbertin belieferte ihn mit Novellenstoffen.

Schwester Lise trug er auf, Material für die »Wanderungen durch die Mark Brandenburg« herbeizuschaffen. Doch nicht einfach Material. »Historisch-romantisches Lüderlichkeitsmaterial auszugraben«, erbat sich der Geschichtenerzähler. »Bitte, horche also mal, wie die Glocken läuten«, hieß es und: »Bitte, liebe Lise, antworte bald.«

Im Oktober 1873 schickte er Lise auf die Spur der Ermordung eines französischen Soldaten im Jahre 1806 durch die Dorfbewohner von Dreetz in der Grafschaft Ruppin. »Daß die ganze Leistungskraft von Dreetz-Sieversdorf-Köritz auf einen einzigen todtgeschlagenen Franzosen hinausläuft, ist freilich wenig, doch soll man Gott für alles danken und so meinetwegen auch für diesen ›stillen ruhigen Leichnam.‹«

## *Klingklang*

Die Hochzeitsglocken, die für die schöne Schwester Lise nicht läuten und läuten wollten, ließ der Bruder ab und an wenigstens in einem Lieschen gewidmeten Gedicht klingen. »Vertage die Sorgen/Bis auf Morgen/Eh du gedacht/Kommt Hülfe über Nacht«, dichtete er zu ihrem 22. Geburtstag.

Zu ihrem 25. Geburtstag ermunterte er sie: »Finde einen Mann aber einen guten, sonst verlohnt sichs nicht der Mühe; wiewohl ich andrerseits einräume, daß alte routinirte Ehekrepel gut reden haben. Selbst ein ›Mäneken‹ ist am Ende immer besser als gar nichts. Nur die ganz schlimmen sind schlimm.«

Der Bruder war sich sicher, daß auch die kleine Schwester noch »zu einem guten Fange« kommen würde. Die ältere Schwester Jenny hatte ihn längst gemacht, als sie 1850 den Apotheker Hermann Sommerfeldt heiratete, der gleich auch noch die Fontanesche Apotheke im Oderbruchdorf Letschin erwarb. Sommerfeldt machte energisch Karriere. Finanzielle und familiäre. »Längst spiele ich die Rolle eines vorweg entthronten Kronprinzen«, resignierte Sohn Theodor gegenüber dem erfolgreichen Schwager 1867, als Vater Louis Henri starb und Sommerfeldt den Nachlaß samt der alten Fontaneschen Familienuhr übernahm.

Ein bißchen Klingklang hätte Theodor allerdings gern gehört. »Dermaleinst bei dem Schlage derselben Uhr sterben zu können, bei deren Ticktack Vater und Großvater gestorben waren«, war sein Wunsch. Sommerfeldt gab nach.

Und über ein paar Jahre hörte auch Schwester Lise die Hochzeitsglocken dank des kommerziellen Schwagers. Allerdings hatte Bruder Theodor nicht an die in der Zukunft liegende Hochzeit Lises gedacht, als er dem reichen Manne schrieb: »Und das Praktische bleibt zuletzt das Siegreiche.«

Manchmal kann man eben wenig voraussehen. Nur Recht behalten.

Im Sommer 1874 fuhr Lise mit Schwester Jenny und Schwager Sommerfeldt nach Seidorf am Fuße des Riesengebirges zu ein paar Urlaubswochen, die 1874 noch »Sommerfrische« hießen. Lise war nun schon über dreißig und noch immer unverheiratet. Mein Gott, was für ein Schicksal 1874. Der reichgewordene Apotheker imponierte in Seidorf, wo immer er hinkam. Auch unterließ er es nicht, »standesgemäß« aufzutreten. Nur allzuverständlich war, anzunehmen, daß auch seine Schwägerin Elise Fontane über ein hübsches Sümmchen verfügen mußte. Eines Tages traf man im Gebirge auf ein paar Herren, die gerade dabei waren, zu den berühmten Adersbacher Felsen zu wandern. Und da auch die Seidorfer Sommerfrischler die Absicht hatten, die bizarren Sandsteingebilde in den nächsten Tagen zu besuchen, kam man ins Gespräch. Zwei gefielen sich dabei besonders. Die schöne, plauderhafte Elise und der Herr Buchhalter Weber aus Striegau, der das deutsche Schönheitsideal eines Mannes um 1874 verkörperte: Kavallerieoffizier. Weber war aber weder das, noch Reserveoffizier, nicht einmal selbständiger Kaufmann. Nur entflammt von Elise Fontane. Der Schwägerin eines wohlhabenden Mannes.

Schon der übernächste Tag führte die Seidorfer zu den Adersbacher Felsen, und alles war prächtig, nur daß der örtliche Wirt seinen Gästen kaum etwas zu essen bieten konnte. Drei wandernde Herren hatten ihm gerade die letzten Hähnchen weggegessen, darunter ein Herr Weber aus Striegau. Elise Fontane schrieb daraufhin dem Herren eine launige Karte, und der Herr Weber antwortete in ernsthaften Briefen, mit denen Schwester Lise an einem Augustsonntag 1874 ratsuchend zu Bruder Theodor ging. »Ich riet ihr *entschieden* zu, denn alle Briefe machten einen vorzüglichen Eindruck. Lise nimmt Anstoß an einem vorhandenen 2 oder 3jährigen Mädchen aus erster Ehe; doch hoff' ich, daß sie ihre Bedenken schließlich fallen läßt. Wer nicht seinem guten Stern vertrauen will, darf überhaupt nicht heirathen.«

Die Hochzeit war bald. Elise Fontane brachte 24 000 Mark in die Ehe. Das war weniger, als Buchhalter Weber im Riesengebirge sich gedacht hatte, aber besser als gar nichts, denn Buchhalter Weber hatte so gut wie überhaupt nichts. Mit dem Geld seiner Frau gründete er in Schweidnitz einen Zigarrenhandel, machte Pleite, fand Dank des stattlichen Aussehens eines Kavallerieoffziers Stellung als Inspektor bei einer Feuerversicherung, starb 1898, hinterließ einiges Geld und das Mädchen aus der ersten Ehe, das die schöne Elise im Alter pflegte, in dem sie noch immer sehr schön war. Manchmal blickte sie auf das Jahr 1874 zurück und sagte: »Ach, hätt' ich doch diese unglückselige Karte damals nicht geschrieben.«

## *Nachruhm*

Lieblingsschwester Lieschen, die 1923 starb, plauderte 1916 in einem Interview mit einem Wiener Blatt über ihren Bruder Theodor: »Von welcher Sorglosigkeit mein Bruder war, ergibt sich auch aus folgendem: Er war mit meiner Schwägerin Emilie einige Jahre verlobt gewesen, und da sich das zur Heirat notwendige Einkommen nicht einstellen wollte, so heiratete er eines Tages ohne Einkommen, und da man doch als gebildeter Mensch mit einer jungen Frau nicht gut in Stube und Küche hausen kann, so mietete er kurzerhand in der Puttkamerstraße, die heute eine minderwertige Gegend ist, aber damals zu den besten Vierteln der Stadt gehörte, eine Vier-Zimmer-Wohnung in der ersten Etage. Sie kostete etwa vierhundert Taler, also zwölfhundert Mark. Das ist ja nun für heutige Begriffe nicht viel, war aber für damalige Verhältnisse etwas Ungeheuerliches. Aber mein Bruder hatte es nicht – er war Hilfsbeamter im preußischen Ministerium des Innern. Die Folge seines Leichtsinns war, daß man schon nach kurzer Zeit in eine kleinere und billigere Wohnung ziehen mußte – und dort ging es dann halbwegs. Meine Schwägerin war ja auch mittlerweile dahinter gekommen, daß der liebe Theodor mit Einnahmen und Ausgaben ein außerordentlich schwach begabter Mann war.

Zwar war die Ehe meines Bruders äußerlich und innerlich ungemein glücklich – niemals hat es Zank und Streit gegeben, aber so recht zum Bewußtsein gekommen ist es meinem Bruder nie, was für ein

Juwel von einer Frau er gefunden hatte. Ich bin weit entfernt davon, meinem Bruder seine großen und kleinen menschlichen Schwächen allzu dick anzukreiden, aber die Wahrheitsliebe gebietet mir zu sagen, daß er oft ein seltsamer Kauz war ...«

## *Ein Geschenk*

Am 14. November 1892 schrieb Ehemann Theodor (73) seiner Frau Emilie zu ihrem 68. Geburtstag in Versen:

Nun haben wir, geliebte Frau,
Statt des Sommers wieder Novembergrau,
Novembergrau, das so schlimm nicht ist,
Schon schimmert herüber der Heilige Christ,
und hat noch den besonderen Wert,
Daß er mir dich in die Welt beschert.
Und ich wünsche, daß du darin noch bleibst,
Unlogisch weiter plauderst und schreibst,
Wie mir's gefällt, gefällt es mir eben,
Also wolle für mich noch weiter leben!

Emilie Fontane, geborene Kummer-Rouanet, und Henri Théodore Fontane waren an diesem Geburtstag zweiundvierzig Jahre verheiratet.

## *Selbstsicher*

1852 hatten die dänischen Behörden Theodor Storm in seiner schleswigschen Heimat die Bestallung als Advokat entzogen. Storm hatte sich nach der dänischen Besetzung Schleswigs 1850 energisch für die

Rechte seiner Landsleute eingesetzt. Auf seine Bemühungen, in Preußen angestellt zu werden, antwortete im Juni 1853 der preußische Justizminister Friedberg mit der Anfrage, »ob er zur Erweiterung der nötigen Kenntnisse für den preußischen Staatsdienst bei einem Kreisgericht eine Zeitlang, wenigstens sechs Monate, ohne Gehalt arbeiten wolle?« Storms schwierige Lage ließ nur Zustimmung zu. Bei der Vereidigung überkam ihn das Gefühl, »in einem wildfremden Lande, wo einem doch der Boden unter den Füßen fehlt, in ein Verhältnis der Unterordnung zu treten«.

Im Dezember 1852 kam Storm von Husum nach Potsdam, wo er bis 1856 lebte. Sooft Gelegenheit war, besuchte ihn Theodor Fontane mit literarischen Freunden. Eines Abends saß man wieder munter zu Tisch, und die Bowle, die den Schluß machen sollte, wurde gerade aufgetragen, als sich der mitgekommene Fontanefreund Merckel vor Schmerz verfärbte und unter den Tisch schaute. Dort hatte sich einer der kleineren Stormschen Söhne versteckt und den Kammergerichtsrat Merckel in die Wade gebissen. Storm lachte eher, als daß er schimpfte. Auf der Rückfahrt von Potsdam nach Berlin erörterten die Herren Merckel und Fontane ausgiebig den Zwischenfall. Er erschien den beiden Gesinnungspreußen charakteristisch. Immer wieder sprach Storm über das *Inferiore* des preußischen Wesens, von Potsdam als dem *großen Militär-Kasino*, und dann sah er beständig mit überlegenem Lächeln auch noch auf den Pedantismus und preußischen Drill bei der Erziehung herab. Und das bei den Guttaten Preußens gegenüber dem Mann. Noch Jahre später bewegte den Dichter Fontane das schlechte pädagogische Beispiel, das ihm im Fall des Kollegen selbstsicher sagen ließ, »daß Lyriker, und ganz besonders Romantiker, durch erzieherische Gaben nur sehr ausnahmsweise glänzen«.

### *Kleiner Fall*

Theodor Fontane jr. hatte als Kind einen Hang zum Jähzorn. Als er einmal mit der viel jüngeren Schwester Mete stritt, ihre Haare ausraufte, schrie er sie auch noch an: »Ich bin nicht mehr dein Bruder. Nenne mich ›Sie‹!« Mutter Emilie zog Theo einmal bei einem solchen Auftritt vor den Spiegel, ließ ihn sein wutverzerrtes Gesicht sehen und erzählte das alte Ammenmärchen, daß man bei einem solchen Wutanfall sterben könne und dann mit solcher Fratze ewig im Himmel herumlaufen müsse. Theodor jr. wurde sanfter. So sanft, daß er seiner Schwester antat, sich jetzt überhaupt nicht mehr ärgern zu lassen, selbst wenn »sie selbst vor Zorn fast zerplatze«.

### *Eins ins andere*

Eine Zeitlang spielte Theodor Fontane jr. mit dem Gedanken, zu werden, was Theodor Fontane sen. war, ein Schriftsteller. Er las ihm eine Novelle vor. »Es ist nichts damit. Man packt solche Dinge anders an.

Laß die Hände davon«, sagte Theodor sen. Der Sohn wurde, was der Vater durchaus hätte werden wollen: ein Staatsbeamter. Und was der Vater geworden war, wurde der Sohn auf dem Denkmalssockel. Den Gestaltern der Fontanedenkmäler in Berlin und Neuruppin stand Sohn Theo wegen der Ähnlichkeit Modell für den Schriftsteller.

## *Unsterblich*

Bei einem Behördenbesuch im Jahre 1923 mußte Sohn Theo seinen Ausweis vorlegen. Der Schalterbeamte las das Dokument, stutzte, sah ihn an und fragte ehrfürchtig: »Der berühmte Dichter Theodor Fontane?«

## *Conversation*

Fontanes erst 1858 endende englische Jahre unterbrach ein brotloser Zwischenaufenthalt in Berlin. Im Oktober 1852 war in der »Vossischen Zeitung« eine Annonce zu lesen, nach der ein junger Mann, »der so eben von einem längeren Aufenthalt in England zurückgekehrt« sei, »Unterricht im Englischen namentlich Conversationsstunden (über englische Literatur und englisches Leben)« zu erteilen sich anbiete. Der junge Mann hieß Theodor Fontane.

In englischer Conversation und Geschichtsstunden übten sich einige Zeit später die vier Töchter der Geheimratsfamilien Flender und von Wangenheim mit Fontane. Frau Geheimrat Gertrud Flender schätzte sehr, einen echten Dichter verpflichtet zu haben, hielt sie sich selber doch für äußerst literaturkundig. Häufig erschien sie selber in den Literaturstunden ihres Dichters und gab Gastrollen. Ihre Spezialität waren die Minnesänger und der Sängerkrieg auf der Wartburg, und als sie fand, daß Fontane den allzu knapp behandelt hätte, ergriff sie selber das Wort, deklamierte wie eine geweihte Priesterin Wolfram von Eschenbach, Walther von der Vogelweide und andere Sänger. Die Verse hatte sie allerdings selbst gedichtet.

Einmal bat Frau Gertrud ihren echten Schriftsteller in ihr Kränzchen, damit er dort seine vor kurzem erschienene Novelle »Tuch und Locke« vorläse. Fontane durchlebte beschämende Minuten. Die Literaturkennerin redete unentwegt von einer Novelle »Tuch und Wolle«. Frau Gertrud, deren eigentlicher Horizont das Kommerzielle war, hatte zum Wort »Tuch« nur das Wort »Wolle« einfallen wollen.

## *C'est la vie*

Zu seinem Extraberuf als Lehrer gehörten im Frühsommer 1853 auch Vortragsabende über Historisches am Dienstag und Freitag jeder Woche bei zwei in der Holzmarktstraße wohnenden Offiziersfamilien. Auf dem Weg von seiner Wohnung in der Luisenstraße nach der Holzmarktstraße traf Fontane Unter den Linden den befreundeten Geheimrat Schnaase.

»Nun lieber Fontane, wohin?«

»Ich will nach der Holzmarktstraße. Es ist etwas weit. In der Regel fahre ich. Aber es ist heute so schönes Wetter.«

»In die Holzmarktstraße? Wie kommt denn das? Da wohnt ja niemand.«

»Oh, da wohnen sehr nette Leute.«

Fontane nannte die Namen der beiden Offiziersfamilien und daß sein Freund Leppel ihm dort eine Nebeneinnahme verschafft hätte. Schnaase lachte und fragte, ob es denn wenigstens einträglich sei?

»Ach Herr Geheimrat, das kann ich nun freilich nicht sagen. An solchen Tagen wie heut, wo man alles zu Fuß abmachen kann, nun da geht es.«

»Aber wenn es regnet?«

»Ja, Herr Geheimrat, wenn es regnet. Und sonderbar, es regnet fast immer. Oder Ostwind, den ich nun mal nicht vertragen kann. Dann stellt es sich so: Droschke hin 5 Groschen, Droschke zurück 5 Groschen, Trinkgeld an den Diener 5 Groschen, Chemisettehemd 3 Groschen. An solchen Tagen schließe ich dann jedesmal mit 3 Groschen Minus ab.«

Schnaase nickte, riet auszuhalten und sagte das weise Wort, so ginge es eben im Leben.

## *Beobachtungsgabe*

London war in den fünfziger Jahren des 19. Jahrhunderts ein Mittelpunkt der deutschen politischen Opposition. Einer der prominentesten Emigranten hieß Karl Marx. Die deutschen Behörden glaubten, daß die Revolution an der Themse vorbereitet werde. London war für die Geheimpolizei darum ein Ort höchster Wichtigkeit.

Während Fontanes Londoner Jahre lebte mit Edgar Bauer ein Mann mit revolutionärer Vergangenheit an der Themse. Beide waren sich bekannt. Bauer hatten nach der Revolution von 1848 in Deutschland Verhaftung und Festungsstrafe gedroht, und er war nach norddeutschen und dänischen Umwegen 1851 nach London gekommen. In Norddeutschland hatte er bei der »Altonaer Zeitung« gearbeitet, die von der dänischen Regierung finanziert wurde, um publizistisch ihre Interessen in Schleswig-Holstein zu vertreten. Bauer traf in London als Korrespondent der »Altonaer Zeitung« ein und wirkte als konspirativer Berichterstatter der dänischen Regierung. Er belieferte sie mit geheimen Berichten über die gesamte europäische Emigration in London. Ein Teil dieser Berichte ging in Abschriften nach Dresden, Hannover und Wien.

Edgar Bauer berichtete Wahres, Halbwahres und Getratschtes, über Oppositionelle und solche, die er dafür hielt, er gab sich gesellig, wurde viel eingeladen, kannte in den Dossiers keine Grenzen, natürlich auch keine privaten, wußte aus allem und jedem eine Information für die Behörden zu machen, auch aus einem Theodor Fontane aus Berlin. Edgar Bauer war ein IM aus der Mitte des 19. Jahrhunderts.

Über Fontane berichtete der Konfident Edgar Bauer in acht Berichten zwischen dem 13. Juli 1857 und dem 30. Oktober 1858. Er hielt den Korrespondenten der »Kreuzzeitung«, dem vom Minister Manteuffel gesteuerten Blatt, für seinesgleichen und bezeichnete ihn als den »Preußischen Agenten Fontane«.

»Ein gewisser Fontane, der ursprünglich seines Gewerbes ein Apotheker war und der einen Band Gedichte herausgegeben hat, hält sich gegenwärtig im Auftrage des Herrn von Manteuffel in London auf. Schon vor anderthalb Jahren besuchte er in Begleitung eines Berliner Literaten Namens Wenzel London, und er unterhandelte damals mit dem Besitzer der *Lithographischen Correspondenz*, Schlesinger, wegen des Ankaufs dieser Lithographie, die wohl fortan mehr im Preußischen Sinne redigirt werden sollte. Der Handel zerschlug sich. Jetzt hat Fontane das Amt, Artikel, welche die Preußische Politik vertheidigen, in hiesige Blätter einzuschmuggeln, der Berliner Zeit Correspondenzen zu senden und ab und zu wohl auch der Preußischen Gesandtschaft einen Report zu erstatten. So weit ich Fontane kenne, ist seine Beobachtungsgabe gerade nicht so glänzend ...«

## *In der Welt*

Am Ende seiner Londoner Jahre führte ein Freund Theodor Fontane in einen besonderen »Club« ein. Es war eine kleine internationale Vereinigung von

Menschen aus aller Herren Länder und aller Sprachen, die sich »Babel« nannte. Einer der vielen Deutschen stritt mit dem Leitartikler des »Morning Advertiser« und »Morning Herald«, Blythe, rechthaberisch über die richtige Aussprache eines bestimmten englischen Wortes. Der Deutsche wurde dabei immer heftiger und heftiger.

Schließlich sagte Blythe: »Wenn ich Sie so streiten sehe, bestätigt sich mir der oft gehörte Satz, daß die Deutschen das eingebildetste Volk in der Welt sind.«

Vierzig Jahre später, fünfundzwanzig Jahre nach der Gründung des wilhelminischen Kaiserreiches, erinnerte sich Fontane an diese Episode und fand die Meinung, daß die Deutschen sich für »kolossal« bescheiden halten, »grundfalsch«. »Die Bescheidensten, ja lächerlicherweise die einzig Bescheidenen, sind die Engländer. Sie haben freilich einen ungeheuren nationalen Dünkel, aber in dem, was sie *persönlich* leisten, ordnen sie sich gern unter. Bei den Deutschen ist es umgekehrt, war wenigstens so, eh man ›Deutschland, Deutschland über alles‹ sang. Und seit es singt, ist es wohl in dieser Beziehung nicht viel besser geworden.«

## *Geburtstagsgeschenk*

Zu seinem 39. Geburtstag, den Fontane im regnerischen London erlebte, schenkte ihm Ehefrau Emilie einen Schirm – und ein Gedicht.

Ich riet wohl hin, ich riet wohl her,
Was Gutes wär heut zum Bescheer,
Zuletzt erwählt ich dieses Stück
Und hoff, es bringt dir alles Glück.

Ein Schirm ist eine gute Sach,
Beim Regen ist man unter Dach,
Er schützt die Kleider und die Haut,
Drum brauch ihn, wenn der Himmel graut.

Doch wünsch ich zu deinem Schutze noch
Dir Gottes Schirm, der beste doch,
Sei mit dir, dann, bester Mann,
Kein grau Gewölk dir schaden kann.

## *Mitbringsel*

Am 15. Januar 1859 endeten Fontanes Londoner Jahre, und er kehrte nach Berlin zurück. Fontane brachte mit: den längsten Aufenthalt eines deutschen Schriftstellers in England, einen tiefen Abscheu gegen das englische Essen, eine lebenslange Sympathie gegenüber dem Englischen, die Verwicklung in die konservative, um die »Kreuzzeitung« gruppierte Variante der preußischen Politik. Er brachte von der Insel das ungebrochene Bewußtsein mit, zuerst ein *Schriftsteller* zu sein – »Meine Herren, vergessen wir nicht, auch das konservativste Blatt ist immer noch mehr Blatt als konservativ« –, und er brachte das Erlebnis einer Flußfahrt in Schottland auf dem Dampfschiff »Rob Roy« mit.

Fontane sitzt auf dem Hinterdeck des Steamers, ein Plaid auf den Knien, aus dem Schornstein quellen die schwarzen Rauchwolken, die der Kessel der Dampfmaschine unter Deck erzeugt, die Schaufelräder an den Schiffswänden rasseln und brausen, und eigentlich ist es nicht anders als an der Flußmündung von Elbe und Oder, aber besser noch wäre die Fahrt wegen der Fülle »historisch romantischer Anknüpfungen« entlang des Flusses mit einer Rheinreise zu vergleichen, gäbe es da nicht in den heimatlichen Marken einen Fluß und eine Gegend, die das Charakteristische des schottischen Forth noch deutlicher widerzugeben in der Lage wären.

»Ein solcher Fleck Erde ist das beinahe inselförmige Stück Land, um das die Havel ihr blaues Band zieht. Es ist der gesunde Kern, daraus Preußen erwuchs, jenes Adlerland, das die linke Schwinge in den Rhein und die rechte in den Njemen taucht. Wohl ist es deutungsreich, daß genau inmitten dieser Havelinsel jenes Fehrbellin liegt, auf dessen Feldern die preußische Monarchie gegründet wurde. Und welch historischer Boden ist diese Insel überhaupt!« Die Ouitzows und die Humboldts sind hier zu Hause. Winckelmann, Schinkel und Schadow geboren. Fontane brachte als wichtigstes britannisches Mitbringsel Idee, Gewand und Feder für seine Wanderungen durch die Mark mit.

»Wenn ich noch dazu komme, das Buch zu schreiben, so hab' ich nicht umsonst gelebt u. kann meine

Gebeine ruhig schlafen legen«, schrieb er im August 1856 in das Tagebuch nach der schottischen Flußfahrt.

## *Mit Ausnahme der Ehe*

Fontane war aus England mit der Hoffnung zurückgekommen, eine Stellung im preußischen Staatsdienst zu bekommen. Wieder einmal erfüllten sich seine Erwartungen nicht. Freund Paul Heyse, in München fest etabliert, versuchte, eine angemessene Stelle am bayerischen Hof für Fontane zu finden. Der französische Preuße sagte zu, sich bei König Maximilian II. vorzustellen und reiste Anfang März 1859 nach München. Er hatte Erfahrungen genug, fremde Dinge auf sich zu nehmen, um durchzukommen. Wenn es denn sein mußte, warum nicht auch *Königl. bairische Balladenstoffe*.

Nach langem Warten empfing ihn der König am 19. März. Mit drei paar wollenen Strümpfen hatte Fontane seine Füße so dick und elastisch gemacht, daß alle Risse und Falten in den Lackstiefeln ausgeplättet waren. *Dies machte mich sehr glücklich und war mir eine gute Vorbedeutung*. Doch weder die schottisch-preußischen Balladen, die er las, noch die Lackstiefel ließen ihn zum bairischen Dichter werden. Der König hatte nur freundliche Worte und Fontane die Ahnung, es bliebe nicht mehr, als die Sache mit Humor zu nehmen.

»Ich glaube nicht, daß nur eine Stellung, ein bestimmtes Verhältnis den Menschen glücklich macht, mit Ausnahme der Ehe, wenn man den kleinen Teufel gekriegt hat, der im Himmel für einen bestimmt wurde«, schrieb er gleich nach der Audienz seiner Frau.

## *Zuverlässig*

Als Fontane sich nach vierwöchigem vergeblichen Aufenthalt in München am letzten *Märzsonnabend* daran machte, seine Rechnung im »Augsburger Hof« zu zahlen, mußte er feststellen, daß das Geld für die Rückreise nicht reichte. Schamhaft schrieb er Wilhelm von Merckel, er habe sich beim Geldzählen um einen 5-Rtr.-Schein geirrt und bat um die doppelte Summe in einer Kalkulation, die auf die Solidität der Post und des Freundes baute. Er bat, unmittelbar nach Eingang des Briefes am Sonntag, die Summe für *Montag* an den Leipziger Gasthof »Stadt Rom« zu adressieren, wo er auf der Rückreise Station mache, damit sie *unter allen Umständen* am *Dienstag* früh in seinen Händen sei.

Post und Freund erwiesen sich als zuverlässig.

## *Paul Heyse*

Mit Paul Heyse, für die Zeitgenossen ein deutscher Großschriftsteller, war Fontane seit den gemeinsamen Tagen in der Literatenvereinigung »Tunnel über der Spree« zu Beginn der fünfziger Jahre befreundet. Unter den Dichtererinnerungen in Fontanes Lebenserinnerungen »Von Zwanzig bis Dreißig« war das Kapitel über Paul Heyse das kürzeste.

Fontane erklärte seinen Lesern die Knappheit mit dem Entschluß, über *Unberühmtheiten* verhältnismäßig viel, über *Berühmtheiten* verhältnismäßig wenig zu sagen. Als Frau und Kinder ihn wegen der Kürze kritisierten, mahnte er an, daß solche Schreiberei nicht eine Sache der *Courtoisie, der Freundschaft* sei.

Fontane hatte es gehalten wie als Kritiker in Fällen, wo er nicht verletzen wollte. Er lobte sparsam. Am kürzesten aber war seine Kritik: »Paul Heyse. Alle zwei Jahre ein Kind, alle Jahre ein Drama, alle halb Jahre eine Novelle.« Die hatte er allerdings nur unter vier Augen ausgesprochen.

## *Lebenslauf für Storm 1859*

Der Unterzeichnete oder ›der Gefertigte‹, wie die Österreicher sagen. Ging 1855 im September nach England, kam im Januar 1859 zurück. Wurde als ›reaktionsverdächtig‹ beiseite gesetzt, fungierte 5/4 Jahre als ›freier Schriftsteller‹ und trat dann vor etwa sechs Wochen als Redakteur des englischen Artikels bei der Kreuzzeitung ein. Der Verachtung eines freien Schleswig-Holsteiners ist er also unweigerlich verfallen. Muß sich darin finden und trägt es mit Fassung. Sie müssen denken: ›er war von je ein Bösewicht‹. – Ich beschäftige mich jetzt ausschließlich mit dem Studium unsrer Mark und habe zwei darauf Bezug habende Arbeiten vor, die mich ohngefähr zehn Jahre kosten und zwanzig Bände füllen werden. So bricht jeder verschieden in den Tempel des Ruhms ein, um darin zu verweilen, bis man durch andre rausgeschmissen wird, *Sie* wie ein Sonnenstrahl oder eine Toledoklinge, ich wie ein Frachtwagen. Eines schickt sich nicht für alle.«

## *Der Wanderer*

Der Wanderer Fontane durchstreifte die Mark Brandenburg am seltensten zu Fuß. Er reiste in gemieteten Kutschen, im Nichtrauchercoupé der Eisenbahn, auf Dampfschiffen und Kähnen. Er bevorzugte bequeme Quartiere und ärgerte sich auf beinahe allen Reisen in der Mark und anderswo über schlechte Hoteliers und Gastwirte. Er rechnete zu den Eigentümlichkeiten seiner Zeit das *Massenreisen:* »Sonst reisten bevorzugt Individuen, jetzt reist jeder und jede.« Er beschenkte die *Mark Brandenburg* mit zeitloser Anziehungskraft. Einiges in der Mark ist sowieso zeitlos. Nicht nur Schlösser, Wälder, Klosterruinen und Seen. »Glaube nicht, weil du die Preise kennst, die Sprache sprichst und sicher bist vor Kellner und Vetteurinen, daß du es *deshalb* kannst, ›weil ja alles so nahe liegt‹. Die Nähe tut es nicht.« Doch alles erwogen, sagt Fontane, dann »wag es getrost, du wirst es nicht bereuen.« Am 18. Juli 1859 machte Fontane die erste Wanderung durch das Ruppinische. Zu Fuß.

## *Fitneß*

Dreißig Jahre lang bis 1889 unternahm Theodor Fontane seine Fahrten durch die Mark und brachte es in dieser Zeit auf nicht weniger als einhundertzehn Ausflüge. Sein Fitneßprogramm bestand aus einem *cache nez*, einem Seidentuch, das er sich immer sorgfältig um den Hals legte, bis auf die Hochsommermonate, wo er es in der Hand trug, wie andere einen Spazierstock, um es umzubinden, sobald nur ein Lüftchen zu spüren war. Bei Nacht kamen noch zwei weitere seidene Tücher hinzu. Die »Abhärtungstheorie« hatte er auf Zureden immer wieder probiert, aber jedesmal mit dem schlechtesten Erfolg. Er hielt sie für *puren Blödsinn*. Dieser Einsicht und der großen Halstuchvorsicht meinte er, sein Wohlbefinden zu verdanken. »Auch ich habe gehustet; wer hätte nicht. Wie jeder 'mal geliebt hat, so hat jeder auch mal gehustet; es kommt nur darauf an, wie lange es dauert und womit man die Sache kuriert.«

## *Flaneure*

Bei einem Berliner Besuch Storms im Jahr 62 machte Fontane mit dem Freund einen Spaziergang durch den Tiergarten. Sie sprachen lebhaft über Rückert, Uhland, Mörike, Lenau und *wie feine Lyrik eigentlich sein müsse*. Zur Mittagsstunde passierten sie das Brandenburger Tor und verspürten das Bedürfnis nach einem Imbiß. Fontane schlug die nahegelegene Wohnung in der *Alten Jacobstraße* vor, Storm wollte in das vornehme Café Kranzler Unter den Linden. Fontane erschrak. Storm war nicht gerade für einen Kranzlerbesuch angezogen. Er trug gelbliche leinene Hosen und eine ebensolche Weste, die fürchterlich zerknittert waren. Darüber eine grüne Jacke, Reisehut und als Krönung einen Schal von endloser Länge um den Hals und mit einem kurzen und einem langen Ende noch über die Brust hängend. An jedem befand sich eine hin- und herpendelnde Puschel.

Vergeblich versuchte Fontane, Storm in ein anderes Café zu dirigieren. Storm strebte unaufhaltsam der berühmten Ecke Unter den Linden zu, *wo die Gardekürassiere uns anlächelten, weil wir ihnen ein nicht gewöhnliches Straßenbild gewährten.* Fontane hoffte, Storm würde wenigstens, nachdem er am Kuchenbufett ein langes Gespräch geführt hatte, auf den einladenden Stühlen einer nahen Fensternische zum Sitzen kommen, doch Storm lief, den schmalen Weg zwischen Büfett und Fenster blockierend, unentwegt auf und ab, über Mörike, Uhland, Rückert, Lenau und die *feine Lyrik* redend. Immer heftiger mit der Zeit. Mit einem immer mächtiger pendelnden Puschelschal mit der Zeit.

## *Bildungserlebnis*

Fontane war ein Flaneur aus Passion. Ein täglicher Spaziergang durch den Tiergarten oder entlang des Landwehrkanals gehörten zum Muß. Eine Zeitlang trug er sich mit dem Gedanken, die »Wanderungen« *Spaziergänge durch die Mark Brandenburg* zu nennen. An Tagen, an denen der gewohnte Spaziergang ausfiel oder keine Gäste erwartet wurden, begnügte er sich oft mit einem schlichten Hauskostüm aus ungestärktem Hemd, einer seiner vielen alten

Hosen und einem alten Mantel als Schlafrockersatz. Der Bequemlichkeit halber blieben die Hosenträger an der Ausgehhose. Für die Familie und manchen Näherstehenden ein gewohnter Anblick. Doch eines Tages mit Folgen. Aus dem Sessel aufstehend, kam es, wie es seit langem kommen mußte. Dem Dichter rutschten die Hosen herunter. Sohn Theo rettete die Situation literarisch. »Abfall der Niederlande«, rief er gebildet.

## *Rückständiges*

In den Altersjahren wurde die *rückständige Toilette* eine Gewohnheit Fontanes und Besucher wiederholt *dringendst* aufgefordert, sich vorher mit einer Karte anzumelden, wie der Kritiker Fritz Mauthner im Januar 1898, dem Fontane noch schreiben konnte: »Ich freue mich sehr, Sie bald sehen zu dürfen ... Jeder Tag paßt mir gleich gut, wenn ich nur am Morgen mit Hülfe einer Karte erfahre: ›Heute geht es los.‹ Ohne solche Karte bin ich immer in einem Räuberzivil, in dem ich mich nicht gern präsentiere. Nicht nur aus Eitelkeit, sondern beinahe mit Rücksicht auf den Sittlichkeitsparagraphen.«

## *Naturalien*

Da bei den beschränkten Mitteln der Fontanes Geschenke an Freunde bei Geburtstagen und anderen Festtagen meist bescheiden ausfielen, legte der Dichter der Gabe oft noch ein eigenes Produkt bei.

Eine Freundin der Familie bekam Jahr für Jahr zum Geburtstag eine Flasche Kölnischwasser mit scherzhaften Begleitworten, die einmal lauteten: »Was erfindungsarm mag scheinen, laß es gelten als ›Treue im Kleinen‹.«

Ein unverheirateter Freund der Familie, den die Fontanes zum Weihnachtsabend eingeladen hatten, fand unter dem Tannenbaum ein Dose Zahnputzpulver und das Sprüchlein: »Bitte? belieben Sie nicht zu stutzen, als wäre hier die Mahnung zum Zähneputzen. – Ich würd auch stehn an dieser Stätten, wenn Sie gar nicht die Zähne hätten.«

## *Denkwürdiges Jahr*

Der deutsch-französische Krieg änderte 1870 anmaßend die europäische Landkarte. Theodor Fontane änderte im Jahre 1870 maßvoll die eigene Lage.

Er trat aus dem preußischen Staatsdienst aus.

Wurde Theaterkritiker.

Wehrte als französischer Kriegsgefangener ein Spionageurteil ab.

Begann in *Sommerfrischen* zu fahren.

## *Genie*

Am 20. April 1870 reiste Fontanes Frau Emilie nach London, um die zehnjährige Tochter Mete auf einer Reise zu Freunden zu begleiten. Mete sollte in London ein Jahr lang die Sprache erlernen, die Papa so schätzte. Der Strohwitwer nutzte sofort die Situation aus. Er kündigte den demütigenden journalistischen Frondienst bei der »Kreuzzeitung«, der allerdings der Familie 1000 Taler im Jahr gesichert hatte. Bei der besorgten Ehefrau Emilie löste der Schritt heftige Reaktionen aus. Ein Sturm wehte über den Kanal. An der Spree hätte Schlimmeres geschehen können. »Die Genies haben für ihre Angehörigen doch zuweilen recht schwer zu ertragende Einfälle!« notierte die Freundin der Familie, Henriette von Merckel, und daß Fontane fest an sein *Genie* glaube. Fontane hatte in diesen Tagen aber auch von sich gesagt, ich bin »ein armer titelloser Schriftsteller, den einige kennen und viele nicht kennen«.

Im Juni vertraute die »Vossische Zeitung« schon mal ein bißchen seinem *Genie*. Sie nahm Fontane unter Vertrag, künftig regelmäßig über die Theateraufführungen im Königlichen Schauspielhaus am Gendarmenmarkt für das Blatt zu schreiben.

## *Eckplatz No. 23*

Mit dem Beginn der Spielzeit des Jahres 1870 nahm Fontane am 17. August zum ersten Mal im Parkett des Schauspielhauses den Platz ein, auf dem er als Theaterkritiker nun für zwanzig Jahre sitzen sollte.

Die erste Aufführung, die er besprach, war Schillers »Wilhelm Tell«, die letzte Gerhart Hauptmanns »Friedensfest«. Der Platz war in die scharfe Ecke zwischen Proszeniums- und Parkettlogen hineingebaut. Fontane saß dort wie auf dem Präsentierteller und in dieser herausgehobenen Stellung durchaus nicht immer zu seinem Behagen. Mancher Mime nahm übel. »Da sitzt das Scheusal wieder«, meinte Fontane des öfteren in den Gesichtern gelesen zu haben.

### *Theaterfremdling*

Theodor Fontane zeichnete seine Theaterkritiken in der »Vossischen Zeitung« meist mit dem Kürzel »Th. F.«. Der spottlustige Adolf Glaßbrenner löste das Kürzel in der »Berliner Montagspost« vom 6. November 1871 als der »Theater-Fremdling« auf.

### *Schlag nach bei Heine*

Am 12. Mai 1874 besprach der Theaterkritiker Theodor Fontane eine Aufführung der »Iphigenie auf Tauris« im Berliner Königlichen Schauspielhaus für die »Vossische Zeitung«:

»Vor einem Publikum, in dem das Freibillet und die Dankbarkeit vorherrschten, ging am Sonnabend die Goethesche Iphigenie neu in Szene. Viermal, wenn wir richtig gezählt haben, wurde Frau *Erhartt* gerufen, ein Triumph, dem *nicht* mitwirken zu können wir das Verdienst – und die Verlegenheit hatten. Denn wie es uns verlegen macht, wenn alles niederkniet, aufrecht stehen zu bleiben, so macht es auch verlegen, in mitten von Enthusiasten in Nüchternheit zu verharren.

Das Publikum nahm die Iphigenie der Frau Erhartt mit begeisterter Hingebung auf. Es fällt uns nicht schwer, dies begreiflich zu finden. Eine durch Anmut der Erscheinung ausgezeichnete, in den verschiedensten Rollenfächern glänzende bewährte Künstlerin schreitet zum ersten Male als Iphigenie die Tempelstufen hinab; der Gürtel und die Doppelspangen leuchten, und um den Reifen im Haar legt sich ein grüner Zweig. ...

Es ist eine schöne Frau, ›das Land der Griechen mit der Seele suchend‹. Aber sie findet es nicht. Sie findet es nicht, weil sie nicht dort herstammt; sie ist verständnislos für die Rolle, die sie spielen soll, und Iphigenie, die ihren Goethe kennt, ruft ihr zu: ›Du gleichst dem Geist, den du begreifst, nicht mir‹ ...

Alles ist, wenn wir von einem unbestimmt wohltuenden Eindruck absehen, den unsere Sinne empfangen, und unser Auge auf Geist und Auffassung richten, ein großer Fehlgriff von Anfang bis zu Ende. Hier und dort begegnen wir etwas Getroffenem, aber es ist wie ein Schuß ins Blaue, der zufällig ins Schwarze traf. Das meiste geht vorbei. Gleich mit einer Unverständlichkeit setzt das ganze Spiel ein: mit halb ausgebreiteten Armen, als gält' es jemanden zu empfangen, steigt die Iphigenie der Frau Erhartt die Stufen des Tempels hernieder. Die Bühne aber ist leer. Solange die Welt steht, ist nie ein Mensch in solcher Attitüde eine Freitreppe niedergestiegen ... Es war theatralisch – trivial. Falsche Betonungen, von

Akt zu Akt sich wiederholend, zeigten deutlich die Abwesenheit eines tieferen Eindringens in den Geist der Dichtung.

Dies niederzuschreiben, ist uns nicht leicht geworden. Es reizt, es kränkt und – hilft zu nichts. Die Rolle der Iphigenie wird in denselben Händen bleiben, und ein immer erneuter vierzehnmaliger Hervorruf wird auch regelmäßig den Beweis erneuern, daß wir übelwollend und gehässig sind. Nur einige Biedermänner, denen wir im voraus für ihre Bemühungen danken, werden in forcierter Ritterlichkeit unseren Charakter zu entlasten und uns durch Zitierung der bekannten Grabschrift aus Atta Troll einigermaßen zu rehabilitieren suchen. Sei es, wie es sei. Wir müssen schließlich unseren ganzen Trost in dem berühmten Ausspruch des Abgeordneten Milde finden, der seinerzeit stolz darauf war, ›sich wenigstens nicht selber aufhängen zu müssen‹«.

Die *bekannte* Grabschrift des Heineschen »Atta Troll« lautet: »Sehr schlecht tanzend, doch Gesinnung/Tragend in der zott'gen Hochbrust;/Manchmal auch gestunken habend;/Kein Talent, doch ein Charakter!«

## *Schlag nach bei Goethe*

Auf seine Kritik zur Iphigenie-Aufführung des Königlichen Schauspielhauses vom 9. Mai 1874 erhielt Fontane die anonyme Zuschrift:

Motto: »Du siehst mich nicht und kennst mich nicht«

»Mein Herr, Erlauben Sie, daß ich Ihnen rückhaltlos meine Meinung sage. Sie haben durch Ihre Critik über die Ifigenie, die von Übertreibungen und Widersprüchen wimmelt, bewiesen, das es in der That das Beste wäre, wenn Sie sich selbst aufhängten, und ich rate es Ihnen zu thun, ehe sie wieder eine solche Recension drucken lassen, die Ihnen nur schaden kann, ohne sonst den geringsten Nutzen zu bringen. Überlegen Sie es sich ein andermal, wenn Sie denn doch selbst einsehen, daß Ihr dummes Zeug ›reizt, reizt, kränkt und nichts nützt‹, ob Sie dergleichen nicht lassen ganz unterlassen, überhaupt sich selber gleich aus dem Staube machen, wenn ihr so durchaus richtiges Urtheil und Gefühl sich gegen etwas empört, wie das Ausbreiten der Arme beim Herunterkommen der Stufen. Alle Kritiken haben allerdings Frau Ehrhardt auf Fehler aufmerksam gemacht, die am Ende bei einer ersten Darstellung Iphiegenie unvermeidbar sind, aber keiner ist so rücksichtslos, so gemein in seinen Ausdrücken gegen eine Dame gewesen, die durch ihren Fleiß und ihr immerwährendes Bei-der-Sache-Sein Jedermanns unbegrenzte Achtung verdient, die freilich auch weit davon entfernt ist, sich durch Bestechung gute Kritiken zu erkaufen!

Sie haben durch Ihre Kritiken, die ich gesammelt, aus mehreren Gründen gesammelt, gezeigt, daß Sie die Extreme lieben, daß Sie entweder bis in den Himmel heben, oder kein gutes Haar an Jemand lassen.

Haben Sie denn gar nicht bemerkt, wie sich die Künstlerin geängstigt hat, und sich daher Vieles verdorben? Können Sie wirklich glauben, daß sie die Iph. nicht versteht und begreift, nachdem Sie selbst gesagt haben, sie könne sich mit dem Besten messen, und nachdem Sie das Verschiedenste aufgezählt haben, worin sie vorzüglich ist?! ...

Hat es Sie so sehr gegiftet, daß Ihre Collegen Ihnen den Spitznamen ›Theaterfremdling‹ gegeben? Haben Sie sich nun geschworen, Alles von vornherein zu verdammen? Ihnen ist recht geschehen!!! Sehen Sie sich Ihre Recension vom 16.9.70 an! – wenn Goethe seinen ›Recensenten‹ noch nicht geschrieben hätte, ich gebe Ihnen mein Wort, er schriebe ihn, wenn er Sie kennen lernte, nur daß er gleich mit dem letzten Verse begönne, ›Schlagt ihn todt den Hund! Er ist ein Recensent.‹

Ich habe die EHRE!!«

Goethe schrieb zwar, »Es ist ein Hund«, aber geschenkt. Hauptsache tot.

## *Patriotisches*

Im Juli 1870 waren die Fontanes in die *Sommerfrische* nach Warnemünde gefahren. Hier an der Ostsee erlebte er mit seiner aus London zurückgekehrten Frau Emilie am 19. Juli den Ausbruch des deutsch-französischen Krieges. Das Gerücht ging um, die französische Flotte sei dabei, in die Ostsee einzulaufen.

»Die Sache wird hier gefährlich«, sagte Fontane zu

seiner Frau. »Die Franzosen können jede Nacht landen und entführen dich. Was fang ich dann an?«

Von Sohn George, Fähnrich der Kriegsschule – weil so gar nichts aus ihm werden wollte, hatten die Eltern ihm die Militärkarriere empfohlen –, kam ein ungewöhnlicher Brief. »Wir werden diesen Pflaumenschmeißern schon zeigen, was eine Harke ist ...« George schrieb sonst nur, wenn er Geld brauchte. Dies aber häufig. So auch jetzt. In sechs Tagen kamen sieben Briefe. Er brauche Geld für seine Equipierung, weil überall eine »furchtbare Abgebranntheit« herrsche.

Fontane war *freudig* bereit, *sechs Hemden* für die vaterländische Pflicht zu versetzen. Aber keinen Pfennig für Georges sonstige Schulden zu opfern.

Ansonsten fand er es in Warnemünde trotz der Emilie drohenden Gefahr und des schlechten Wetters wunderbar. Wohltuend still im Gegensatz zu der *patriotischen Erregung* mit *unendlich viel Blech*.

## *Allianzen*

Die Mehrzahl seiner Buchseiten hatte Fontane bis 1870 mit Berichten über die Kriege gefüllt, die Preußen in den zurückliegenden Jahren unter Bismarcks politischer Leitung geführt hatte. Es waren fast viertausend Druckseiten. Fontane hatte als Wanderer auf Kriegsschauplätzen geschrieben: über den »Schleswig-Holsteinischen Krieg im Jahre 1864«, den die Preußen mit den Österreichern gegen die Dänen geführt hatten. Gleich zwei Bücher über den Krieg der Preußen gegen die Österreicher und die Mehrheit der Staaten des Deutschen Bundes. Die »Reisebriefe vom Kriegsschauplatz« in Böhmen und »Der deutsche Krieg von 1866«.

Nun marschierten die Preußen gemeinsam mit allen deutschen Bundesstaaten unter Bismarcks Regie gegen die Franzosen. Sachsen und Preußen gemeinsam, die noch 1866 aufeinander geschossen hatten. Geschossen hatten auch Fontane und der Verleger seiner Kriegsbücher Ludwig Rudolf von Decker aufeinander. War Fontane »Der deutsche Krieg von 1866« doch anstatt der vereinbarten 30 Druckbogen auf über 50 geraten, und hatte Decker nur 30 bezahlen wollen. Unter der Fahne von 1870 fanden auch Verleger und Autor zur Allianz. Fontane erhielt von Decker den Auftrag, den deutschen Truppen zu folgen und aus unmittelbarer Anschauung ein Werk zu schreiben. Im September erklärte der Autor seinem Verleger, er fahre nun los, um sich wie 1866 und 67 die böhmischen und westdeutschen, so diesmal die französischen Schlachtfelder *anzusehen*. Das Schicksal entschied für Decker und gegen Fontane. Das neue Kriegsbuch wurde ein Buch aus unmittelbarer Anschauung des Krieges. Kaum in Frankreich, verhafteten die Franzosen den Wanderer Fontane als angeblichen deutschen Spion.

## *Warnung*

Am 3. Oktober traf Fontane in Toul ein, der lothringischen Stadt nahe dem Geburtsort der Jeanne d'Arc, Domremy. Seine ersten Erlebnisse im poetisch-romantischen Kreis der Jeanne d'Arc standen jedoch in eklatantem Gegensatz zu aller Poesie.

Der Wanderer machte sich sogleich auf den Weg zur berühmten Kathedrale von Toul, doch ehe er sie noch betreten konnte, verspürte er ein solches Rumoren im Bauch, daß er es für klug hielt, schnellstens in sein Hotel zurückzukehren. Stark bedrängt die Korridore dort auf und ab laufend, konnte er keine Toilette finden. Es blieb ihm nichts anderes übrig, als sich durch das Läuten der Hotelglocke bemerkbar zu machen. Die französische Wirtin fragte patriotisch zurückhaltend: »Mein Herr, Sie haben geläutet?« In der Seele Fontanes tobte ein kurzer Kampf, endlich siegte *wie immer die gemeine Menschennatur*, und er fragte in einem Ton, in dem sich Not, Scham und Vertraulichkeit mischten: »Oh, Mademoiselle, wo ist die Toilette?«

*Sie blieb ganz sie selbst; dem Ausdruck ihres Patriotismus noch den einer stillen Verachtung zulegend, machte sie eine klassische Armbewegung und sagte dann einfach: »Descendez!«* Gehen Sie hinunter!

Sie schritt in den Hof, der gequälte Fontane folgte ihr, hörte ein »Da ist es«, und so schlimm alles bisher gewesen war, folgte nun noch Schlimmeres. Fontane mußte in einem mühseligen *Schauer- und Scheuerakt* erst einmal die Toilette säubern. Er wäre der Situation erlegen, hätte ihn nicht die *souveräne Rücksichtslosigkeit* seiner Kreuzzeitungskollegen in einer zehnjährigen Schmerzenszeit daran gewöhnt, *diesen wichtigen Platz des Leben durch der Hände Arbeit zu erkaufen*. Befreit eilte er auf sein Zimmer. Wasser und nochmals Wasser tilgte nach Fontanes Meinung alle *Schuld*.

Es war nur eine Warnung. Der nächste Versuch, eine Sehenswürdigkeit in Feindesland zu besichtigen, ging voll in die Hose.

## *Jungfräuliches*

Am 5. Oktober 1870 machte sich Fontane um 7 Uhr früh von Toul auf den Weg in das 40 Kilometer entfernte Domremy, den Geburtsort der Jungfrau von Orléans. Domremy lag in einem von den deutschen Truppen noch unbesetzten Gebiet. Zur Sicherheit vor Überfällen trug Fontane einen Stockdegen und einen in der Reisedecke versteckten Revolver bei sich.

Am Nachmittag schon war er an der legendären Geburtsstätte der Jungfrau und gerade dabei, zu prüfen, ob ein kleines Denkmal der Jeanne d'Arc aus Bronze oder nur aus gebranntem Ton sei, als ihn einige Männer umringten, die wenig Lust zeigten, auf Fontanes höfliche Frage nach dem Material der Statue einzugehen, sondern barsch seine Papiere verlangten. Rasch wurden bei Fontane, der eine Armbinde des Roten Kreuzes trug, die Waffen entdeckt und der dubiose Besucher aus Toul, von wo das Anrücken der Preußen erwartet wurde, von den

Freischärlern als Spion verhaftet. Auch die regulären Militärbehörden konnte er nicht überzeugen, lediglich ein Schriftsteller zu sein, der wegen eines Buches den Kriegsschauplatz bereist. Alle Indizien sprachen dafür, er sei in Wahrheit ein verkappter preußischer Offizier.

Fontane rechnete mit seiner Erschießung. Als ein solches Urteil ausblieb, nahm er erleichtert die andauernde Haft, die sich wiederholenden Verhöre und die Odyssee durch verschiedene Militärgefängnisse, die im November auf der Atlantikinsel Oléron endete, in Kauf. Nach seiner Freilassung sagten ihm später preußische Offiziere: »Bei uns wären Sie erschossen worden!«

An die militärische Jungfräulichkeit eines Besuches bei der Jungfrau von Orléans während eines erbitterten Krieges hatte nur der Wanderer Fontane geglaubt. »Oh, Jeanne d'Arc! Ich muß für Dich teuer bezahlen«, stöhnte der schreibende Kulturtourist.

## *Hungersnot*

Emilie Fontane erhielt die erste Post vom Häftling Theodor Fontane am 24. Oktober. »Meine Situation beschreibe ich Dir nicht, der Hohn des Volkes ist furchtbar. Gott sei mit uns und kläre diese Nebel.«

Der Häftling Fontane machte zahlreiche Vorschläge, die französische Regierung wissen zu lassen, daß *er nichts weiter als ein Schriftsteller pur et simple* sei. Durch Hilfe von *Gesandtschaften*, englischen und belgischen, durch Einfluß auf einen *Kirchenfürsten*, durch eine Intervention des literarischen Freundes und Berliner Universitätsprofessors Moritz Lazarus bei dem französischen Justizminister Crémieux, durch Fürsprache bei dem französischen *Ministerpräsidenten* Julius Favre.

Fontanes jüngster Sohn, der sechsjährige »Friedel«, jammerte, als er von der Verhaftung des Vaters hörte: »Nun müssen wir alle verhungern!«

## *Sprachkurse*

Der »Kladderadatsch«, das vielgelesene Berliner Satireblatt, ulkte vor dem Kriegsausbruch über einen Briefwechsel zwischen dem preußischen Ministerpräsidenten Bismarck und dem französischen Ministerpräsidenten Julius Favre geschmackvoll:

»*Müller*. Ich weeß jar nicht, was sie vor'n jroßes Aufheben davon machen, deß Bismarck Julius Favre'n sein Schreiben Deutsch beantwortet hat.

*Schultze*. Na Ja! Julius Favre'n sein Brief war doch *Franzö'sch* jeschrieben!

*Müller*. Natürlich; er ist doch ooch'n Franzose.

*Schultze*. Na eben drum! Bismarck wird sich wohl gedacht haben, die Franzosen verstehen uns alleweile am besten, wenn wir ordentlich *Deutsch mit sie reden*.«

Fontane schrieb seiner Emilie am 14. Oktober 1870 aus dem Militärgefängnis Besançon auf *Französisch*.

»Meine Liebe Emilie,

Du weißt: Unglück, Trauer und Elend haben immer etwas Komisches oder Lächerliches zur Begleitung, und das Amüsante (es tut mir leid: das einzige) an meiner Lage ist, daß ich mich auf Französisch an Dich wende.

Ich habe heute gehört, daß französisch geschriebene Briefe, weil es leichter ist, sie zu zensieren, schneller abgehen dürfen als Briefe in einer fremden Sprache, und das ist der Grund für diese ›Übung‹.

Gott sei mit Dir. Die zärtlichsten Grüße Dir und den Kinder, auch an George und meinen kleinen Liebling in England.

Heute wie immer Dein

Th. Fontane«

## *Blitzkriege*

**B**ismarcks Kriege waren schneller, als ihr Chronist Fontane schreiben konnte.

Das Buch über den Feldzug von 1864 in Schleswig-Holstein, der zur Loslösung der Herzogtümer von Dänemark und ihrem schließlichen Anschluß an Preußen führte, kam im Jahr 1866 heraus, als die Preußen im Kampf um die deutsche Vorherrschaft die Österreicher in Böhmen schlugen. Die Korrekturbogen seines Buches über den 1866er Krieg sah Fontane nach den ersten Schlachten des Kriegs von 1870/71 in französischer Kriegsgefangenschaft durch. Der letzte Teil des 70er Kriegsbuches erschien fünf Jahre nach den Kämpfen. 1872 hatte Fontane einem Bekannten geschrieben: »Ich muß nun endlich mit Energie an mein 70er Kriegsbuch gehen; es überrascht mich sonst wieder der ›Krieg mit Rußland‹ ...«

## *Frische Farben*

Der Häftling französischer Militargefängnisse, Festungen und Atlantikinseln hatte das glückliche Unglück, sich bald wieder mit seinen schriftstellerischen Sorgen plagen zu müssen. Das mit seinem Verleger Rudolf von Decker verabredete Kriegsbuch! Das Honorar! Ein Buch über Schlachten und Heldentaten würde es nach Fontanes Festsetzung nicht werden können. Aus *unmittelbarer Anschauung* kannte er vom deutsch-französischen Krieg lediglich seine Gefangenschaft. Aber der Inselkommandant von Oléron hatte ihm aus der Schriftstellerseele gesprochen, als er sagte, es wird der Tag kommen, »wo Sie die Gefangenschaft auf der Isle d'Oléron segnen werden; Sie werden einen guten Stoff gewinnen und ihr zukünftiger Biograph noch einen besseren«. Schon auf dem Weg nach Oléron hatte Fontane seine neue aufregende Kriegsgeschichte zu schreiben begonnen.

»Seit gestern bin ich hier auf der Insel d'Oléron im Atlantik zwischen La Rochelle und Bordeaux«, hörte Verleger Decker vielversprechend Anfang November von seinem Autor. »Ich werde hier sehr fleißig sein und hoffe, daß meine Gefangenschaft einen guten Einfluß auf den Gehalt meiner Geschichte von 1870 haben wird. Ich werde frische Farben auf meine Palette bekommen.«

## *Briefe und Noten*

Der französische Justizminister Crémieux antwortete auf den Brief des Berliner Gelehrten Moritz Lazarus zugunsten Fontanes am 20. November 1870:

»Ich denke, daß in diesem Augenblick Herr Fontane, Ihr Schutzbefohlener und der Ihrer gelehrten Kollegen, frei ist. Ich habe keinen Augenblick verloren, aber er war nach der Insel Oléron verschickt worden, wodurch seine Freilassung verzögert wurde. Leider, lieber Herr, darf man nicht unserem treuen Frankreich Menschlichkeit in diesem barbarischen Kriege, den man gegen uns führt, anempfehlen, Gott wird richten. Ihr wohlgeneigter Crémieux.«

Zu diesem Zeitpunkt hatte schon Bismarck interveniert, nachdem Fontanes Freunde Leppel, Heyden und Eggers im preußischen Kriegsministerium vorstellig geworden waren. In einer offiziellen Note hatte Bismarck den amerikanischen Botschafter in Frankreich, Elihu B. Washburne, gebeten, sich bei der französischen Regierung für Fontane zu verwenden.

»Mein Herr!

Nach glaubwürdiger Mitteilung ist Dr. Fontane, ein preußischer Untertan und wohlbekannter Geschichtsschreiber, auf einer wissenschaftlichen Reise in französischen, durch deutsches Militär besetzten Distrikten, verhaftet und nach Besançon abgeführt worden, wo er in Lebensgefahr zu sein scheint. Nichts kann ein derartiges Vorgehen gegen einen harmlosen Gelehrten rechtfertigen. Ich bitte Sie daher, die Güte zu haben, formell seine Freilassung von der französischen Regierung zu verlangen und ausdrücklich zu erklären, daß wir im Weigerungsfalle eine gewisse Anzahl von Personen in ähnlicher Lebensstellung in verschiedenen Städten Frankreichs verhaften und nach Deutschland schicken und ihnen dieselbe Behandlung zuteil werden lassen, die dem Dr. Fontane in Frankreich beschieden ist ...«

In Domremy wurden drei Bürger als Geiseln verhaftet. Am 29. November war Fontane frei. Daß der belesene Bismarck sich später an den Mann erinnerte und einen seiner Romane in die Hand nahm, ist nicht überliefert. Auch Fontane hat von der Intervention Bismarcks nie erfahren.

## *Das Rhinozeros*

Anfang Dezember 1870 war Fontane wieder in Berlin und nahm sich die »Ehre«, dem *Königlichen Allgemeinen Kriegsdepartement* »Anzeige davon zu machen, daß ich am 5. Dezember aus der Kriegsgefangenschaft zu Chateau, Isle d'Oléron wieder hier eingetroffen bin. Der Entlassung der drei Geiseln aus Domremy dürfte somit nichts weiter im Wege stehen.«

Fontane war plötzlich prominent, schon seine unfertigen Manuskripte gefragt. Am 25. Januar begann die »Vossische Zeitung« einen ausführlichen

Vorabdruck seines Gefangenenberichtes. Selbst die »Gartenlaube«, eine idyllische Frühform der Bunten Blätter, meldet sich bei Fontane, um ihn mit Text und Holzschnitt unter die berühmten Zeitgenossen aufzunehmen, »besinnt sich aber eines bessren, da sie erfährt, daß alle meine Glieder heil geblieben sind«.

Fontane nimmt den Ruhm ironisch. Es ist ja nur ein Zeitungsname, meint er, und »›um das Rhinozeros zu sehn‹, drängt sich jetzt alles an mich ...«

## *Ruppsäcke*

Fontane hatte beim Lärm um seine Gefangenschaft das Gefühl, eine rasche Enttäuschung über den gedruckten Kriegsbericht könne nicht ausbleiben. »Die Leute erwarten eine haarsträubende Räubergeschichte mit Hungerturm und Kettengerassel ...« Sie war denn auch keine Sensationsgeschichte. Sie war einigen viel zu zivil. Und anderen zu dick.

»Ich muß Dir, lieber Vater, und auch im Namen aller unserer Herren, einen kleinen Vorwurf machen, weil Du die Franzosen in Deinen Schicksalen zu sehr herausstreichst«, warf ihm im Februar 1871 Sohn George im Leutnantston vor. »Du mußt ein ganz besonderes Glück gehabt haben; unter den vielen Franzosen, die ich die Ehre gehabt habe, kennen zu lernen, waren nur sehr, sehr wenige, für die ich ein gewisses tendre haben möchte ... Außerdem stinken die Kerls alle nach Knoblauch und Zwiebel. Fast noch schlimmer ist es mit den Französinnen,mit wenigen

Ausnahmen alle häßlich und schmutzig ...« Zu umfangreich war wieder einmal das Buch Fontanes knauserigem Verleger Decker. Im Verlag sprach man von »künstlich erreichter Dicke«, Fontane dafür später von Decker als einem *Ruppsack*.

### *Bilanz*

1876 machte Fontane eine Schriftstellerbilanz. Daß er zwölf Jahre Tag und Nacht an den drei Kriegsbüchern gearbeitet hatte, kam dabei heraus. Es war keine »Herzenssache«, sagte der Siebenundfünfzigjährige, der anfing, sich um sein Alter Sorgen zu machen.

### *Die Farbe Rot*

Der freie Journalist und Schriftsteller bewarb sich nach Jahrzehnten ohne festes Einkommen Anfang 1876 um die freigewordene Position eines Sekretärs der Akademie der Künste. Am 29. Februar erfolgte seine Bestallung durch den Kaiser. Ostern trat er in die Akademie ein. Fontane war mäßig zufrieden. Frau Emilie hocherfreut. »Ich werde ein letztes, weder mit sonderlicher Kraft noch mit sonderlichem Geschick arbeitendes Rad im großen Verwaltungsmechanismus sein.«

Akademiedirektor Anton von Werner beobachtete ihn einmal, vor einem langen Tisch mit einem mächtigen Stoß von Aktenbündeln beschäftigt. Fontane hatte auf die Holzplatte mit weißer Kreide Nummern und Kreise gezeichnet, in die er Aktenstücke hinein und hinaus ordnete, um zu einer Übersicht zu kommen. Anton von Werner wollte einen roten Fez auf Fontanes Kopf gesehen haben. Werner war Maler. Rot schmückt jedes Gemälde. Werner hat das Bild leider nicht gemalt. Aber auf die Anekdote für den Entwurf nicht verzichtet.

## *Die Farbe Weiß*

Als Fontane nach achtwöchiger Dienstzeit in einen Konflikt zwischen dem Akademiepräsidenten Friedrich Hitzig und dem Direktor der allgemeinen Akademie der Künste, Anton von Werner, hineingezogen wurde, beleidigte Hitzig Fontane, und Fontane nahm den Eklat zum Anlaß, die ungeliebte Stellung eines Akademiesekretärs am 28. Mai 1876 zu kündigen. Als Beamter wird man selten Schriftsteller.

Fontane wurde die Äußerung zugeschrieben, er hätte weder Lust noch Beruf, für die Malstudien des Herrn von Werner Skelette zu besorgen. Die Authentizität der Äußerung Fontanes über das weißliche Material ist fragwürdig. Aber auf die Anekdote über sein Ausscheiden hat auch er nicht verzichtet.

## *Gewöhnung*

Anders als Ostern 1870, als Fontane die Stellung bei der »Kreuzzeitung« kündigte, war Frau Emilie diesmal zu Hause. Die seit über 25 Jahren bestehende Ehe wurde ihrer schwersten Belastungsprobe ausgesetzt. Emilie hatte gehofft, endlich sei für die Familie ein festes Einkommen gesichert. Im Hause Potsdamer Straße 134 c wechselten Anklagen und Rechtfertigungen in aufreibenden Gesprächen. Fontane galt bei vielen in seiner Umgebung als verdreht und arrogant. Seine Frau hielt ihm vor: »Der Mensch gewöhnt sich an alles.« Nein, sagte Fontane, dieser Satz ist falsch. »Es ist ganz gewißlich wahr, daß zahllose Menschen, alten und jungen, das Herz vor Gram, Sehnsucht und Kränkung bricht. Jeder Tag führt den Beweis, daß sich der Mensch nicht an alles gewöhnt.«

## *Glück der Goldrollen*

Mitte Juli 1876 verließ Emilie Fontane in einer schweren Nervenkrise Berlin und fuhr zur Erholung zu einer schlesischen Freundin. Gatte Theodor schrieb am 15. August einen Brief hinterher, in dem der Donner grollte und der Horizont sich aufhellte:

»Meine liebe Frau, es ist im großen und kleinen das alte Lied. Du reizest mich bis aufs Blut und wunderst Dich hinterher, wenn ich heftig und bitter werde; Du machst ein böses Gesicht und wunderst Dich, wenn ich Dir aus dem Wege gehe; Du verhältst Dich ablehnend und wunderst Dich, wenn ich nicht zärtlich bin. Natürlich bin ich auch zuzeiten unzärtlich, ohne vorher einer Nüchternheit begegnet zu sein; aber das ist nicht zu ändern, weil es ebenso in der menschlichen Natur wie ganz besonders in unseren Lebensverhältnissen liegt. ... Du bist eine durch Deinen Lebensgang und Deine Lebensstellung unendlich bevorzugte Frau. Es gibt wenige, die es so gut getroffen haben.

Daß Du das Glück nach der Zahl der Goldrollen bemessen solltest, für so inferior halte ich Dich nicht, habe auch keine Ursache dazu ...«

## *Mete*

Sei glücklich, daß Du diese letzten Wochen auf neutralem Boden zugebracht hast«, schrieb Anfang Juni, während der großen Krise mit Frau Emilie, Fontane seiner Tochter Mete. Es war ein gezügelter Brief. Nur die Anrede an die sechzehnjährige Tochter war selten, so bisher nicht vorgekommen, danach nur einmal noch gebraucht. »Meine liebe, süße Mete.«

Alles Alleinsein in der Krise hatte sich einen Weg gesucht. Alle besorgte Liebe um die einzige Tochter sich in den vier Worten ausgesprochen »Meine liebe, süße Mete ...«

## *Allerlei Glück*

Fontane wußte um das Schicksal von Frauen. Alle seine Romane und Novellen handelten davon. Kaum eine fand »Glück«. Der jedem Tag Erfolg und Unterhalt abringende Autor fürchtete vorahnend um die Zukunft der Tochter Mete. Hochbegabt und mit keiner Mitgift beschenkt.

Am 16. November 1877 füllte die siebzehnjährige Mete einen der vorgedruckten Standardfragebögen aus, die eine Lieblingsbeschäftigung der Zeit waren. »Wenn nicht Sie selbst, wer möchten Sie sein?« Mete nennt den Namen einer Freundin und schreibt das

Wort »Todt«. – Vor der Dreißigjährigen liegt noch einmal solch ein Fragebogen. Sie hat inzwischen eine Ausbildung als Lehrerin und unglücklich geliebt. »Wenn nicht Sie selbst, wer möchten Sie sein?« wird wieder gefragt. »Meine Enkelin«, antwortet Mete Fontane.

## *Kurze Fontane-Novelle*

Als zu Ostern die Schulzeit der Siebzehnjährigen endet, wird sie zur Vorbereitung der Ausbildung an einem Seminar, die erst mit dem vollendeten achtzehnten Lebensjahr begonnen werden kann, in eine befreundete Berliner Familie als Haustochter gegeben. Ihr Vater kennt die Familie. Der Herr des Hauses ist Tenor und Dirigent. Die Dame hat mehrere Kinder und ist gerade schwanger.

In die gleiche Zeit fällt auch die Einführung des Mädchens in die Gesellschaft, wo sie als Ball-Erscheinung Glück macht. Im Hause des Dirigenten verfällt die Siebzehnjährige in eine leidenschaftliche Liebe zu dem attraktiven Mann.

Die Familie des Dirigenten beabsichtigt, nach Frankfurt am Main umzuziehen. Jetzt würde das Mädchen mit dem geliebten Mann jeden Tag unter einem Dach leben. Sie ahnt die Gefahr und offenbart sich dem Vater. Der schreibt der Dame des Hauses einen Brief, entschuldigt sich und erklärt alles. »Man kommt mit ihr nicht recht zu Rande. Sie ist mir eine beständige psychologische Aufgabe. Wenn es das Kriterium genialischer Naturen ist, daß Allerklügstes und Allerdummstes bei ihnen dicht beieinander liegen, so ist sie ein Hauptgenie.«

Erst die fast Vierzigjährige heiratet einen sechzigjährigen Witwer. Sie bleibt kinderlos. Sie stirbt einsam und scheinbar einen selbstgewählten Tod.

Sie heißt Mete Fontane. Der Vater Theodor. Der Dirigent Julius Stockhausen. Seine Ehefrau Martha.

## *Idee vom Glück*

Am 4. Januar 1899 heiratet Mete Fontane den zweimal verwitweten, zwanzig Jahre älteren Architekten Karl Emil Otto Fritsch. Sie arbeitet in der Familienkommission mit, die nach dem Tod des Vaters eine bereinigte Fassung der Familienbriefe publiziert, für die Fritsch das Vorwort schreibt. Metes Name kommt nicht vor. Einmal klagt sie: »Hätte man nicht Natur und Kunst und ein gutes Bett, so wäre die Herzenseinsamkeit, in der man lebt, einfach grauslich.« Im Sommer 1915 stirbt Fritsch. Mete wohnt fortan allein in der Familienvilla in Waren. Am 10. Januar 1917 liegt Mete tot unter dem Balkon im Garten. In einem Anfall von Herzasthma sei sie auf den Balkon getreten, habe das Gleichgewicht verloren und sei über die niedrige Brüstung gestürzt, sagen die einen.

Mete sagte dem Fragebogen von 1877, der »Ihre Idee vom Glück« wissen wollte: »Frau und Mutter zu sein.«

An einem frühen Aprilabend war Fontane in Fürstenwalde angekommen, hatte bei Freunden übernachtet, bis Mitternacht mit ihnen geplaudert. Am nächsten Morgen stand Fuhrmann Moll mit seinem Zweispänner vor der Tür, um den Wanderer durch das Ländchen Beeskow-Storkow zu kutschieren. Der Tag war hell und sonnig, aber der Blick zu den laublosen Bäumen zeigte, daß der Sommer noch ausstand. Fontane wollte in die Rauenschen Berge, zu den Granitblöcken der Markgrafensteine, zum Scharmützelsee, zu Adelssitzen, und vor allen Dingen wollte er auch diesmal Menschen mit den Geschichten der Gegend treffen. Die alten Frauen in den Dörfern, Lehrer, Schäfer, Pastoren und den Emeritus bei Groß Rietz, der jetzt Ostern 1881 noch davon erzählen konnte, in seiner Jugend den Kaiser Napoleon gesehen zu haben. Die zwei auf dem Kutschbock hatten viel zu reden. Fontane von der Gegend. Moll vom Segen des Kapitals, den Unsegen der Kapitalisten und daß ohne Geld nichts gehe.

Fontane und Moll treffen den kundigen Emeritus, und Moll sagt hinterher: »Er ist auch nur arm und dabei neunundsiebzig. Es ist doch eigentlich eine traurige Geschichte.«

Fontane, nicht gerade reich und über die Sechzig hinaus, antwortet: »Sie sind ein Mammonsjäger, Moll. Ihr drittes Wort ist immer Geld, und da kann ich schließlich nicht mehr mit.« Auch sagt Fontane, daß die Not ein großer *Treiber* ist und er mit Moll trotz Ostwind und scharfer Sonne *eigentlich auch bloß aus Not* herumkutschiere. Jetzt schweigen Fontane und Moll, bis sie in Groß Rietz vor dem Schloß des 1798 aus dem preußischen Staatsdienst entlassenen Ministers Wöllner stehen, der bald nach dem unfreiwilligen Abschied gestorben ist. Das Schicksal Wöllners bedenkend, sagt der Wanderer, der den Dienst im preußischen Staatsdienst, die Anstellung bei der »Kreuzzeitung«, die Position des Akademiesekretärs aufgegeben hat: »Wer in Ungnade fällt, heißt es, lebt nicht mehr lange. Nu, *mir* könnt es nicht passieren; In-Ungnade-fallen und Pensioniertwerden ist eigentlich immer mein Ideal gewesen. Aber der eine denkt so und der andere so ...«

## *Anker aus*

Erst ging alles sehr langsam, dann wurde es eilig. Seinen ersten Roman »Vor dem Sturm« hatte Fontane länger als ein Jahrzehnt mehr im Schreibtisch als auf dem Schreibtisch gehabt. Seit den ersten 60er Jahren werkelte er daran und besonders, wenn sich seine äußeren Lebensverhältnisse so gestalteten, daß nichts anderes mehr übrig blieb, als endlich ein *richtiger* Schriftsteller zu werden. 1876 machte Fontane an seinem Rettungsanker endgültig fest und eröffnete in einem Alter, *wo die meisten Schriftsteller die Feder aus der Hand zu legen pflegen, seinen kleinen Romanschriftstellerladen*.

Während Fontane noch am letzten Band seines

Romanes arbeitete, begann im Januar 1878 in der Wochenschrift »Daheim« bereits der Vorabdruck des Buches.

*Lesarten*

Der Großkritiker Julius Rodenberg besprach im Februarheft 1879 der von ihm herausgegebenen »Deutschen Rundschau« Fontanes »Vor dem Sturm«: »Mehr als ein Roman, ist es eine Folge von Zeit- und Sittenbildern, eine Galerie von Familienporträts, jedes einzelne von ihnen mit großer Kunst gemalt. Trefflichere Figuren ... sind uns lange nicht vorgekommen ... Es ist so viel Kenntnis der Zeit und des Ortes, bei so viel diskreter Behandlung des rein historisch Gegebenen darin, so viel Poesie bei so viel Natürlichkeit und so viel erfrischender Humor bei so viel tiefem Ernst, daß wir nicht anstehen, ›Vor dem Sturm‹ als ein gutes, erfreuliches Buch zu bezeichnen, mit großen Mängeln in der Komposition, aber auch mit großen Schönheiten und in seinem innersten Kern gesund.«

Der Schriftsteller Theodor Fontane schrieb am 30. Januar 1879 in einem Brief an Wilhelm Hertz:

»In der ›Deutschen Rundschau‹ las ich gestern eine Besprechung meines Romans. Sie rührt von Rodenberg selber her und zählt zu dem wenigen Guten, was bisher über das Buch gesagt ist. Vielleicht ist es das Beste.«

Julius Rodenberg hatte am 27. Dezember des Vorjahrs in sein Tagebuch eingetragen:

»An Fontanes ›Vor dem Sturm‹ würge ich nun schon bald acht Wochen; es ist gar nicht zu sagen, was das für ein albernes Buch ist, ein Roman in vier Bänden, mit gewiß nicht weniger als 100 Personen, u. dabei nicht so viel Handlung, um auch nur einen halben Band daraus zu machen. Und das muß man lesen und auch noch darüber schreiben!«

## *Autogramme*

Mit dem Ruhm kamen zu Fontane die Autogrammalben der Sammler. In einem hatte sich Wilhelm Raabe vor ihm unmutig über die als Belästigung empfundene Albumzusendung mit den Zeilen eingetragen: »Wirklich vornehme Naturen schämen sich stets für viele, mit denen sie es im Wandel und Handel dieser Erde zu thun bekommen, mit. Sie lassen sich aber gerade deshalb desto williger bereit finden, alles das, was man von ihnen zu haben wünscht, herzugeben, freilich nur, um so rasch als möglich wieder Ruhe zu bekommen vor der Narrheit und Unverschämtheit des laufenden Tages. Das Beste, was der Mensch im Leben haben kann, ist ein Stück von dem, was er im Tode ganz haben wird – Ruhe.«

Fontane nahm die Sache gelassener. Hinter Raabes Eintragung schrieb er für den Sammler tröstend: »Müh' und Arbeit sind der Preis, den man für das Gelingen zahlt. Was weniger kostet, ist weniger wert.«

Allein von seinen Buchhonoraren hätte Fontane nicht leben können. Er war auf die Vorabdrucke in Zeitungen und Zeitschriften angewiesen. Das Manuskript von »Irrungen, Wirrungen«, der ungleichen Liebe der Plätterin Lene Nimptsch und des jungen Baron von Rienäcker, bot er im Juli 1887 dem Chefredakteur der »Vossischen Zeitung«, Friedrich Stephany, an. Stephany sagte »Ja« und Ja zu Rienäckers Entschluß, nicht unter Stand zu lieben. Im Gegensatz zu seinem Autor erschien ihm das ganz und gar in Ordnung. Fontane dachte sich nicht viel Schlimmes. Nur an das heiße Juli-Berlin. »Ich sage mir: ›Gott wer liest Novellen bei die Hitze, wer hat jetzt Lust und Fähigkeit, auf die tausend Finessen zu achten ...‹«

Die Setzer verbesserten ihm zum großen Ärger hundert Finessen. Quälten die Sprache der Berlinerin Lene Nimptsch auf Hochdeutsch. Aber das waren noch die geringsten Mängel in Correctness. Das *bessere Publikum der »Vossin«*, auf dessen Verständnis Fontane beim berlinischen Odium der Geschichte gesetzt hatte, nahm ihre »Unmoral« übel. Es gab Abbestellungen, und ein Mitinhaber der »Vossischen« fragte den Chefredakteur. »Wird denn die gräßliche Hurengeschichte nicht bald aufhören?«

Die »Vossische« stand den Vorabdruck durch. Sie lehnte lediglich den Druck von Fontanes nächster Geschichte »Stine« ab.

## *Kehraus*

Die »Gartenlaube«, die 1890 Fontanes Erzählung »Quitt« vorabdruckte, stellte für ihr Publikum eine eigene Fassung her. Sie änderte den Satzbau, überbrückte Kürzungen mit eigenem Wortmaterial, formulierte Begriffe um, deutschte Fremdwörter ein und frisierte den Inhalt. Aus Kirchhofsportal wurde Kirchhofspforte, aus Reparatur Ausbesserung, aus Blaker Öllampe und mehr. Fontanes Kritik an preußischen Militärs oder die Bezeichnung Kaiser Wilhelms als »old William« kamen für die Leser ebenso wenig vor wie die Bemerkung des Wilddiebs Lehnert über das Preußen nach 1871: »Es ist alles so klein und eng hier, ein Polizeistaat, ein Land mit ein paar Herren und Grafen ... und sonst mit lauter Knechten und Bedienten.«

»Wenn's sein kann, räumen Sie unter den französischen Brocken nicht zu sehr auf. Vieles wird ohnehin fallen und nimmt dann die Brocken mit in den Orkus«, hatte Fontane im November 1889 ahnungsvoll der Redaktion geschrieben.

## *Rätselhaftes*

Im September 1887 kündigte sich nach dem Erscheinen von »Irrungen und Wirrungen« eine Dame bei Fontane an, die ihm zu der Novelle etwas sagen wollte. Früh um halb neun kam eine noch immer sehr schöne Frau in den Vierzigern, stellte sich als eine Frau Poggendorf vor und sagte dem erstaunten Dichter, *Lene Nimptsch* sei niemand anders als sie. Er habe ihre Geschichte geschrieben! Anschließend weinte Frau Poggendorf ausgiebig und lange.

Der irritierte Dichter konnte sich nicht entscheiden, sie für unglücklich, verrückt oder für eine Schwindlerin zu halten. Vielleicht war es auch noch anders. Das Leben ist den Dichtern in Geschichten immer ein Stück voraus.

*** 

Fontane erzählte in seinen Liebesgeschichten so gut wie alles, nur erzählte er es nicht mit Worten. Er erzählte es mit drei Sternchen im Text.

Eines Tages erhielt er zu seiner Novelle »Schach von Wuthenow« den anonymen Brief einer Dame, die sich als Verehrerin des Meisters vorstellte, aber doch ein Problem mit dem Text hatte, das ihr so heikel vorkam, daß sie ihr besseres Wissen nur namenlos dem Autor vortrug.

Im letzten Kapitel der Novelle spreche die verwitwete Victoire brieflich von ihrem Kinde, während doch der Liebhaber Schach sich bereits unmittelbar nach dem Hochzeitsmahle erschossen habe. Wie dann das Kind?

Der keuschen Leserin hatten die drei Sternchen im Text umsonst gestrahlt.

## *Zu alt für den 70.*

Seinem nahenden 70. Geburtstag sah Fontane melancholisch entgegen. Vom »*Vorspiel*« des Endes war die Rede, und sowieso aller formalen Feierei abhold, wünschte er sich, wenigstens nicht auch noch gezwungen zu sein, an dem Tag ein feierliches Gesicht schneiden zu müssen. Siebzig Jahre vorher hatte Goethe alle Feierei zu seinem 70. mit dem Bemerken verweigert: »Ich bin zu alt zum Geburtstag feiern«, und sich aus Weimar nach Karlsbad zurückgezogen.

## *Staatseinnahmen*

Der Familienfeier des 70. Geburtstages am 30. Dezember 1889 folgte am 4. Januar ein Festessen zu Ehren Fontanes im Englischen Hause in der Mohrenstraße. Der Presseclub, die Literarische Gesellschaft, die »Vossische Zeitung«, die Literatenvereinigung »Rütli« hatten dazu geladen, und gut dreihundert prominente Gäste waren an der Ehrentafel unter dem Kaiserbild anwesend. Fontane doppelt. In Persona und in Gips. In der als Lorbeerhain gestalteten Orchesternische des Festsaals stand eine rötlich angestrahlte Gipsbüste Fontanes. Dichter und Gips hörten feierliche Reden, Loewes Vertonung der Ballade »Archibald Douglas« und den von Ernst von Wolzogen vorgetragenen »Dank der Jugend«: »Du hast zwischen Jungen und ängstlichen Alten/lächelnd die freie Bahn gehalten ....«

Der Dichter fühlte sich geehrt und war irritiert. Über 400 Dankesbriefe waren zu schreiben. »Welch eine Bereicherung der Staatseinnahmen«, stöhnte er ironisch.

Nach dem 70. quälte Fontane das zunehmende Gefühl *des auf den Abbruch Dastehens* und die Frage, »Verlohnt es sich, das und das überhaupt noch anzufangen?« Der Winter 1891 auf 1892 brachte eine ernste gesundheitliche Krise. Fontane fühlte kaum noch die Kraft für *ein paar Briefzeilen* und seine geliebten Spaziergänge durch den Tiergarten und entlang des Landwehrkanals. Im Mai ging er mit Frau Emilie und Tochter Mete nach Zillerthal-Erdmannsdorf im Riesengebirge, in der Hoffnung, an der *alten schlesischen Heilstätte* Genesung und Kraft zur Arbeit zu finden. Als im Juni nichts davon zu spüren war, faßte er den Entschluß, das unruhige und teure Berlin aufzugeben und sich im schlesischen Schmiedeberg mit Emilie *für den Rest unserer Tage zurückzuziehen*. Ein Vierteljahr später im September kehrte das Ehepaar dennoch nach Berlin zurück. Fontanes Zustand war kaum verändert. Bis ihm sein Hausarzt, Dr. Wilhelm Delhaes, sagte: »Sie sind ja gar nicht krank! Ihnen fehlt nur die gewohnte Arbeit! Und wenn Sie sagen: ›Ich habe ein Brett vor dem Kopf, die Puste ist mir ausgegangen, mit der Romanschreiberei ist es vorbei‹, nun dann sage ich Ihnen: Wenn Sie wieder gesund werden wollen, schreiben Sie was anderes, zum Beispiel Ihre Lebenserinnerungen. Fangen Sie gleich morgen mit der Kinderzeit an!«

Um den 20. Oktober schrieb Fontane die ersten Zeilen des Erinnerungsbuches »Meine Kinderjahre«. Von da an ging's noch einmal bergauf. Nach acht

Wochen, kurz vor Weihnachten 1892, war das Manuskript in der ersten Fassung abgeschlossen.

## *Apart*

Im Krankheitsjahr 1892 machte Fontane sein Testament. Im März fuhr das Ehepaar zur Beglaubigung des Testamentes mit Justizrat Paul Meyer in das Amtsgericht in der Neuen Friedrichstraße. Nach anderthalbstündigem Warten in einem gelbgestrichenen Zimmer, *wo alles nach alter Zeit und echt preußischer Ruppigkeit schmeckte*, wurden die Fontanes vorgelassen. Ein Referendar empfing das Ehepaar. Justizrat Meyer legitimierte seine Mandanten:

»Fontane«.

»Wie ist der Name?«

»Fontane.«

»Ich bitte ihn zu buchstabieren.«

Meyer buchstabierte und erwartete eine unmutige Bemerkung Fontanes, doch der blieb ruhig, auch als nach Vornamen und Beruf gefragt wurde. Der Referendar hatte im Jahr 1892 noch nichts von einem Schriftsteller Theodor Fontane gehört. Der schrieb der Tochter Mete, daß das Leben sich im alten Gleise abwickle, »aber doch mit kleinen Apartheiten«.

## *Der Plauderer*

Als der Literaturkritiker Moritz Necker Fontane im Mai 94 nach Wien zu einem Vortrag in den »Verein der Literaturfreunde« einlud, lehnte Fontane kategorisch ab: »Ich kann gut plaudern, aber schlecht sprechen.«

## *Privilegien*

Zu seinem 75. Geburtstag wurde Fontane die Ehrendoktorwürde der Berliner Universität verliehen. Das Berliner Satireblatt »Ulk« ulkte:

Fontane ist nun schön heraus,
Doktor wurde das alte Haus,
Und will er nicht bürgerlich mehr bleiben,
So kann er sich auch *von Tanne* schreiben.

## *Der alte Fontane*

Fontane hörte es nicht gern, wenn er der »alte Fontane« genannt wurde. Der Literaturkritiker Albert Mauthner redete wortreich zu: »Der Name ist gut. Alt und alt ist zweierlei. Die königstreuesten Leute nannten Wilhelm I. den alten Wilhelm, weil er 1870, als es eigentlich losging, schon ein alter Mann war. Friedrich der Große heißt der alte Fritz, weil sich die Legende gern an die Erscheinung knüpfte, die er im Alter darbot. Ich denke, man könnte es sich gefallen lassen, der alte Fontane zu heißen. In diesem Sinne wird Spielhagen niemals der ›alte Spielhagen‹, Heyse schwerlich der ›alte Heyse‹ genannt werden.«

## *Drei Große*

Im März 1896 ging Fontane *unruhigen Tagen entgegen*, Maltagen, Ateliertagen bei Max Liebermann, der Fontane porträtierte. Der freute sich, »weil es nun doch endlich mal ein richtiger Maler ist, dem ich in die Hände falle, dann weil Liebermann ein ebenso liebenswürdiger wie kluger Mann ist«. Beide hatten sich was zu sagen. Besonders über Bismarck, der den Verlust seiner Reichskanzlerschaft noch immer nicht verwinden konnte. Liebermann erzählte, Bismarck verbringe seine Tage nur noch mit Schimpfen. Immer gegen den Kaiser. Er freue sich über jeden Besuch, weil er dann gleich wieder loslegen könne. Sein alter Diener solle zu Bismarck gesagt haben: »Durchlaucht, ick will lieber en bisken raus gehn, daß ich nicht alles höre.«

»Ja, geh nur; ich hab mich noch lange nicht ausgekollert.«

Fontane fand, bei jedem anderen würde er die Achseln zucken, aber zu Bismarck gehöre es. Es kleide ihn.

Daß Bismarck gut angezogen sei, fand er darüber nicht. Als er zwei Jahre später zu einem Bismarck-Gedicht aufgefordert *wurde,* lehnte er ab. Er fand Bismarck *langweilig.* »Da muß viel Wasser die Spree 'runter, eh Bismarck wieder ein Stoff geworden ist. Dann freilich ein gehöriger.«

## *Sonnenuntergang*

Im Oktober 1897 begann die Wochenschrift »Über Land und Meer« mit dem Vorabdruck des Romans »Der Stechlin«, der Fontanes Vermächtnis werden sollte. Die Redaktion hatte Fontane telegraphiert:

»Hochverehrter Herr Doktor, intensiv mit allen Ihren Menschen mitlebend, vor allem mit dem alten Freiherrn, am Schlusse im Innersten erschüttert, danken wir Ihnen dafür, daß ›Über Land und Meer‹ ein solches Werk veröffentlichen darf.«

Fontane antworte mit der Depesche: »Ihr Telegramm hat mich sehr beglückt. ›Verweile doch, du bist so schön‹ – ich darf es sagen, denn ich seh den Sonnenuntergang. Herzlichen Dank.«

### *Guthaben*

Auf der hohen Kante hatte Fontane wenig Geld, aber ein reiches Kapital von »Stoffen«. Er begann sie sich nach dem ersten Roman »Vor dem Sturm« zurückzulegen, damit er nie in Not als Schreiber käme. »Es liegt für mich etwas ungemein Beruhigendes darin über eine Fülle von Stoffen disponiren zu können, etwa wie man mit einer Extra-Summe auf der Brust leichter auf Reisen geht, wie wenn man schon zwischen Berlin und Jüterbog an zu rechnen anfängt und von der Frage gequält wird: wird es auch reichen?«

Es wurde ein sehr stattliches Guthaben mit der Gewißheit, »daß ich's nie abarbeiten kann«. Fontane hinterließ Entwürfe, Fragmente, Notizen zu beinahe 100 Novellen, Romanen, Erzählungen.

## *Begegnung*

Im Sommer 1898 traf der junge Kunstkritiker Franz Servaes den alten Dichter Theodor Fontane bei einem seiner Spaziergänge in der Königgrätzer Straße, nahe dem Potsdamer Platz. Servaes hatte bei der »Vossischen« Fontanes Nachfolge auf dem legendären »Parkettplatz 23« angetreten.

»Da stand er vor dem Palast-Hotel, den blaugrünen schottischen Shawl locker um die Schulter, stand allein und blickte halb über das Gewühl hinweg, mehr in der Stellung eines Lauschenden als eines Schauenden. Fast erschrak ich ein wenig, als ich ihn so sah: so alt schien er mir plötzlich geworden, so nahe dem Verfall. Aber dennoch lag etwas ungemein Ehrwürdiges in der ganzen Erscheinung. Er schien völlig in Sinnen verloren, beinahe der Welt schon entrückt. Etwas wie ein kindliches, seliges Staunen, wie dankesfrohes Mitgenießen lag auf seinen Gesichtszügen, in denen die Augen einen eignen, gleichsam, verklärten Glanz hatten. Was mochte in ihm vorgehen in dieser Minute? Sah er noch einmal alles in sich, das er so gut kannte und so treu liebte? ... Still wollte ich vorübergehen. Da traf mich sein Blick. Anfangs wie der eines Unbekannten, dann sich freundlich erhellend zu leutseligem Gruß. Und doch auch dies wie traumverloren.«

Servaes schritt vorüber, obwohl er am liebsten dem Dichter die *Hände geküßt* hätte.

Unfreundliches Wetter empfing im Mai 98 die Kurgäste Theodor, Emilie und Mete Fontane in Dr. Lahmanns Sanatorium auf dem *Weißen Hirsch* in Dresden. Aber die Dresdner gefielen dem Dichter. »Frau und Tochter wollen von dem ›Sächsischen‹, das hier blüht, nichts wissen; ich bin aber nach wie vor davon eingenommen.« Fontane hatte seine sächsischen Gründe.

Eines Tages stand mit Wilhelm Wolters einer der Söhne Wilhelm Wolfsohns, des Freundes aus frühen Leipziger Tagen, vor ihm. Fontane hatte gerade das erste Exemplar der Erinnerungen »Von Zwanzig bis Dreißig« aus Berlin bekommen. »Mein Leipzig lob ich mir« hieß nach Goethe der Abschnitt über seine Zeit in der Metropole des Landes *Sachsen, wo die schönen Mädchen auf den Bäumen wachsen*. Fontane zeigte dem Besucher das Buch voll Freude, und Wolters konnte sich revanchieren. Er hatte ein Aquarell des jungen Fontane mitgebracht, das der Dreiundzwanzigjährige einst in Leipzig seinem Freund Wolfsohn schenkte. Ein Jüngling in Locken, mit Kußmund und melancholischem Blick.

»Bin ich's denn wirklich?« fragte Fontane sinnend.

Wolters erzählte, was der Dichter nicht erzählen wollte, er aber von der Mutter wußte, die oft geschildert hatte, daß die jungen Mädchen in der Schrötergasse, wo die Wolfsohns wohnten, die Fenster aufgerissen hätten, um dem Original des Bildes nachzuschauen, das auf dem Weg zu dem Freund war. Fontane lächelte.

»Davon hab ich gar nichts gemerkt. Und ich möchte eigentlich wünschen, ich hätte anders ausgesehen; mir gefallen die gebräunten Unteroffziersgesichter viel besser als die blassen Dichtergesichter.«

## *Nun also die letzten Zeilen*

Mitte August 98 war Fontane mit Ehefrau Emilie und Tochter Mete nach Karlsbad in die Sommerfrische gefahren, die Korrekturbögen seines Romans »Der Stechlin« im Gepäck.

Am 10. September ist er wieder in Berlin. Emilie noch bei einer Freundin in Dresden. Er wenigstens muß in Berlin sein. Mete hat endlich einen Mann. Am 16. wird die Verlobung mit dem Architekten Professor Fritsch sein. Im kleinen Kreise, ohne die Mutter. Fritsch ist Witwer und das Trauerjahr noch nicht vorbei. Die Feier wird ein *Zauberfest*, und der kleine Kreis der Gäste ist vergnügt.

Der Theatermann Paul Schlenther spricht einen launigen Toast auf die Verlobten, und Fontane muß zur Erheiterung der Gäste das Gedicht »Kommen Sie Cohn« vorlesen, das er sich zu seinem 75. Geburtstag geschrieben hat. Er steht alles gut durch, das Ereignis belebt ihn. Sonst hat er gerade noch 34 Pulsschläge und ein *tiefes Verlangen nach Ruhe*. So kommt der 20. September. Ein schöner Tag. September, der Monat, in dem alles sein kann. Licht und Wärme noch. Dunkelheit und Kälte schon. Alle Verhältnisse auf dem Grat.

Dem Alten geht es nicht anders als sonst. »So lala.« Emilie ist noch bei der Freundin in Dresden. Er hat ihr jetzt beinahe jeden Tag einen Brief geschrieben. Er schreibt auch heute. Der 20. September.

»Meine liebe Frau. Dies sind nun also die letzten Zeilen ...«, ach, er meint ja nichts anderes als »übermorgen mittag dürfen wir Dich erwarten«.

Zu Mittag gibt es Berliner Kartoffelsuppe, grüne Kartoffeln, Brühe, Petersilie, eine Prise Pfeffer. Dann Hammelrippchen. Dann Milchgrieß mit Zucker und Zimt. Dann Kaffee.

Der Abend kommt. Das Abendessen nicht an der Familientafel. »Alte Leute sollten abends überhaupt nichts mehr essen.« Er ißt eine Kleinigkeit auf seinem Zimmer, Mete ist dabei. Danach begibt er sich in den angrenzenden, zum Eßzimmer umgewandelten Alkoven, um ein Verdauungsschnäpschen zu trinken. Üblich wie das knappe Abendessen. Mete wartet.

Die Tür ist angelehnt. Es ist still dahinter. Es bleibt still. Mete wird unruhig. Sie geht durch den Alkoven und das dahinter gelegene Schlafzimmer in die Küche. Sie fragt das Mädchen: »Anna, ist der Herr etwa draußen?«

»Nein, hier ist er nicht gewesen.«

Mete und das Mädchen gehen zurück. Die neunte Stunde abends. Sie finden ihn über dem Bett liegend. Tot. Auf dem sauber aufgeräumten Schreibtisch liegt ein Verzeichnis, wem »Der Stechlin« zuzusenden ist. Gerade an dem Tag ist der »Roman« ausgedruckt worden. Und ein kleines Gedicht. Vor wenigen Monaten ist der zweite Teil der Erinnerungen erschienen.

»Zwölfhundert Seiten auf einmal,
Und mit achtundsiebzig! beinah ein Skandal,
Konntest es doch auf viermal verteilen!
Ihr könnt es, – aber bei mir heißt es eilen.«

Am 24. September ist die Beisetzung auf dem Friedhof der Französischen Gemeinde in der Liesenstraße. Der Chef des kaiserlichen Zivilkabinetts von Kaiser Wilhelm, Lucanus, überbringt einen Kranz mit einem majestätischen W in roten Blumen. Fontanes elfjähriger Enkel Otto fragt Vater Theo: »Der große schöne Kranz mit dem W, der war doch von Wertheim?« Pasteur Eugéne Devrane von der Französischen Reformierten Gemeinde hält eine Trauerrede.

Am 18. Februar 1902 stirbt Emilie Fontane. Laut Testament werden die »Briefe aus der Brautzeit« ungelesen verbrannt.

Am 20. April 1945 zerstört bei den Kämpfen um Berlin ein Artillerievolltreffer das Fontane-Grab auf dem Friedhof der Französischen Gemeinde.

Es ist wiederhergestellt. *Ein Kunststück der Friedhofsgärtner.*

»Denn wie er ganz zuletzt war, so war er eigentlich«, sagte Sohn Theodor über Vater Louis Henri, als er in das Alter des Alten gekommen war. Es war ein versöhnliches Wort. Der junge Mann war voller Zorn und Groll gegen den Vater gewesen. Alle seine Not – ein Apotheker wider Willen und dann nicht einmal eine eigene Apotheke, ein literarischer Enthusiast mit keinen anderen als den windigen Lebensaussichten eines Literaten, ein Liebender ohne Geliebte – kam für ihn aus dem Egoismus des Vaters. »Der immer Geld hatte für Wein und Spiel, und nie für Erziehung und Zukunft seiner Kinder ...«

Der Alte wohnte zuletzt und lange schon getrennt von seiner Frau mit »Luise«, einer Haushälterin in mittleren Jahren und starker Einfalt, in einem kleinen Häuschen der Schifferkolonie »Schiffmühle« nahe der alten Oder, das Städtchen Freienwalde im Rücken. Der Sohn besuchte den Vater über ein Jahrzehnt lang alle Jahre einmal. Im Sommer 1867 sollte es der letzte Besuch sein. Nur das Schicksal, Gott oder wer sonst wußten es an diesem Julitag, als der Sohn kam. Louis Henris Leidenschaften hatten sich gelegt. Des Lebens Irrtümer waren von ihm abgefallen, je bescheidener sich im Laufe der Jahre seine Verhältnisse gestalteten. Vater und Sohn blickten zurück. Spielleidenschaft, Wein, Umherziehen, was waren sie anders als die Sehnsucht Louis Henris nach einem anderen, als einem stillstehenden Leben. Der Mann, der sich den Tag über gelangweilt hatte, wollte wenigstens am Abend einen Wechsel verspüren. Nun sprach der Vater über den Kern seiner Unruhe. Der Sohn kannte solche Sehnsüchte. Er war ihnen nur auf anderen Wegen nachgegangen. Das Abenteuer Literatur war sein Lebensabenteuer geworden. Jetzt konnten sich die beiden Fontanes treffen. Der Vater bekam noch einmal einen Sohn. Der Sohn hatte wieder einen Vater. Zuletzt, läßt sich über die Lebensgeschichte des Sohnes sagen, hatte er das Eigentliche, das er immer wollte. Einen Vater, die Literatur, eine große Liebe.

Nichts davon war ihm zugefallen oder auch nur leicht geworden. Den ungeliebten Apothekerberuf zu verlassen und als Schriftsteller zu leben, war ein Ding sozialer Unmöglichkeit. Allenfalls reichte die Balladen- und Gedichtproduktion der frühen Jahre zu einem finanziellen Zuschuß. Ein festes Einkommen mußte her. Egal woher. Ob als Eisenbahner, wie er überlegte, oder als Angestellter des »Literarischen Cabinetts«, einer Einrichtung des preußischen Innenministeriums mit der Aufgabe, die regierungsamtliche Presse mit Artikeln zu beliefern und zu zensieren. Im August 1850 wurde er Mitarbeiter des »Literarischen Cabinetts«. Sein letzter Artikel in der demokratischen Presse lag nur Monate zurück. Im April hatte er in der »Dresdner Zeitung« an den Freiheitskampf der Ungarn im Revolutionsjahr 1848 erinnert und sich überzeugt gezeigt, daß die Rechte der Völker nicht auf immer unterdrückt werden könnten. Ähnliche Artikel waren in den letzten beiden Jahren zahlreich gewesen. »Ich gelte«, schrieb Fontane bei seinem Eintritt in den preußischen Staatsdienst einem Freund, »für einen roten Republikaner und bin jetzt eigentlich ein Reaktionär von reinstem Wasser.« Zum Ende des Jahres 1850 wurde das »Cabinett« aufgelöst und zu Beginn des nächsten durch eine »Zentralstelle für Preßangelegenheiten« ersetzt. Fontane war nicht dabei. In gewisser Weise erleichternd für den »roten Republikaner«, nur auf der Gehaltsliste wäre er schon gern dabei gewesen, jetzt verheiratet und künftiger Vater eines Sohnes. Am liebsten wäre er allerdings etwas anderes gewesen. »Ich muß bekennen, daß ich dem Zeitungskram am liebsten Lebewohl sagte und die nächsten zehn Jahre, das beste Teil unserer Kraft, an eine ordentliche Arbeit setzte, aber was kümmern sich unsre Zeiten und unsere Menschen um ein Gedicht, selbst ein gutes Gedicht. Sie meinen, es kann ungeschrieben bleiben, und es ist nichts dagegen zu sagen. Man faselt immer von dem ›Sich-Bahn-Brechen der Genies‹; man lasse ein Genie hungern, und es verquient ebenso wie der erste beste Flickschneider ...«, schrieb er im Januar 1851. Dem »Zeitungskram« Lebewohl zu sagen, sollte dauern.

Am 1. November 1851 bekam er bei der »Preußischen Zeitung«, dem ganzen Gegensatz eines liberalen Blattes, eine Anstellung. Eigentlich war es eine konspirative Anstellung, denn tatsächlich war er Mitarbeiter der »Zentralstelle für Preßangelegenheiten«. Fontane schickte sich darein, einer Behörde des ultra reaktionären preußischen Ministerpräsidenten von Manteuffel zuzuarbeiten, und er schickte sich nicht darein. Schon nach dreieinhalb Monaten in der »Zentralstelle« kam er bei der Behörde nach, ihn als Korrespondenten der »Preußischen Zeitung« nach London zu versetzen. Und ähnlich im Fall seiner Verwendung als »Dichter«. Zwar hatte er die Behörde mit einem »Glorifikations-Gedicht für Herrn von Manteuffel« und einem ähnlichen Werk auf die Königin beliefert, nur, sie sind verlorengegangen, unauffindbar, im Umgang das Urteil: achtloses Zeug. Immer behielt dieser Fontane eine Distanz zu den Zumutungen, die ihm zugemutet wurden. Eine kleine oder eine große Distanz. Sie wurden darüber nicht leichter. Bequemer wäre es gewesen, die Schranken aufzugeben, sich als preußischer Beamter wohl und nicht beschissen zu fühlen, die reaktionäre Ministeriumspolitik patriotisch zu verinnerlichen, die Rolle eines Verfassers staatstragender Gedichte anzunehmen, sich im Journalistischen zu bescheiden, der verdienstvolle Verfasser von Büchern über die deutschen Kriege der Zeit zu sein. Eingelassen hatte er sich auf vieles und höchst Dubioses darunter. Darin war er Mensch unter Menschen. Aber unterschieden in dem Punkt, daß es nie auf Dauer und endgültig war und er das Gefühl für das Eigentliche nicht verlor. Das war hochgesteckt und schmerzhaft die Abstände. Lange Jahre mußte er in England die Rolle eines journalistischen Interessenvertreters der preußischen Regie-rung spielen. War nach seiner Rückkehr über ein Jahrzehnt der ultrakonservativen »Kreuzzeitung« verbunden. Gab sich später für einige Zeit der Illusion hin, er könne einen brauchbaren beamteten Sekretär der Königlichen Akademie der Künste zu Berlin abgeben. Es war alles nichts für ihn. Er wollte und mußte etwas anderes sein. Am Tag vor der Aufkündigung seiner Londoner Tätigkeit schrieb er am 1. Dezember 1858 dem Freund Bernhard von Lepel zu seiner Absicht: »Die Sache, bei Licht betrachtet, ist nun einfach die: ›Ich bin weder ein *Kreuzzeitungs*-Mensch noch ein Manteuffelianer, noch ein besonderer Anhänger des neuen Ministeriums von Bethmann-Hollweg bis Patow, ich bin ganz einfach Fontane ...‹«

»Sein« Fontane war er sicher als Verfasser der »Wanderungen«, in den Novellen, Gedichten, Romanen, in den Briefen. »Unser« Fontane ist er in allem, sein Lebensweg ist eine der Geschichten vom Leben. Wir brauchen sie nur zu lesen. Er mußte sie leben. Unser Held war, zum Trost, nicht permanent unglücklich, und er hatte einen Lebensroman mit gutem Ausgang schließlich. Ein großer Schriftsteller war er geworden. Versöhnt mit der Vergangenheit.

In den späten Jahren Mitarbeiter einer liberalen, der »Vossischen Zeitung«. Erfahren in einer Liebe, die durch das ganze Leben gehalten hatte. Versehen mit einem sanften Tod.

Spurlos war der lange Weg Fontanes zu Fontane an ihm nicht vorübergegangen. »Das beste Teil unserer Kraft« aufgebraucht zu sehen unter Umständen auf Nebenwegen, quälte ihn immer wieder. Es war nur das Besondere, daß soviel Kraft war. Ein Jahr vor seinem Tode blickte er in einem Brief vom 23. August 1891 mit »einer Art dankbaren Staunens« auf sein Leben zurück. »Es ist alles leidlich geglückt, und man hat ein mehr als nach einer Seite hin bevorzugtes und namentlich im kleinen künstlerisch abgerundetes Leben geführt, aber, zurückblickend, komme ich mir doch vor wie der ›Reiter über den Bodensee‹ in dem gleichnamigen Schwabschen Gedicht, und ein leises Grauen packt einen noch nachträglich.«

Warum der Ritt über den Bodensee gelingt, bleibt bewegend, was ist es anders, als die Frage des Lebens an das Leben. Im Fall Fontanes gibt es viele und viele ernste und zutreffende und gewichtige Antworten. Eine wird in diesem Chor nicht falsch sein. Die Sache Fontane ist und bleibt offen. Man hüte sich vor dem endgültigen Urteil, mahnte er in einem späten Brief vom August 1893. »Erstlich kriegt man's doch nicht 'raus, hinter dem Letzen liegt immer noch wieder ein Allerletztes; aber wenn man's nun auch herausgekriegt hätte, was hat man davon? entweder Überheblichkeit, wenn man die Untersuchung am eigenen lieben Ich vorbeigehen läßt oder Deprimirtheit und Katzenjammer, wenn man dahinter kommt: ›ja, so bist Du nun auch‹« Und der Dichter empfahl: »Ohne ein gewisses Quantum Mumpitz geht es nicht.«

Er meinte Humor, Gelassenheit, Kompromiß, Toleranz, weises Verstehen, daß nicht alles im Leben rein aufgeht, daß Menschen Menschen sind. Er meinte an dem Augusttag 1893, was an dem Julitag 1867 beim letzten Besuch beim Vater mit »Luise« gewesen war, die Eierkuchen servierte und sagte, der Vater höre ihr zwar zu, aber sie sei doch dumm, und es sei doch schön, daß jetzt der Sohn da sei, und der er auf ihre Zweifel antwortete: »Ach, Luise, reden Sie doch nicht sowas. Das wird ja so schlimm nicht sein. Jeder ist klug, und jeder ist dumm.«

Werner Liersch

*Alles gelogen*

Der genaue Tag kann nicht gesagt werden, aber es muß am Nachmittag gewesen sein, auch die zweite Hälfte des Februar, denn Emilie Fontane laborierte an der Influenza, die sie sich auf dem Ball bei den befreundeten Sommerfeldts geholt hatte, und konnte deshalb nicht an die Tür gehen. Auf jeden Fall kann es nur das Jahr 1890 gewesen sein, wenn es denn an der Tür des Ehepaars Fontane in der Potsdamer Straße pochte, nicht laut und fordernd, aber unüberhörbar. Eine Frau vor der Tür in guten Jahren, etwas rundlich, die Haare zusammengesteckt, üppig die Brust, wie vom Lande kommend, aus Pommern, dachte der Meister, aber in der Stadt lebend. Eine Zugehfrau, hatte Emilie sie bestellt? Irgendwoher kannte er sie, aber woher, hatte er sie vielleicht als dienstbaren Geist gesehen bei Friedländers, Sommerfeldts, Rodenberg, bei den vielen Leuten, die einluden und bei denen man zu Gast war? Gern oder bloß so. Er entschied, es sei eine Zugehfrau. Eine Zugehfrau mit einem Packen Zeitschriften unter dem Arm. Er kannte sie wohl doch nicht. »Mit wem habe ich die Ehre. Bitte, Sie wünschen?« sagte er nachmittagsmüde.

»Sie kennen mich also gar nicht«, sagte die Frau ohne Umschweife und ziemlich laut. »Und dann das hier? Wie kommen Sie dazu?« Sie wedelte mit den Papierbögen, und er sah, es war Freund Mauthners »Deutschland«. Die neuesten Nummern der Zeitschrift mit dem Abdruck der »Stine«. »Eine Klatsche bin ich also«, rief sie empört. »Aber ich kenne gar keine Witwe Pittelkow, und an der Scharnhorststraßenecke wohne ich schon gar nicht. In der Luisenstraße. Aber hier steht«, und sie holte Atem, pochte auf das Papier und las: »In der Invalidenstraße sah es aus wie gewöhnlich: die Pferdebahnwagen klingelten, und die Maschinenarbeiter gingen zu Mittag, und wer durchaus was Merkwürdiges hätte finden wollen, hätte nichts anderes auskundschaften können, als daß in Nummer 98 e die Fenster der ersten Etage – trotzdem nicht Ostern und nicht Pfingsten und nicht einmal Sonnabend war – mit einer Art Bravour geputzt wurden.

Und nicht zu glauben, diese Merkwürdigkeit ward auch wirklich bemerkt, und die schräg gegenüber an der Scharnhorststraße wohnende alte Lierschen ...«, die Vorleserin machte hier eine Pause, um dann mit Betonung zu wiederholen, »alte Lierschen«, brummelte vor sich hin: »Ich weiß nich, was der Pittelkown wieder einfällt. Aber sie kehrt sich an nichts. Und was ihre Schwester is, die Stine, mit ihrem Stübeken oben bei Polzins und ihren Sep'ratschlüssel, daß keiner was merkt, na, die wird grad ebenso. 'ne Sünd und 'ne Schand.«

Die letzten Worte hatte die Leserin im Treppenflur wieder besonders betont. Er überlegte, ob er sie nicht lieber in die Wohnung holen sollte. Aber da lag Emilie zu Bett, und wer weiß, was noch alles kommen würde. »Alte Lierschen«, rief sie, es mußte sie besonders empört haben, und er verstand, denn es war ein pommersches Mädchen im besten Frauenalter. »Alles Lüge«, rief sie, »aber die Leute glauben es, den Schweinskram haben sie mir gern zugesteckt.«

Er mußte sie loswerden. Schnell. Wenig Glück mit »Stine«. Jedes Familienblatt hatte sie ihm zurückgegeben, obwohl harmloser noch als »Irrungen und Wirrungen«. Nicht einmal eine Landpartie mit Übernachtung kam darin vor. Dieser verdammte Hang, sich eine Sammlung von Namen, Geschichten, Örtlichkeiten im Notizbuch anzulegen wie andere eine Schmetterlingssammlung. Der Name hatte ihm einfach gefallen. Oder hatte sie mal Emilie geholfen, als das Mädchen krank war? Das verdammte Gedächtnis. »Stine«, eine Unglücksgeschichte. Ihm fiel eine Zeile ein. Ausgerechnet jetzt. »Was auch deine Fehler sind, finde Nachsicht armes Kind.« Natürlich war das nichts für die Frau. Er hatte sie sich als Widmung vorgenommen. Er mußte die Frau schnell loswerden.

»Ja«, sagte er, »alles gelogen. Eine Geschichte, wenn Sie verstehen, was ich meine, ein Märchen. Ganz und gar kann man sich nichts ausdenken als Schriftsteller. Nur anders zusammenbringen. Alles gelogen und alles wahr. Man liefert sich aus. Manchmal kommt etwas zurück, was man erfunden hat. Sie zum Beispiel, junge Frau.«

Sie sah ihn erstaunt an, und sie sah ihn erleichtert an, als hätte sie soviel Zerknirschung gar nicht erwartet. Dafür nahm sie es jedenfalls.

»Meine Frau ist nämlich krank, ich habe keine Zeit«, sagte er leise und zeigte nach hinten in den Flur, und das verstand sie am besten.

»Ja und«, fragte sie etwas hilflos. »Und nun?«

»Was erwarten Sie, zurück kann es nicht mehr, wollen Sie Geld, soll ich schreiben, es ist nicht die Frau aus der Luisenstraße, was sonst?«

»Aber irgend etwas muß doch sein«, sagte sie. »Soll ich mit Ihrem Namen auch etwas anstellen wie Sie mit meinem? Sie bringen einen ja auf schöne Gedanken.«

»Nur zu«, sagte er. Er war bereit, auf vieles einzugehen, jetzt am Nachmittag und so nachmittagsmüde. »Machen Sie, was Sie wollen damit, daß ich mir Ihren werten Namen geborgt habe.«

»Ich kann nicht lügen«, sagte die Frau aus Pommern, und ihr Busen bebte wieder ein wenig.

»Aber Sie werden doch jemand haben, der ein bißchen lügen kann«, sagte er einlenkend.

»Nein«, sagte die »alte Lierschen« und drehte sich um, als hätte sie jetzt endgültig genug von diesem feinen älteren Herren. »So etwas haben wir nicht in unserer Familie!« Aber auf der ersten Treppenstufe blickte sie zurück, lächelte, wie man manchmal in Pommern lächelt, wenn man über den Pferdemarkt geht und sagte schnell: »Aber dabei muß es ja nicht bleiben, Herr Fontane.«

Theodor Fontane, Werke, Schriften, Briefe. Carl Hanser Verlag, München 1964 ff.

Theodor Fontane, Tagebücher 1852. 1855-1858. Hrsg. von Charlotte Jolles unter Mitarbeit v. Rudolf Muhs. Aufbau Verlag, Berlin 1994

Theodor Fontane, Tagebücher 1866-1882. 1884 bis 1898. Hrsg. von Gotthard Erler unter Mitarbeit von Therese Erler. Aufbau-Verlag, Berlin 1994

Der junge Fontane. Dichtung, Briefe, Publizistik. Hrsg. v. Helmut Richter. Aufbau Verlag, Berlin und Weimar 1969

Theodor Fontane, Briefe an den Verleger Rudolf von Decker. Mit sämtlichen Briefen an den Illustrator Ludwig Burger und zahlreichen weiteren Dokumenten. Hrsg. v. Walter Hettche. R. von Deckers Verlag, G. Schenk GmbH, Heidelberg 1988

Die Fontanes und die Merckels. Ein Familienbriefwechsel 1850-1970. Hrsg. v. Gotthard Erler. Aufbau Verlag, Berlin und Weimar 1987

Theodor Fontane, Briefe an Julius Rodenberg. Eine Dokumentation. Hrsg. v. Hans Heinrich Reuter. Aufbau Verlag, Berlin und Weimar 1969

Theodor Storm – Theodor Fontane. Briefwechsel. Kritische Ausgabe in Verbindung mit der Theodor-Storm-Gesellschaft. Hrsg. v. Julius Steiner. Verlag Erich Schmidt, Berlin 1981

Theodor Fontanes Briefwechsel mit Wilhelm Wolfsohn. Hrsg. v. Christa Schultze. Aufbau Verlag, Berlin und Weimar 1988

George Fontane, Feldpostbriefe 1870-71. Verlag Friedrich Fontane & Co., Berlin 1914

Mete Fontane, Briefe an die Eltern 1880-1882. Hrsg. u. erläutert v. Edgar R. Rosen. Propyläen Verlag, Frankfurt am Main 1974

Gordon A. Craig, Über Fontane. Verlag C. H. Beck, München 1997

Hubertus Fischer, Gegenwanderungen. Streifzüge durch die Landschaft Fontanes. Ullstein, Frankfurt am Main/Berlin 1986

Hermann Fricke, Theodor Fontane. Chronik seines Lebens. Arani Verlag, Berlin 1960

Helmuth Nürnberger, Fontanes Welt. Siedler Verlag, Berlin 1997

Hans Heinrich Reuter, Fontane. Verlag der Nation, Berlin 1968

Fontane Blätter. Halbjahresschrift. Im Auftrage des Theodor-Fontane-Archivs und der Theodor-Fontane-Gesellschaft. Hrsg. v. Hanna Delf von Wolzogen und Helmuth Nürnberger, Potsdam 1965 ff.

# *Inhalt*

*Mein Dank gilt Heinz Paulisch für den Beistand beim Entstehen dieses Buches.*

*Werner Liersch*

ISBN 3-359-00953-3

1. Auflage



Rosa-Luxemburg-Straße 16, 10178 Berlin
Buchgestaltung Matthias Gubig
Gesamtherstellung Ebner Ulm

Andreas Mölzer (Hg.)

Vogelfrei – Beiträge zur Radikalismusdebatte

Andreas Mölzer (Hg.)

# Vogelfrei

## Beiträge zur Radikalismus-debatte

zurZEIT

Die Edition

9

„Zur Zeit"-Edition, Band 9

ISBN 987-3-900052-11-9

Satz/Umschlag: Ecotext-Verlag, Mag. G. Schneeweiß-Arnoldstein, 1010 Wien

# Inhaltsverzeichnis

## Vorwort



## Kapitel 1
## Faschismuskeule gegen Strache



## Kapitel 2
## Österreichs radikale Rechte – Von Südtirol bis zu den Briefbomben

## Kapitel 3
## Radikale Linke in Österreich und Deutschland



## Kapitel 4
## Deutschlands radikale Rechte

**Inhaltsverzeichnis**

# Vorwort

# Kompromißlos aus Prinzip

## Engagement, Radikalismus und Extremismus in der österreichischen Politik

**VON ANDREAS MÖLZER**

Wahrscheinlich ist es das Erbe jener im 19. Jahrhundert entstandenen Ideologien, die für sich den Anspruch der allein selig machenden Wahrheit erhoben haben. Ideologien, die in der Folge politische Parteien entstehen ließen, welche wie Ersatzkirchen den Menschen von der Wiege bis zu Bahre zu vereinnahmen und zu prägen versuchten und die letztlich auch zu totalitären Systemen führten. Ohne dogmengeschichtlich in die Tiefe gehen zu wollen, beschränken wir uns hier auf jene ideologisch-parteipolitischen Gruppierungen, die in Österreich in der Folge dann im 20. Jahrhundert, insbesondere in der Zeit zwischen den beiden Weltkriegen, historisch relevant und soziologisch prägewirksam waren: auf den Austromarxismus der heimischen Sozialdemokratie, auf den ständestaatlichen Austrofaschismus des christlich-konservativen Lagers und schließlich auf den Nationalsozialismus, der das alte national-freiheitliche Lager größtenteils in diesen Jahren dominierte.

All diese drei ideologisch-parteipolitischen Bereiche mögen unvergleichbar sein, insbesondere was die historische Dimension der Schuld und des Schreckens betrifft, die sie hinterließen. Sie sind aber durch die historisch-politische Gleichzeitigkeit, in der sie wirkten, zwangsläufig auch parallel zu betrachten und sie haben alle in dieser leidvollen Zwischenkriegszeit schweren Sünden wider die Demokratie begangen. Vom Nationalsozialismus braucht dies gar nicht näher erläutert zu werden, beim Austrofaschismus des christlich-konservativen Lagers ist dies auch klar,

**Republikanischer Schutzbund:** Der Traum von der klassenlosen Gesellschaft mündete im Bürgerkrieg 1934

hatte man doch einen autoritären Staat errichtet. Was das sozialdemokratische austromarxistische Lager betrifft, so schaffte dieses nur die politische Realisierung ihrer antidemokratischen Ziele nicht. Bekanntlich träumte man von der Diktatur des Proletariats und von der klassenlosen Gesellschaft und war durchaus bereit, die parlamentarische Demokratie preiszugeben. Alle drei großen politischen Lager des Landes hatten also ihre antidemokratischen Irrwege aufzuweisen – allerdings mit unterschiedlich schwerwiegenden historischen Folgen.

Bild: aeiou/iicm_tugraz.at

**Aufmarsch der Heimwehr:** In der Ersten Republik kämpften die paramilitärischen Verbände der Christlichsozialen um die Hoheit auf den Straßen

Gemeinsam war auch allen diesen drei politischen Lagern eine gewisse politische Militanz. Die Heroisierung des militaristischen Gehabes mag ein Erbe aus dem 19. Jahrhundert mit seinem Glanz und seiner Gloria sein oder auch durch das Bewußtsein der Frontgeneration des Ersten Weltkriegs in die heimische Innenpolitik eingeschleppt worden sein. Tatsache ist jedenfalls, daß militärisches Gehabe bzw. paramilitärische Organisationen in allen drei großen politischen Lagern gang und gebe waren. Der Schutzbund, die Heimwehren und die SA in den 30er Jahren mit ihren Aufmärschen und militärischen Drohgebärden sind sattsam bekannt.

Weniger bewußt ist uns heute wohl, daß dieses militärische Gehabe und derlei paramilitärische Organisation auch im Bereich der Jugendbewegung aller drei großen politischen Lager etabliert war. Das Tragen von (Pseudo-) Uniformen, das Auftreten in militärischen Formationen, paramilitärische Übungen, Dienstkreise und ähnliches waren üblich. Sowohl bei den jungen Garden des Austromarxismus' als auch bei den Jugendtruppen des Ständestaats und der Vaterländischen Front, dem Nachwuchs der Heimwehren, und natürlich auch bei der Hitlerjugend.

Radikalismus war in diesen ideologischen und parteipolitischen Ersatzkirchen ohnedies das Normale. Radikalismus im ideologischen Denken, Radikalismus in weltanschaulicher Alleinvertretungsanspruch, Radikalismus in den Zielen.

Diesem Radikalismus entsprach aber auch ein Extremismus, der überdies durch die allgemeine Militarisierung des parteipolitischen Organisationsgeschehens verstärkt wurde. Dieser Extremismus ging bekanntlich über die bloße Bereitschaft zur Gewalt hinaus, bis zur realen Waffenanwendung in den verschiedensten bürgerkriegsähnlichen Auseinandersetzungen dieser Jahre. Die Ereignisse von Schattendorf, die Unruhen rund um den Justizpalastbrand, der Pfrimer-Putsch des steirischen Heimatschutzes, der Februarputsch des Schutzbundes im Jahre 1934 und der Juliputsch des SA sowie die permanenten gewalttätigen Auseinandersetzungen an den Universitäten sind der historische Beweis für diesen Sachverhalt.

Es war leidenschaftliches politisches Engagement für das eigene Lager, für die eigene Partei, für die eigene Gesinnung. Ein Engagement, das bis zur Todesbereitschaft ging, glaubte man doch, die allein selig machende Wahrheit für die Zukunft unserer Gesellschaft sein eigen zu nennen. Die heimische Arbeiterbewegung, insbesondere im roten Wien, war, bei aller Würdigung ihrer positiven Leistungen der 20er Jahre, doch so extrem links, daß der Kommunismus im Österreich der Zwischenkriegszeit gar nicht wirklich Fuß fassen konnte. Und er war in seinen radikalen Auswirkungen, wie wir bereits erwähnt haben, eben auch antidemokratisch.

Der ständestaatliche Austrofaschismus ist am besten wohl über den Korneuburger Eid zu verstehen, den die Heimwehrführer, unter ihnen auch der spätere Kanzler der Zweiten Republik, Julius Raab, schworen und in dem sie der parlamentarischen Demokratie eine klare Absage erteilten. Auch in diesem konservativen Bereich glaubte man, seine Meinung allenfalls mit Gewalt, bis hin zu den Todesurteilen durch den Ständestaat und zum Militäreinsatz gegen Putschisten durchsetzen zu müssen. Da mag sich der Radikalismus des gegenreformatorischen habsburgischorientierten Österreichs vom 16. Jahrhundert bis in die Zwischenkriegszeit erhalten haben.

Was schließlich das nationalfreiheitliche, ab Beginn der 30er Jahre weitgehend nationalsozialistisch orientierte Lager betrifft, so war dessen Militanz dann in der Phase der NS-Illegalität zwar offenkundig, sieht allerdings darüber hinweg, daß diese Lager ursprünglich in den ersten zehn Jahren der Ersten Republik keinerlei paramilitärische Formationen unterhielt. Erst als der nationalliberale Bereich in den Nationalsozialismus abglitt, kam es auch dort zur Militarisierung und damit zur extremistischen Gewaltbereitschaft.

Der Feuersturm des Zweiten Weltkriegs hat die politische Landschaft Österreichs gesäubert, und das gemeinsame Leid, das alle Österreicher über alle ideologische Grenzen hinweg zu erdulden hatten, dürfte die Erkenntnis reifen lassen haben, daß mit der kompromißlosen Konfrontation der Zwischenkriegszeit schlicht und einfach kein Staat zu machen ist. Demgemäß war die erste Große Koalition nach 1945 zwischen Sozialisten und Christlich-Sozialen, die der Legende nach in der Lagerstraße von Dachau ihre Fundierung gehabt haben soll, Auszug einer logischen Entwicklung. Und auch das Dritte Lager, das national-freiheitliche, das erst verspätet, 1948/49, zurück in die politische Landschaft der Zweiten Republik fand, hatte seinen schmerzhaften Läuterungsprozeß durch die Diskreditierung durch den Nationalsozialismus hinter sich. Eine Militarisierung der Gesellschaft wie nach dem Ersten Weltkrieg war da ausgeschlossen. Ideologischer Radikalismus und parteipolitischer Extremismus waren durch den Zwang zum Konsens, schon allein durch die Notwendigkeit, sich gegenüber der Besatzungsmacht zu behaupten, ausgeschlossen.

Und dennoch existierte speziell in den Jugendformationen der Parteien, so etwas wie ein Restbestand des vormaligen paramilitärischen Gehabes. Rote Falken und katholische Pfandfinder, heimattreue Jugend und was auch immer es da gab waren zwar nicht bewaffnet, aber doch in Uniform. Man marschierte zu klingendem Spiel, sei es der Internationale, diverser Kirchenhymnen oder verschiedenster Wandervogel-Lieder, man trat an und zeigte (Partei-) Disziplin.

Das waren nur die Äußerlichkeiten. Der Radikalismus des ideologischen Denkens und Argumentierens griff dann erst wieder lange Jahre nach Kriegsende, in der Entwicklung hin zum Aufbruchjahr der Linken 1968, Platz. Die Polarisierung zwischen dem nationalfreiheitlichen Bereich und dem Establishment fand bereits im Zuge der Borodajkiewicz-Affäre statt, wo es bekanntlich bereits zu Ausschreitungen auf den Straßen Wiens zwischen nationalen Studenten und „antifaschistischen" Gegendemonstranten kam. Die Radikalisierung der Linken fand dann, wie gesagt, im Zuge des 68er Jahres statt, eine Radikalisierung, die hin bis zum gewaltbereiten Extremismus ging. Österreich war zwar vom Phänomen der Baader-Meinhof-Bande und der Rote Armee Fraktion nur am Rande betroffen, dennoch gab es auch hier in ultralinken Kreisen jenen Extremismus, der durchaus bereit war, gegen das Establishment und die „Faschistenschweine" auch tatsächlich handgreiflich oder gar bewaffnet vorzugehen.

Der herkömmliche paramilitärische Charakter von politischen Jugendbewegungen nahm in der Folge allerdings ab. Linke „Streetfighter" orientierten sich eher an der Guerilla eines Che Guevara oder eines Fidel Castro. Die neue Uniformierung politischer Extremisten waren lange Haare und Bärte, Palästinensertücher und Che-Guevara-T-Shirts. Rote Halstücher, Pfadfindermützen und dergleichen waren Versatzstücke für Nachwuchs-Reaktionäre der diversen etablierten Parteien.

Ideologische Radikalisierung, auf der Linken bis hin zum extremistischen Agieren mit verbaler oder auch ganz realer Gewaltbereitschaft, machte sich gewissermaßen als Gegenreaktion zum 68er Jahr auch bei der Rechten breit. Die bieder-bürgerlichen Burschenschafter, die noch für Professor Borodajkiewicz demonstriert hatten, wurden von den Vertretern einer zumeist selbst ernannten „Neuen Rechten" als Spießer verlacht – sowohl was ihre intellektuellen Positionen betraf als auch was den Mut zur Aktion anging. Nicht nur bei Kommers und Mensur wollte man für die nationale Sache eintreten, sondern beim Waldgang im Sinne des Dichters Ernst Jünger.

Das, was sich dann in der Folge unter dem Motto Wehrsportübungen in wenigen Kleingruppen in Langenlois und anderswo in Auwäldern abspielte, war einerseits (post-)pubertäres Soldatenspiel, andererseits vielleicht der eher einfältige Glaube, Volk und Vaterland dereinst tatsächlich kämpfend vor irgendwelchen ultralinken Bedrohungen im Inneren oder sowjetkommunistischen von außen kommenden retten zu müssen. Alles nicht ganz so unverständlich, bedenkt man, daß in dieser Zeit, man denke an das System „Gladio" in Italien, Regierungen in den westlichen Staaten Europas Waffenlager anlegten, um im Falle einer Invasion des Warschauer Pakts den zivilen Widerstand organisieren zu können.

Abgesehen davon allerdings waren diese medial maßlos aufgeblasenen Wehrsportgruppen zweifellos auch Tummelplatz für politische Wirrköpfe und Wichtigtuer, die sich vor laufender Kamera als Reinkarnationen eines Ernst Röhm oder eines Heinrich Himmler hielten. Gestalten, die ein gefundenes Fressen für die politisch korrekten Medien darstellten, um die große Gefahr von rechts als politischen Zombie an die Wand zu malen.

Die bis heute in Wahrheit ungeklärten Vorgänge und Hintergründe um den Briefbombenterror in der Mitte der 90er Jahre und die Ereignisse um Ebergassing lassen erahnen, daß es hinter diesem erregt diskutierten kriminalisierten Phänomen der Wehrsportgruppen sehr wohl militanten Linksextremismus und/oder Geheimdienstaktivitäten gab, die hier ihr ganz eigenes schwer durchschaubares Süppchen kochten. War der Briefbombenattentäter Franz Fuchs wirklich ein Einzelgänger? Kam er aus dem Dunstkreis der linksextremen Sekte Longomai, wie man gerüchteweise hörte? Und wie gelang es ihm, dem beidarmig Amputierten, sich mittels Erhängen selbst zu töten? Weitgehend nur sehr dürftig geklärte Fragen. Und welche Rolle spielten die Attentäter von Ebergassing? Welche Querverbindungen gab es da zu antifaschistischen Aktivisten wie einem Herrn Purtscheller oder Genner? Fragen, auf die offenbar heute niemand mehr eine Antwort sucht.

Nun ist hier nicht der Ort, sich mit Verschwörungstheorien und kaum durchschaubaren Hintergründen auseinanderzusetzen, wohl aber, der Frage nach Militanz, Radikalismus und Extremismus nachzugehen. All dies gibt es in der Republik Österreich des 21. Jahrhunderts nur mehr in hauchdünnen Restbeständen. Militante Rechtsextremisten sind allenfalls noch als versprengte Irrläufer vorhanden, militante Linke gibt es da schon in höherem Ausmaße. Etwa in den Anti-Globalisierungs-Gruppierungen, die da bei den G-8-Gipfeln demonstrieren. Uniformierte Jugendorganisationen finden sich kaum mehr. Nicht einmal beim 1.-Mai-Aufmarsch der SPÖ auf der Wiener Ringstraße. Gewaltbereiter Extremismus scheint also überwunden zu sein. Und Radikalität im politischen und ideologischen Denken sowie die damit verbundenen Gegensätze zwischen den politischen Lagern und Parteien, sie sind längst einem allzu zeitgeistigen Konformismus und einer Art hedonistischer Standpunktlosigkeit gewichen. Ideologien als geschlossene Welt-Erklärungs-Systeme gelten als überholt – und das zu Recht. Daß man damit leichterdings auch

Ideale über Bord wirft, heißt, das Kind mit dem Bade auszuschütten. Und Schuldzuweisung im Hinblick auf Jugendsünden heutiger Politikergenerationen, können nur als kranke Heuchelei gewertet werden. Politisch korrekte Antifaschisten, die aus der militanten und gewaltbereiten ultralinken Szene der 70er und 80er Jahre kommen, empören sich da über wirkliche oder vermeintliche Wehrsportler, die dies vor zwanzig und mehr Jahren waren. Nicaragua-Pilger und Moskau-Bodenküsser können selbstgerecht Persil-Scheine ausstellen und das auch an politische Mitbewerber, die sie als allzu opportunen Gründen vielleicht gegenwärtig oder zukünftig noch einmal brauchen könnten.

Heuchelei und Verlogenheit also, die es zu enttarnen gilt.

Bild: ZZ-Archiv

**Anti-Globalisierungs-Gegner:** Neues Phänomen linksextremer Gewalt

Häufig aber ist es auch schlicht Unwissenheit über die Entwicklung des politischen Phänomens der Militanz, über die historischen Hintergründe von Radikalität und Extremismus, die hier zu allzu pauschalen Fehlurteilen führt. Diese Unwissenheit zu bekämpfen, ist Sinn des vorliegenden Sammelbandes. Er bietet Schlaglichter in die österreichische Zeitgeschichte. Er beleuchtet legitimes politisches Engagement und ernstzunehmende ideologische Überzeugung. Er wirft aber auch einen Blick auf Narretei und Narrensäume, links wie rechts. Und er zeigt auch, wie sehr einander die Extreme, links wie rechts, ähneln können. Umso bedrückender ist, wie unterschiedlich sie heute moralisch-politisch beurteilt werden. „Rinks oder lechts – das ist hier die Frage", formulierte ein zeitgenössischer österreichischer Schriftsteller einmal. Wir stellen diese Frage auch.

Kapitel 1

# Faschismuskeule gegen Strache

# Killt HC Strache! – Anatomie einer Affäre

## Mit der Faschismuskeule gegen die Freiheitlichen – Wachstumsgarantie für eine rechte Oppositionspartei

**EINE ANALYSE VON ANDREAS MÖLZER**

Es wäre ja zu schön gewesen, wenn es so friedlich und demokratisch-konstruktiv weitergegangen wäre: Nach der Nationalratswahl vom 1. Oktober des Vorjahres, bei der die FPÖ etwas über 11 Prozent erlangt und damit ihr Überleben eindrucksvoll bestätigt hatte, war man von allen Seiten der politischen Szenerie gegenüber der blauen Riege bemerkenswert fair und freundlich gewesen. Die SPÖ wollte sich den Partner für die Duldung einer Minderheitsregierung nicht verärgern. Die ÖVP setzte zwar keine wirklichen Signale, wollte aber eine allenfalls doch noch denkbare „bürgerliche Koalition" nicht völlig verunmöglichen. Die Grünen brauchten die Freiheitlichen für die Einsetzung der parlamentarischen Untersuchungsausschüsse. Und auf die orange Zwergen-Truppe kam es nicht an. Der junge, beinahe schon erfolgsverwöhnte freiheitliche Parteichef Heinz-Christian Strache konnte sich so für einige Wochen in der Rolle des umworbenen politisch-parlamentarischen Partners sonnen: Freundliche Kontakte im Hintergrund, Höflichkeit im Vordergrund, und scheinbar ein positiver Weg in eine konstruktive politische Zukunft schienen gewährleistet.

Wie man sich irren kann: Die Großmeister der Diffamierung, die berufsmäßigen Denunzianten in diversen Dokumentationsarchiven und anderswo, die Neidgenossen in den Parteisekretariaten und die moralinsauren Bedenkenkrieger in den Mainstream-

Zeitungsredaktionen, sie alle schlafen nicht. Und sie haben längst nicht vor, ihr einträgliches Gewerbe ad acta zu legen.

Daß dies so ist, konnte man bereits bei den kurzfristigen Erregungen um die politisch unkorrekten Aussagen des Knittelfelder FPÖ-Abgeordneten Wolfgang Zanger im ORF erleben, sowie bei jener um die Gedenkrede des weltweit renommierten Neurochirurgen und Universitätsrates Professor Pendl beim Gedenken an den Fliegerhelden Walter Nowotny. In beiden Fällen hielten die Freiheitlichen, allen voran ihr Bundesparteiobmann Strache, unerschütterlich zu den Angegriffenen. Sie konnten aber nicht ahnen, was zu Jahresbeginn, nachdem die große Koalition endlich stand und man der Freiheitlichen auf parlamentarischer Ebene als potentiellem Koalitionspartner nicht mehr bedurfte, über sie hereinbrechen sollte.

## Ausgelöst von innerparteilichen Querelen

Spannungen, persönliche Rivalitäten, Reibereien und hart ausgetragene Auffassungsunterschiede gehören zur innerparteilichen Demokratie politischer Bewegungen. Eine Streitkultur besonderer Art – Gegner sprechen von querulatorischer Streitsucht – charakterisiert insbesondere das dritte, das national-liberale Lager im Lande seit seinen Ursprüngen im 19. Jahrhundert. Da ging es in der Monarchie Georg Ritter von Schönauer gegen all seine Schüler. Dann ging es in der Ersten Republik Landbund gegen Großdeutsche Volkspartei. Dann in der Zweiten Republik im Verband der Unabhängigen jeder gegen jeden. Dann in der FPÖ Otto Scrinzi gegen Friedrich Peter, Norbert Steger gegen Harald Ofner, Jörg Haider gegen Norbert Gugerbauer und nunmehr schließlich – glaubt man den Medienberichten und Gerüchten – eben Ewald Stadler gegen Heinz-Christian Strache.

In der Tat ist es kein Geheimnis, daß es zwischen dem wortgewaltigen Ex-Volksanwalt und nunmehrigen Parlamentarier Stadler und dem zunehmend populärer werdenden Parteichef

**Medienzirkus:** Bilder aus der Jugend H.-C. Straches werden zur Konstruktion einer „Nazi-Vergangenheit" des freiheitlichen Obmanns instrumentalisiert

Strache immer wieder die eine oder andere Meinungsverschiedenheit gab. So etwa in der Aufstellung der Nationalratsliste vor der Wahl oder im Zusammenhang mit der Führung der Parteiakademie. Darüber hinaus aber liegen derlei Konflikte schon in der Natur der beiden Protagonisten begründet: Der mit radikaler Schärfe argumentierende Stadler und der eher verbindliche, den Konsens suchende Strache sind allzu unterschiedliche Typen. Wobei Stadler mit seiner reichen politisch-parlamentarischen Erfahrung für Straches persönliche Umgebung immer wieder allzu dominant aufgetreten sein dürfte. Die Streitfrage, wie weit die Bundesparteispitze in der Führung der Freiheitlichen Akademie Einfluß nehmen kann und soll, zeigte vollends die Entfremdung zwischen den beiden freiheitlichen Spitzenpersönlichkeiten.

Was in den Medien als „Entmachtung Stadlers" bezeichnet wird, stellt sich bei nüchterner Betrachtung als Sicherung des Einflusses der Bundesparteispitze der FPÖ in ihrer Parteiakademie dar. Nachdem es die Parteiakademien seit den Tagen Bruno Kreiskys eben für jede Partei und abhängig von deren parlamentarischen Stärke gibt, war es verständlicherweise nach Ansicht des Bundesparteiobmanns und seiner Umgebung schlicht und einfach das Recht, über den Vorstand der jeweiligen Parteiakademie auch den entsprechenden Einfluß auf deren Arbeit ausüben zu können. Nachdem dies in der herkömmlichen Freiheitlichen Akademie unter dem Präsidenten Ewald Stadler mittels einer Umbesetzung des Vorstandes nicht gelang, gründete man einfach eine neue Akademie, die nunmehr die staatlichen Fördermittel lukrieren soll. Das Angebot, dort selbst wieder Präsident zu werden, schlug Stadler bekanntlich aus, wobei er parteiintern, aber auch der Öffentlichkeit gegenüber, deutlich signalisierte, daß er sich von Parteiobmann und Parteipräsidium übergangen fühlte.

Die mediale Interpretation, daß der ehemalige Volksanwalt nunmehr im Zuge eines Rachefeldzugs belastende Jugendphotos des freiheitlichen Bundesparteiobmanns in die Öffentlichkeit gespielt habe, hält näherer Überprüfung vorläufig kaum stand. Ohne dem vom FPÖ-Parteivorstand in Auftrag gegebenen Prüfbericht des blauen Bürgeranwalts Hilmar Kabas vorgreifen zu wollen, muß gemäß der Faktenlage gesagt werden, daß die Jugendphotos Straches – ganz gleich auf welche Art und Weise sie in Stadlers Besitz kamen – von diesem durchaus korrekt an den Bürgeranwalt weitergeleitet wurden. Zweck dieser Vorgangsweise war es nach offizieller Aussage Stadlers, dem Bürgeranwalt die Möglichkeit zu geben, durch die Fotos möglicherweise entstehenden Schaden für die Partei zu verhindern. Die Interpretation der beiden Begleitschreiben Stadlers verbietet sich an dieser Stelle, da diese bislang nicht öffentlich gemacht wurden. Allerdings gab es rund um den Jahreswechsel, also zu jener Zeit, da Stadler die Photos an den FPÖ-Bürgeranwalt weiterleitete, eine Reihe von Gerüchten, die auf der politischen Bühne ganz allgemein und im speziellen im Parlament kursierten, welche von Photos dieser Art wissen wollten. Sowohl in FPÖ-Kreisen als auch in den meisten Medien wird angenommen, daß diese Gerüchte ihren Ausgangspunkt im Umfeld der alten Freiheitlichen Akademie hatten. Öffentlich gemacht hat die Fotos allerdings in einem Akt offensiver Verteidigung FPÖ-Bundesparteiobmann Heinz-Christian Strache selbst. Nachdem sich die Gerüchte in den Medien insbesondere durch einen Vorstoß des orangen Generalsekretärs verdichteten, glaubte Strache, mit einem derartigen Befreiungsschlag die Situation bereinigen zu können. Dabei ging es damit allerdings erst so richtig los.

## Die Jagdgesellschaft bläst zum Strache-Hallali

Nun gibt es immer wieder Spekulationen, wonach es „undichte Stellen“ bei der FPÖ gäbe, die diskrete Informationen an die orangen Abspalter gelangen ließen. Die damit verbundene Interpretation, daß die Drahtzieher der jüngsten Anti-Strache-Kampagne eigentlich im Amt des Kärntner Landeshauptmanns säßen, steht somit im Raum. Beweisbar ist sie allerdings nicht. Tatsache ist hingegen, daß sich sowohl die orangen Neidgenossen als auch die landläufig bekannten Exponenten der politisch-medialen Jagdgesellschaft die Gelegenheit nicht entgehen ließen, zum großen Hallali gegen den offenbar allzu erfolgreich gewordenen freiheitlichen Bundesparteiobmann zu blasen.

Während die Exponenten der beiden Großparteien vorerst bemerkenswert ruhig blieben, begannen zuerst die orangen Partei-Kettenhunde lautstark zu kläffen: Es sei typisch, aus welch rechtsextremen Umfeld die neue FPÖ-Spitze komme. Man wolle nunmehr das „Angebot an freiheitliche Wähler“ erneuern, die doch eine vernünftigere, nämlich orange Vertretung in der politischen Landschaft Österreichs bräuchten.

Ähnlich und nicht minder heuchlerisch waren die grünen Reaktionen zu vernehmen: Ausgerechnet der Nationalratsabgeordnete Peter Pilz, der aus dem deklariert kommunistischen Bereich stammt – die Gruppe Revolutionärer Marxisten läßt grüßen – verlangte von Strache eine notarielle Erklärung, daß es von ihm nicht wirklich belastende Photos gäbe. Worauf nach und nach die weiteren grünen Genossen mit ihren bekannten Antifa-Stehsätzen gegen den FPÖ Chef auffuhren.

Prompt äußerten sich natürlich auch das Dokumentationsarchiv des Österreichischen Widerstandes und die Israelitische Kultusgemeinde. Der indessen die Beamtenpension genießende Alt-Groß-Inquisitor Neugebauer vom DÖW samt seinem Nach-

**Wolfgang Neugebauer:** Der frühere Leiter des „Dokumentationsarchivs des österreichischen Widerstandes" und Sohn eines Obersturmführers der Waffen-SS als Exponent der Strache-Jagdgesellschaft

Bild: Pfeiffer

folger Heribert Schiedel (im bürgerlichen Namen Andreas Peham, seinerzeit Funktionär einer kommunistischen Kleingruppe) und Frau Bailer-Galanda zogen nach. Herr Ariel Muzicant tat das seine.

Und in den Printmedien begann eine breitangelegte Diffamierungskampagne, die Strache im rechtsextremen Umfeld der

80er und 90er Jahre darstellen wollte. Der ORF sekundierte entsprechend.

Doch den Vogel abgeschossen hat die neue Gazette aus dem Hause Fellner, „Österreich", mit geradezu abstrusen Beiträgen. Mit an den Haaren herbeigezogenen Illustrationen versuchte sie zu beweisen, daß Strache im Bereich der Wehrsportgruppen mit den in den 90er Jahren verurteilten „Größen" derselben engsten Kontakt gepflogen habe. Strache sollte als Neonazi gebrandmarkt werden.

Indessen war der nüchterne Befund über die vom FPÖ-Chef vorgelegten Bilder von juristischer und historischer Seite eindeutig und wenig aufregend: Strafrechtlich hatte das Ganze seinerzeit nichts zu bedeuten und ist es auch heute nach wie vor irrelevant. Und was die zeitgeschichtliche Seite betrifft, so wurde festgestellt, daß es im Bereich der rechten Szene Kleingruppen gab mit militanter Tendenz, so wie es sie auf der linken Seite wesentlich zahlreicher gab. Strache selbst hatte außerdem mit dieser militanten Szene nur am Rande Kontakt, was durch seine damalige familiäre Bindung an die Familie des NPD-Chefs Norbert Burger zu erklären ist.

Von diesen Beziehungen wußte man sowohl innerhalb der FPÖ als auch innerhalb der politisch interessierten Öffentlichkeit des Landes seit Anbeginn der Karriere des jungen Heinz-Christian Strache Bescheid. Nie hat er daraus ein Geheimnis gemacht, was zuletzt seine Darlegungen in dem Buch „Neue Männer braucht das Land" beweisen. Sein Werdegang als Wiener FPÖ-Politiker, den er im relativ zarten Alter von kaum 22 Jahren begonnen hat, verdeutlicht allerdings, daß er sich zu einem lupenreinen Demokraten entwickelt hat, der die Ebene des Rechtsstaates und der Verfassung niemals verlassen hatte. Die Äußerung von Bundeskanzler Alfred Gusenbauer, daß es sich hier allenfalls um Jugendtorheiten handle, aus denen man Strache „keinen Strick drehen" dürfe, trifft somit nicht nur die Meinung der breiten Mehrheit der Bevölkerung, sondern entspricht schlicht und einfach den Tatsachen.

## Straches jugendliches Umfeld

Der nunmehrige FPÖ Chef fand bekanntlich als Schüler über einen Wiener Zahnarzt den Weg zur Pennalen Burschenschaft Vandalia in Wien. Daraus ergaben sich dann in der Folge Kontakte in den radikalen Bereich des nationalen Lagers, der damals – noch vor dem behördlichen Verbot der NDP – von Norbert Burger geprägt war. Und aus der persönlichen Beziehung zu dessen Tochter und dem jahrelangen familiären Umgang im Hause Burger ergaben sich mit einer gewissen Zwangsläufigkeit Berührungspunkte zu einer Reihe der Persönlichkeiten dieses Randbereichs. Nach seinem eigenen Bekunden habe er damals im Umfeld Burgers Gottfried Küssel genauso getroffen wie Gerd Honsik und andere Personen, die jenseits des waffenstudentisch-burschenschaftlichen Kreises angesiedelt waren. Nicht im Sinne politischer Arbeit, erklärt Strache heute, sondern eben im privaten Bereich Norbert Burgers. Und das in einer Zeit, in der die Kriminalisierung dieses Personenkreises noch nicht stattgefunden hatte.

Jene gewisse Militanz, die es im inneren Umfeld dieses radikalen Randes gab, entsprach einem über den rechten Bereich weit hinausgehenden politischen Stil der damaligen Jahre: Militant war die Linke in ihren radikalen Bereichen, militant glaubte sich auch die radikale Rechte geben zu müssen. Wenn wir heute den Terminus „Wehrsport" hören, sind wir beeinflußt von den Gerichtsurteilen der 90er Jahre mit der Ächtung und dem behördlichen Verbot solcher Gruppen. Damals in der späten Phase des Kalten Krieges – und dessen muß man sich erinnern – haben im gesamten Westen und damit auch in Österreich Behörden diskret und geheim Waffenlager angelegt, aus denen man sich im Falle einer sowjetkommunistischen Besetzung zwecks Widerstandes bedienen hätte sollen. „Gladio" in Italien und auch manche Aktivität im geheimdienstlich bestimmten Untergrund in Österreich entsprachen dieser damaligen Stimmung. Wer hätte da jungen Männern einen Vorwurf machen wollen, daß sie in Auwäldern Soldaten spielten, um – naiv-romantische Vorstellung – im Falle des Falles für das Vaterland eintreten zu können. Daß dies Kampfspiele für den rechtsextremen Umsturz seien sollten – eine nicht minder naive spätere Vorstellung der Justiz – wurde erst in den Prozessen Mitte der 90er Jahre artikuliert, als man etwa Hans Jörg Schimanek deswegen zu einer hohen Gefängnisstrafe verurteilte.

Aber primär ging es den jungen Rechten damals wohl um die patriotische und soldatische Attitüde. Dem Vorbild der sowohl beim Bundesherr als auch beim Kameradschaftsbund durchaus geehrten Väter entsprechend, übte man im Wald das, was man sich unter Nahkampf vorstellte. Die damals viel bewunderte „Ranger"-Truppe des Bundesheers läßt grüßen. Und man posierte vor Kriegerdenkmälern, um der Kriegsgeneration Ehre zu erweisen. Unsinnig möglicherweise, naiv wohl, keineswegs aber kriminell oder politisch staatsgefährdend.

Eine andere Dimension erhielt das Ganze erst mit dem scheinbar unaufhaltsamen Aufstieg der Haider-FPÖ: Vernünftige junge Leute hatten sich von dieser Szene längst verabschiedet, als aus dem Soldatenspielereien tatsächlich Wehrsportübungen in Neo-Nazi-Attitüde wurden. Die Eitelkeit selbsternannter Führer, die da in Pseudo-SA-Look vor den Kameras irgendwelcher ausländischen Fernsehteams posierten, bot dem politisch-medialen Establishment und in der Folge der Justiz die Möglichkeit, diesen Randbereich des nationalen Lagers zu Beginn der 90er Jahre zu kriminalisieren und schließlich zu zerschlagen. Das Ziel dabei war bei Gott nicht die Eindämmung einer möglicherweise staatsgefährdenden Bewegung, sondern schlicht und einfach die Diskreditierung der innenpolitisch immer lästiger und gefährlicher weil stärker werdenden Haider-FPÖ. Am deutlichsten wurde dies am Prozeß gegen den Sohn des niederösterreichischen FPÖ-Landesrats Schimanek.

Diese Entwicklung gipfelte schließlich in der Briefbombenserie, deren Urheberschaft mit der Verurteilung und dem allzu seltsamen Selbstmord des Franz Fuchs bis zum heutigen Tage nicht wirklich geklärt wurde. Im Zuge der Ermittlungen dieser Briefbombenserie wurde das gesamte nationale Lager unter Pauschalverdacht gestellt. Rasterfahndung, Telephonabhör-Aktionen, Erhebung von Zeitungsabonnenten und ähnliches waren damals die Mittel, um diesen Kernbereich der freiheitlichen Wählerschaft unter Druck zu setzen. Einen breiteren und offeneren Widerstand gegen die Kriminalisierung einiger selbsternannter Wehrsportführer und gegen die einigermaßen willkürliche Aburteilung erwiesen Unschuldiger am Briefterror konnte es aus diesem Grund wohl nicht geben. Das Kalkül ging nicht auf, die Haider-FPÖ stieg weiter in der Wählergunst auf, vielleicht gerade wegen dieser Drangsalierungen.

Die personell ohnedies äußerst dünne Vorläufer-Szene der Wehrsportgrüppchen wurde indessen schon zu Ende der 80er Jahre von den vernünftigeren jüngeren Leuten hinter sich gelassen. Zu ihnen ist zweifellos Heinz-Christian Strache zu zählen, der als junger Zahntechniker, mitten im Berufsleben stehend, mit anderen Problemen zu tun hatte als mit Soldatenspielereien im Wald. Zu Beginn der 90er Jahre begann er seine Aktivitäten im Kreise der Wiener FPÖ, wobei er von Anbeginn als Exponent des ideologisch motivierten national-freiheitlichen Bereichs galt. Den ideologischen Nullgrupplern wie sie Haider in die Partei holte und wie sie von Peter Westenthaler und Herbert Scheibner damals im Ring Freiheitlicher Jugend repräsentiert wurden, war er natürlich verdächtig. Sie verweigerten ihm die Aufnahme im RFJ, nicht weil sie irgendwelche ehrlichen Bedenken wegen seiner jugendlichen Kontakte gehabt hätten, sondern weil sie in

**Gespaltene SPÖ:** Kanzler Gusenbauer (links) zeigte Milde gegenüber Strache, Altkanzler Vranitzky (Mitte) grenzte die FPÖ aus

ihm einen Konkurrenten im Kampf um die Führung der Parteijugend sehen mußten. In der Person des Wiener Landesparteiobmanns Rainer Pawkowicz und seines zweiten Mannes, Hilmar Kabas, erwuchsen dem jungen Strache indessen wichtige politische Förderer, die seinen Weg an die Spitze der Wiener und schließlich der Bundespartei ebnen sollten.

## Politiker und ihre Jugendtorheiten

Von den Jugendtorheiten der älteren Generation der Politiker der Zweiten Republik wollen wir hier nicht im Detail sprechen. Sie hatten eine ganz andere, eine weit dramatischere Dimension, weil sie in den Tragödien des frühen 20. Jahrhunderts stattfanden. „Hochrangige Hitlerjungen" waren da noch das Harmloseste. Schutzbundkämpfer und austrofaschistische Heimwehrführer fanden sich da ebenso wie Angehörige der Waffen-SS und –

absolut ehrenhaft – natürlich Soldaten der ehemaligen Deutschen Wehrmacht.

Brisanter war es da schon, wenn ein sozialistischer Innenminister wie etwa Kreiskys Mitstreiter Rösch, in seinen jungen Jahren bereits nach 1945 wegen nationalsozialistischer Wiederbetätigung gerichtlich verurteilt worden war. Auf der anderen Seite gehörte der große Justizreformer Broda nach Kriegsende angeblich zu marodierenden kommunistischen Schlägertrupps.

Wenn der sozialistische Spitzenpolitiker Leopold Gratz NAPOLA-Schüler war, störte es naturgemäß niemanden, daß FPÖ-Chef Alexander Götz ein höherer HJ-Führer war. Und die Generation vor ihnen zeichnete sich noch durch viel gewichtigere Jugendtorheiten aus. Bundeskanzler Julius Raab etwa schwor als austrofaschistischer Heimwehrführer in den frühen 30er Jahren den antidemokratischen Korneuburger Eid mit und FPÖ-Gründungsobmann Anton Reinthaller war bekanntlich NSDAP-Minister und Staatssekretär.

Die heutige Generation führender Politiker entstammt entweder der 68er-Generation oder deren Nachfahren. Da sind dann zwar die meisten als Volksschüler Ministranten gewesen, spätestens in ihrer Studentenzeit aber haben viele von ihnen sich dann doch im radikalen Bereich getummelt. Peter Pilz eben in der Gruppe Revolutionärer Marxisten, diverse spätere SPÖ-Politiker in anderen K-Gruppen, Josef Cap und Alfred Gusenbauer bei den Jusos, im Kreise jener, die in Kuba oder Nicaragua ihr Heil suchten oder zu Weltjugendfestspielen nach Ostberlin oder Moskau reisten. Ausnahmen waren allenfalls der heutige Wiener Bürgermeister Michael Häupl und der orange Bärentaler Jörg Haider, die bei ihren Pennal-Burschenschaften vom „Heiligen Deutschen Reich" sangen. Spätere ÖVP-Politiker tummelten sich beim katholischen Mittelschülerkartellverband oder den katholischen Pfadfindern und trugen dort uniformähnliche Verkleidungen.

Überhaupt war die Uniformierung von Jugendgruppen bis

fen lösen will.

Die wirklichen Terroristen sitzen in Washington und Tel Aviv.

Alfred Gusenbauer

trotzdem

Zeitschrift für junge Sozialisten

Nr. 5 — 15.November 1985 — 5 Schilling

Erscheint zweimonatlich
Preis S 5,—

Jahresabonnement S 50,—

Eigentümer, Herausgeber und Verleger: SJÖ — Sozialistische Jugend Österreichs, 1070 Wien, Neustiftgasse 3

Chefredakteur: Peter Pelinka

Ständige Mitarbeiter: Josef Cap, Grete Krammer, Lisl Kauer, Peter Pertl, Christian Deutsch, Harald Stockbauer, Andreas Bohonnek, Alfred Gusenbauer

Druck: Firma remaprint, 1080 Wien, Lange Gasse 24

Bild: dokumentationsarchiv.at

**„Die wirklichen Terroristen sitzen in Washington und Tel Aviv" – Alfred Gusenbauer in der von Peter Pelinka als Chefredakteur geleiteten Publikation „trotzdem – Zeitschrift für junge Sozialisten". Unter den ständigen Mitarbeitern auch Josef Cap.**

# Kreiskys Standarte

**Porträt.** Herbert Lackner *über den designierten SPÖ-Vorsitzenden Alfred Gusenbauer: den Mann, der Jörg Haider stoppen will.*

Bild: „Profil", Nr. 8/2000, S. 8

hinein in die 70er und 80er-Jahre ein Restbestand der politischen Kultur der Zwischenkriegszeit. Die Roten Falken und der Bund Heimattreuer Jugend, die Pfadfinder, sie alle waren adrett uniformiert. Die heutige Empörung über irgendwelche Jünglinge, die in Bundesheer-Versatzstücken durch den Wald pirschen, mutet angesichts dieser Fakten einigermaßen heuchlerisch an.

## Strategie-Streit in der SPÖ

Demgemäß war die Reaktion von Bundeskanzler Gusenbauer auf die Medienkampagne und Vorwürfe gegenüber Strache, seine Aussage, man solle diesem „aus Jugendtorheiten keinen Strick drehen", nicht nur taktisch klug, sondern auch nach den Kriterien der intellektuellen Redlichkeit überaus erfreulich. Daß „Bodenküsser" Gusenbauer den „Waldgänger" Strache damit so etwas wie einen Freibrief ausstellte, wollen dabei nur notorische Miesmacher hineininterpretieren – und eine Reihe links-linker Genossen.

Nach der Aussage Gusenbauers und nach der Wortspende des SPÖ-Klubobmann Josef Cap, wonach man Strache doch mit dem vormaligen bundesdeutschen Außenminister „Joschka" Fischer, der in seiner Jugend immerhin ein gewalttätiger „Streetfighter" war, vergleichen müsse, brach der Zank innerhalb der SPÖ los. Die Parteilinke, angefangen von Caspar Einem bis hin zu den diversen sich besonders unversöhnlich gebenden roten Damen, empörte sich lautstark über Strache. Dabei ging es natürlich in erster Linie gegen Gusenbauer und seine politische Taktik, die Ausgrenzung der Vranitzky-Ära gegenüber der FPÖ nicht zu wiederholen. Ruhe kam in die erregte Sozialdemokratie erst wieder, als Gusenbauer nach der Strache-Erklärung am 29. Jänner trotz anfänglicher positiver Betrachtungsweise plötzlich erklärte, diese Aussage reiche nicht, Strache müsse sich vielmehr durch Taten und politisches Wohlverhalten als geläutert erweisen.

Dennoch wollen die Kommentare der politischen Beobachter

## Ein SPÖ-Innenminister unterstützt RAF-Sympathisanten

Selten zeigt ein (damals) für die Sicherheit zuständiger Minister so offen (durch Geldspenden) seine Sympathien für gewalttätige Linksextremisten. Weniger verblüffend das politische Engagement Caspar Einems beim Dokumentationsarchiv des Österreichischen Widerstands (DÖW).

Seite 8 — TATblatt minus 19

**Die RAF-Connection!**

Wo rote Fahnen wehen, da ist die RAF nicht fern. Wie wahr!

Gleich mehrere Personen aus dem Dunstkreis der RAF waren im Widerstandscamp anwesend gewesen, ja sogar aktive MitgliederInnen der RAF persönlich haben das Wagnis und den weiten Weg auf sich genommen, um den AntimilitaristInnen im Kampf gegen den rassistischen Ostwall beizustehen.

Wir vom TATblatt sind daher zur Ansicht gelangt, daß es Zeit wird, unser — in der Vergangenheit ein wenig gespanntes — Verhältnis zur RAF zu überdenken. Sind nicht Männer und Frauen, die sich mit uns gegen Rassismus und Faschismus stellen unsere Brüder und Schwestern, unabhängig davon, welche Schwerpunkte sie des weiteren in ihrem Kampf setzen?

Wer uns, dem TATblatt, auf dieser Linie folgen möchte, ist ...

Bild: „TOP"/Pretterebner, Juni 1995, S. 9

Bild: Ausriß „Profil", 18/1995, S. 26

nicht verstummen, die ein prinzipiell geändertes Verhalten der SPÖ gegenüber der Strache-FPÖ diagnostizieren: Man sei in der Wiener SPÖ-Zentrale nicht gewillt, die Faschismuskeule mit allzu moralischer Schärfe gegenüber dem FPÖ-Chef zu gebrauchen, da man ihn nicht in die Arme der Volkspartei treiben wolle und allenfalls als Partner einer Minderheitsregierung oder später gar für eine kleine Koalition erhalten müsse. Vielleicht aber ist den gemäßigten Strategen der SPÖ-Führung auch bewußt, daß die eigene militante Jugend allzu moralische Urteile gegenüber der militanten Jugend anderer nicht erlaube.

## Straches Chance auf Solidarität

Was Straches Grundsatzerklärung am 29. Jänner betrifft, so war diese nicht von übermäßigen öffentlichen Erfolg gekrönt. Von der Körpersprache und der Sprechweise wirkte der FPÖ-Chef dabei allzu sehr defensiv und in der einstündigen Rede wiederholte er sich allzu häufig. Die stete Wiederholung, er sei kein Neonazi, sei nie einer gewesen, trug zur Glaubwürdigkeit nicht übermäßig bei. Nach Ansicht kritischer Beobachter wäre eine wohlausgefeilte und kurze, von entsprechenden grundsätzlichen Erwägungen getragene Erklärung wohl klüger gewesen.

Strache daraus einen ernsthaften Vorwurf zu machen, wäre ungerecht, da der Druck in der ganzen Sache auf den jungen Parteiobmann so groß wurde, daß eine zunehmende Nervosität schlicht und einfach unumgänglich war.

Nunmehr ist die heiße Phase dieser „Wehrsport-Affäre" vorüber und es kann so etwas wie eine politische Zwischenbilanz gezogen werden: Nachdem sich die innerparteiliche Lage beruhigt hat, bleibt eine maßlos überzogene Medienkampagne und pseudo-antifaschistische Empörung gegenüber den jungen und erfolgreichen FPÖ-Chef über. Diese aber bewirkt in der freiheitlichen Wählerschaft längst wieder Solidarisierung, also jenen Effekt, den man aus der Haider-Ära kennt: Bereits damals wurde der FPÖ-Chef immer wieder von politisch korrekter Seite und der entsprechenden Jagdgesellschaft in einem Maße attackiert, daß damit erst das ganze Wählerpotential für die FPÖ mobilisiert werden konnte. Ein ähnlicher Effekt zeichnet sich heute ab.

Voraussetzung ist allerdings, daß der junge Parteiobmann die ganze Affäre persönlich souverän handhabt, daß nicht wirklich weiteres und unschön belastendes Material auftaucht und daß er sich glaubhaft vom Narrensaum der rechten Ultras, die längst in der Sektierer-Nische gelandet sind, distanziert. Dann ist es möglich, daß sich die vernünftigen heimattreuen, patriotischen, nationalbewußt-wertkonservativ eingestellten Österreicher nach und nach mit ihm solidarisieren.

Je stärker man mit der Faschismuskeule auf Heinz-Christian Strache einschlägt, desto größer werden seine Chancen, eine solche Solidarisierung für sich und seine politische Bewegung zu erhalten.

# Strache: Distanziere mich von allen totalitären Ideologien!

## Grundsatzerklärung des FPÖ-Bundesparteiobmanns zu den Vorwürfen gegen ihn

**VON FRIEDRICH-WILHELM MOEWE**

*In einer Grundsatzerklärung verurteilte FPÖ-Bundesparteiobmann Heinz-Christian Strache die nationalsozialistischen Verbrechen und distanzierte sich „in gebotener Schärfe und Deutlichkeit" von allen verbrecherischen und totalitären Ideologien. Dies habe er zwar schon vielfach getan, sei aber von den Medien bisher anscheinend überhört worden.*

„In meinem ganzen aktiven politischen Denken, Tun und Handeln als Mandatar ist meine Position als begeisterter Demokrat vielfach und unmißverständlich dokumentiert. Mit der Ideologie des Nationalsozialismus' habe ich rein gar nichts am Hut, ich lehne sie vielmehr entschieden ab. Dieses Gedankengut hat in der FPÖ nichts verloren", bekräftigte Strache.

Der FPÖ-Bundesparteiobmann nahm Bezug auf die aktuelle Diskussion, in der 20 Jahre alte Photos in einen völlig falschen Kontext, mit unglaublichen Unterstellungen, Falschinformationen und absichtlichen Fehlinterpretationen gestellt wurden. Vor allem die Tageszeitung „Österreich" scheine hier weder die Grundregeln noch die ethische Verpflichtung eines seriösen Journalismus' zu beherzigen. „Dies wird noch Gegenstand gerichtlicher Verfahren sein", kündigte Strache an.

Er habe seit vielen Jahren kein Hehl daraus gemacht, daß er durch seine Jugendliebe, der Tochter von Norbert Burger, mit diesem persönlich bekannt gewesen sei: „Ich habe damals verschiedenste Personen und politische Positionen kennengelernt und habe dann aber meine gefunden: Eine demokratisch-patriotisch-freiheitliche und soziale Mitte-Rechtsposition."

Was die 20 Jahre alten Photos aus Kärnten anbelange, stellte Strache fest, daß er in seinen jungen Jahren von soldatischen Tugenden fasziniert gewesen sei weshalb er auch seinen Dienst beim Bundesheer absolviert habe. Strache berichtigte, daß er auf den Photos nicht, wie mehrfach behauptet vor einem NS-Denkmal, sondern vor einem Kriegerdenkmal für die Gefallenen des Ersten Weltkrieges posiere.

„Ja, wir haben an diesem Wochenende Paintball gespielt. Die Schutzbrillen auf den Photos wurden bei der Anonymisierung der Personen zwangsläufig unkenntlich gemacht. Zu Schaden ist dabei niemand gekommen, Da sind martialische Computerspiele von heute schon viel gefährlicher für die Jugend", erklärte der FPÖ-Parteiobmann.

Strache distanzierte sich nicht nur von der NS-Ideologie, sondern stellte auch unmißverständlich klar: „Es ist das Ergebnis

Bild: FPÖ/Lizar

**Heinz-Christian Strache:** Hat nichts zu verbergen

eines persönlichen Reifungsprozesses, all jene Brücken längst schon abgerissen zu haben, die in ein Umfeld gingen oder gehen konnten, das eben diese scharfe Trennlinie nicht gezogen hat. Meine Politik und die der FPÖ ist es, ein gelebtes Distanzverhältnis zu allen Personen und Inhalten zu pflegen, welche keine klar erkennbare, scharfe Grenze in Richtung NS-Ideologie ziehen. Und diese Position ist für mich unverrückbar." Deutliche Worte fand Strache auch zur Pauschalverurteilung der Burschenschaften durch manche Medien. „Ich selbst bin Burschenschafter und lasse es nicht zu, diese studentische Tradition in ein völlig falsches Licht zu rücken. Denn gerade diese Studentenverbindungen wurden im Dritten Reich, nicht zuletzt wegen ihrer demokratischen Einstellung, verboten und aufgelöst. Sie wurden nach dem Krieg wieder zugelassen und viele ihrer Mitglieder haben wesentlich zum Wiederaufbau unseres Landes beigetragen. Eine Reihe von ihnen haben bedeutende Positionen erreicht, in der Wirtschaft, aber auch in der Politik, und sind wertvolle Mitglieder der österreichischen Gesellschaft. Ich kann in Kreisky-Manier nur festhalten: Meine Damen und Herren Redakteure, lernen Sie Geschichte", sagte Strache.

Er präsentierte unter anderem das Titelbild des „Spiegel", Nr. 28/2005, auf dem die deutsche Bundeskanzlerin Angela Merkel mit exakt jener Grußhand abgebildet sei, die man bei Strache völlig unzulässig als „Kühnen-Gruß" in propagandistischer Art und Weise zu interpretieren versucht habe. Allein dieses Beispiel zeige die Absurdität der Hetzkampagne gegen seine Person. Interessant sei auch, daß an die FPÖ anonym ein Photo ergangen sei, das den ehemaligen Wiener ÖVP-Staatssekretär Alfred Finz mit Gottfried Küssel zeige. „Es interessiert mich jetzt schon, welche Form der Kontakte hier in bierseliger Laune zwischen ÖVP-Spitzenpolitikern mit Vertretern des Rechtsextremismus' bestehen. Darüber hinaus ist immer noch ungeklärt, in welcher Form Küssel bei der JVP tätig gewesen ist", erklärte Strache.

Interessant wäre auch eine Diskussion etwa über den ehemaligen deutschen Außenminister der Grünen, Joseph „Joschka“ Fischer, zu führen. Christian Schmidt, ein ehemaliger linksextremistischer Kampfgenosse Joschka Fischers, schildert in seinem Buch „Wir sind die Wahnsinnigen – Joschka Fischer und seine Frankfurter Gang“, daß „Joschka“ Fischer während der Zeit des linksextremistischen Terrors der „Roten Armee Fraktion“ (RAF), deren Sympathisant und „commandante“ einer linksextremistischen Wehrsport- und Straßenschlachtgruppe in Frankfurt am Main gewesen sei.

Fischer nannte diese Kampforganisation „Putzgruppe“, weil sie „auf den Putz“ haue und die „Bullen“ von der Straße „wegputzte“. Diese Truppe hieß unter den Genossen bald auch „Proletarische Union für Terror und Zerstörung“. Diese Spezialeinheit sei Sonntags im geschlossenen Konvoi zu regelrechten Manövern in den Taunus gefahren, wo Fischer mit bis zu vierzig Leuten Steinewerfen in Formation geübt habe.

Am 10. Mai 1976 kam es in Frankfurt zu einer weiteren Straßenschlacht, an der „Joschka“ Fischer persönlich beteiligt war und bei der seine „Putzgruppe“ alle Hemmungen fallen ließ. Eines der traurigen Ergebnisse: Die Haut eines Polizisten wurde zu 60 Prozent verbrannt, Strache: „Die Grünen sollen angesichts ihrer internationalen ‚Genossen‘ ganz leise treten, denn all diese Dinge werden wir demnächst in Österreich breit kommunizieren.“

„Ja, ich distanziere mich von allen verbrecherischen und totalitären Regimen und verurteile diese. Ja, ich distanziere mich in aller Klarheit von den Verbrechen des Nationalsozialismus und verurteile diese. Ja, ich bekenne mich zur Republik Österreich, unserer Demokratie, unseren Gesetzen sowie unserer Verfassung, auf die ich angelobt bin und habe in meinem ganzen Handeln, Denken und Tun auch nie einen Zweifel daran aufkommen lassen. Ja, ich distanziere mich von allen Formen der Gewalt, des

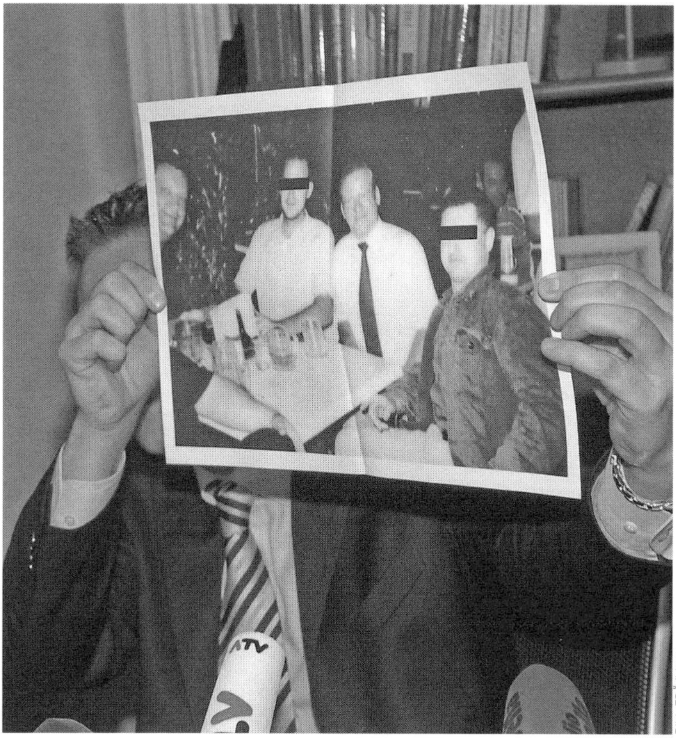

Bild: FPÖ/Lizar

**Strache:** Zeigt Bild von Ex-ÖVP-Staatssekretär Alfred Finz mit Gottfried Küssel, der zeitweilig bei der „Jungen Volkspartei“ aktiv war

Hasses und politischen Fanatismus und verurteile diese in aller Schärfe. Ja, ich verurteile Rassismus, Totalitarismus und Antisemitismus“, erklärte Strache.

Und er fordere endlich Fairneß, Objektivität und Tatsachenbezogenheit bei dieser mehr als sensiblen Frage. Er werde es jedenfalls nicht zulassen, daß man ihn und die FPÖ in ein Eck zu dränge, in das sie nicht gehöre.

„Ich habe einen ganz klaren Trennstrich zu jedweder totalitären Gedankenrichtung gezogen“, bekräftigte Strache. „Ich habe das gelebt und es ist in meinen Taten, Handlungen und Worten festgehalten, und das ist der Maßstab, um objektiv und korrekt behandelt zu werden." Die Ablehnung der nationalsozialistischen Ideologie und ihrer Verbrechen sei die Klammer, die alle Abgeordneten in diesem Haus zusammenhalte, und man dürfe diese Klammer nicht für politisches Kleingeld durchbrechen.

Die FPÖ sei ein wichtiger demokratischer Faktor. „Wir sprechen Probleme an, die andere Parteien nicht erkennen wollen", sagte Strache. „Wir werden diese uns vom Wähler übertragene Aufgabe konsequent fortsetzen und uns von unserem Weg nicht abbringen lassen."

# Vorübergehende Milde

## Strache-Bilder: Gusenbauer rudert nach Kritik in eigenen Reihen zurück

**VON BERNHARD TOMASCHITZ**

Das offizielle Österreich empörte sich über die Bilder, die den damals 18jährigen Heinz-Christian Strache bei wehrsportähnlichen Übungen zeigen sollen, aber der neue rote Kanzler Alfred Gusenbauer ließ Milde walten. Der FPÖ-Obmann habe zwar eine „Jugendtorheit" begangen, aber er wolle ihm „nicht den Strick drehen", meinte der einstige Küsser des Moskauer Bodens beim Pressefoyer nach dem Ministerrat. Außerdem forderte der Bundeskanzler eine „Klarstellung" Straches.

Nachdem diese „Klarstellung" erfolgt war – Strache betonte, niemals ein Neonazi gewesen und auch heute keiner zu sein – behielt die SPÖ vorerst ihren Kurs bei. Straches Erklärung sei ausreichend gewesen, er habe sich von Nationalsozialismus, Rassismus und Totalitarismus distanziert und sich zur Republik Österreich, Demokratie und Verfassung bekannt, befand der rote Klubobmann Josef Cap. Zudem sei der FPÖ-Obmann daran zu messen, inwieweit er nach seinen Worten Taten folgen lasse. Als Zugeständnis an die Kritiker des SPÖ-Kurses fügte Cap hinzu, Strache sei etwa daran zu messen, ob es zu einer Neuauflage der „letzten ausländerfeindlichen Wahlkämpfe" kommen werde.

Indessen erhöhte sich trotz der eindeutigen Klarstellung Straches der Druck auf Gusenbauer wie auf die SPÖ insgesamt. Wenig überraschend reagierten die politisch korrekten grünen Moral- und Tugendwächter mit pflichtgemäßer Entrüstung. Für Peter Pilz deutete „einiges darauf hin", daß Strache früher ein Neonazi gewesen sei, und Alexander Van der Bellen warf Gusenbauer vor, den Eindruck zu erwecken, Strache sei in den letzten 20 Jahren zum „Säulenheiligen" geworden. Und Madeleine Petrovic, die in Niederösterreich ihr politisches Ausgedinge fristet, zeigte sich „heilfroh" darüber, daß die Grünen die Stützung einer SPÖ-Minderheitsregierung gemeinsam mit der FPÖ abgelehnt haben.

In den Chor der Empörung stimmte, nachdem aus Wolfgang Schüssels Planspielen mit Schwarz-Blau-Orange nichts geworden war, auch die ÖVP ein. Der designierte Obmann, Vizekanzler Wilhelm Molterer, meinte, Straches Jugendbilder seien ein „krasses politisches Fehlverhalten, das man nicht einfach abtun kann". Und Wirtschaftsminister Martin Bartenstein, einst ein Hauptbefürworter von Schwarz-Blau meinte, er hätte sich „von Seiten der Sozialdemokratie" eine schärfere Abgrenzung gewünscht.

Das orange Bündnis wiederum stellte die Frage, wo Kanzler Gusenbauer stehe. „Ich bin entsetzt über die verniedlichende Reaktion Gusenbauers. Es muß Schluß sein mit der Verharmlosung der Verharmloser", meinte BZÖ-Generalsekretär Gerald Grosz. Zudem verlangten die Orangen „die längst überfällige Distanzierung von Strache und diesem braunen Sumpf durch den Herrn Bundespräsidenten".

Indessen taten sich in der SPÖ die Gräben zwischen den Vertretern eines moderaten Kurses gegenüber der FPÖ und den Ausgrenzern gegenüber den Freiheitlichen auf. Der ehemalige Innenminister Karl Schlögl stellte in einem Gespräch mit dem „Standard" „erfreut fest, daß es in der SPÖ schon seit längerem, zumindest aber in den letzten Monaten, einen Einstellungswandel zur FPÖ gibt". Zudem habe die SPÖ in den letzten sieben Jahren dazugelernt und sei nun offener gegenüber anderen politischen Kräften. Denn seine Partei habe 2000 „schwere Fehler" gemacht, Schwarz-Blau wäre nicht entstanden, wenn die SPÖ damals in Richtung FPÖ offener gewesen wäre, sagte Schlögl. Bei den Meinungsverschiedenheiten innerhalb der SPÖ stellten sich Frauenministerin Doris Bures und Sozialminister Erwin Buchinger, die beide keine „Rechtsverbinder" sind, deutlich hinter Kanzler und Parteichef Gusenbauer. Für Bures waren des Kanzlers Worte „klar genug" und für Buchinger „in der gesamten Breite" deutlich genug.

Keine Einsicht zeigte Ex-Bundeskanzler Franz Vranitzky, dessen Ausgrenzungspolitik in den 90er Jahren den Aufstieg der damaligen Haider-FPÖ erst möglich gemacht hatte. Über Josef Caps Vergleich von Straches Jugendbildern mit der Vergangenheit des früheren bundesdeutschen Außenministers Joseph Fischer, die von tätlicher Gewalt gegenüber Polizisten gekenn-

**Caspar Einem:** Der Ex-Innenminister führte die Reihen der politisch Korrekten in der SPÖ an. Bekannt für seine Spenden an die gewaltbereite autonome Szene in Wien („TatBlatt")

Bild: SPÖ/Lehmann

zeichnet war, zeigte sich Vranitzy „empört". Denn „das ist genau die alte Masche der Rechten – werfts uns nichts vor, weil die Bolschewiken sind viel ärger." Kritik kam auch vom Caspar Einem, einem früheren SPÖ-Innenminister, der die „braunen Flecken" in seiner Partei aufgearbeitet hatte. Bei den Bildern von Strache gehe es nicht um irgendwelche „Spielereien", und außerdem habe er kein Verständnis dafür, „wenn es auch nur den Anschein hat als würde die FPÖ diese menschenverachtende Haltung auf der rechten Seite dulden", erklärte er in der „Zeit im Bild 2". Zur menschenverachtenden Haltung auf der linken Seite äußerte sich Einem nicht.

Während sich die SPÖ-Spitze hinter Gusenbauer stellte, nahmen aus der zweiten Reihe die Querschüsse zu. Kurt Eder, ein der Öffentlichkeit weitgehend unbekannter roter Nationalratsabgeordnete, meinte, die Haltung seines Parteichefs sei „zu nachsichtig". SPÖ-Familiensprecherin Andrea Kuntzl, die sich berechtigte Hoffnungen auf das Amt der Frauenministerin gemacht hatte, wünschte sich eine „klare Distanzierung" und sagte, Gusenbauer könne „nicht oft genug" von Strache „klare Worte" verlangen. Josef Ackerl, oberösterreichischer Landesrat und eine Galionsfigur der SP-Linken, sagte, er würde Strache „nicht von vornherein mit Unbedenklichkeitsattributen ausstatten".

Als die medial geschürte künstliche Aufregung um die Strache-Bilder zu einer innerparteilichen Diskussion in der SPÖ zu werden drohte, griff der mächtige Wiener Bürgermeister Michael Häupl ein. Er werde sich ganz sicher nicht daran beteiligen, daß aus einer FPÖ- eine SPÖ-Diskussion zu machen. Aber seine tiefe Abneigung verhehlte Häupl, dessen „Jugendsünde" die Mitgliedschaft in einer schlagenden Mittelschülerverbindung war, nicht. „Niemand soll daran zweifeln, daß Gusenbauer ein genauso guter Antifaschist ist wie der Caspar Einem", sagte er. „Aber daß er zu einem Zeitpunkt eine Einschätzung getroffen hat, über die man sicherlich diskutieren kann, wie man auch über diese Bilder diskutieren kann, das mag sein. Über spätere Bilder kann man meiner Ansicht nach nicht mehr diskutieren." Zudem sei, so der Wiener Bürgermeister, die Haltung der SPÖ zum Rechtsextremismus und zu den Freiheitlichen unverändert: „Es ist auch überhaupt kein Zweifel daran zu haben, daß die SPÖ mit Leuten dieses Schlages keine Bündnisse eingeht. Von Koalitionen will ich ja gar nicht reden." Er würde niemandem aus der Sozialdemokratie empfehlen, in einem Parteigremium einen Pakt mit der FPÖ vorzuschlagen.

Nicht die innerparteiliche Kritik, sondern jene von Ariel Muzicant war der Anlaß für die Kehrtwende der SPÖ. Der Präsident der Israelitischen Kultusgemeinde meinte, er könne nicht verstehen, warum sich die SPÖ „über alle Grundsätze hinwegsetzt". Die Diskussion, ob es sich bei den Photos um Jugendtorheiten handle oder nicht, sei eine „Themenverfehlung". Hinter diesen

Bild: www.wien.gv.at

**Ariel Muzicant:** Der Druck des Präsidenten der Israelitischen Kultusgemeinde führte zu einer Diszanzierung Gusenbauers von Strache

Bildern stecke eine Gesinnung, die er als „nationalen Sozialismus" bezeichnete. Außerdem warf Muzicant freiheitlichen Politikern vor, deswegen die Nazi-Verbrechen zu verurteilen und sich vom Nationalsozialismus zu distanzieren, weil dies „politisch opportun" sei.

Nach der moralinsauren, politisch korrekten Standpauke Muzicants änderte Gusenbauer seine Meinung und sagte, Strache habe die Gelegenheit versäumt, sich mit seiner Erklärung von seinen „Jugendsünden" zu distanzieren. Der SPÖ-Vorsitzende erklärte gegenüber der Tageszeitung „Kurier", er stehe dazu, jemandem nicht vorzuhalten, wenn er in seiner Jugend etwas angestellt hat. Aber, so Gusenbauer: „Strache hat gestern die Gelegenheit versäumt, sich davon zu distanzieren".

# Die Aufregung hielt sich in Grenzen

## Der Meinungsforscher Wolfgang Bachmayer zum mißlungenen Versuch, die Strache-Bilder zum Skandal hochzustilisieren

**IM ZZ-GESPRÄCH MIT WALTER TRIBUTSCH**

*Herr Dr. Bachmayer, bei der Diskussion um die „Strache-Jugendbilder" hat man ein bißchen den Eindruck, es steht Nazi-Jagd am Programm, aber keiner geht hin. Wie sieht das Ihrer Meinung nach die österreichische Öffentlichkeit?*

**Wolfgang Bachmayer:** Wir haben ja dazu, wie manche andere auch, Umfragen gemacht und die zeigen, daß die Bevölkerung nicht zur Gänze, aber mehrheitlich, hier nicht einen so großen Grund zur Aufregung sieht. Dies im Gegensatz zu manchen, die hier sehr kritisch reagiert haben.

*Warum ist mit dieser Kampagne dieses Mal die öffentliche Meinung nicht mobilisierbar?*

**Bachmayer:** Das ist im Prinzip folgendermaßen zu erklären. Die Menschen wissen ja, daß Heinz-Christian Strache einer rechten Partei zugehörig ist, und erwarten schon deshalb natürlich nicht, daß er sich wie ein Chorknabe verhält. Und wenn die Ereignisse, um die es bei den veröffentlichten Bildern geht, jetzt immerhin

Bild: OGM

**Wolfgang Bachmayer:** Studium der Handelswissenschaften, Wirtschaftsuniversität Wien, Geschäftsführer des Meinungsforschungsinstituts OGM. Themenschwerpunkte: Politik- und Strategieberatung, Strategische Kommunikationsplanung, Wirtschaftlichkeitsanalysen, Marketing und Sponsoring

fast 20 Jahre zurückliegen, so gilt das um so mehr. Dazu kommt noch, daß ja bei vielen Menschen noch andere Berichte und Bilder von Strache in Erinnerung sind. Denken Sie z. B. an das Säbelduell und ähnliches.

*Dieses Säbelduell oder diese Säbelmensur war ja eher jüngeren Datums, das liegt ja erst ein oder zwei Jahre zurück.*

**Bachmayer:** Daher sind die Menschen auch jetzt nicht überrascht von diesen Bildern. Das heißt, die Menschen im Lande denken sich, ohne daß sie dem jetzt zustimmen oder es damit bagatellisieren wollen, das, was da zu Tage gefördert wurde an alten Bildern, das entspricht ohnehin dem, was wir uns von Heinz-Christian Strache erwartet haben. Und dazu kommt vor allem, daß diese Bilder sind ja auch eigentlich nur interpretiert sind und keine wirklich klaren und eindeutigen Beweise zeigen.

*Inwieweit spielt das Verhalten von Strache selbst nach Bekanntwerden der Existenz dieser Bilder und ihrer Veröffentlichung eine Rolle, was die Reaktion der Öffentlichkeit betrifft?*

**Bachmayer:** Es war sicherlich von Bedeutung, daß sich Strache auch schon vor Veröffentlichung der Bilder, aber noch deutlicher nach deren Erscheinen ziemlich eindeutig gegen alle Verbrechen des Nationalsozialismus ausgesprochen und sich klar davon distanziert hat. Auch deshalb ist die Bevölkerung bei dem Thema nicht so aufgeregt, wie manche vielleicht meinen.

*Mehr Wirbel gab es fast dann bei den Reaktionen von Bundeskanzler Alfred Gusenbauer und SPÖ Klubobmann Josef Cap auf „die Anschuldigungen" gegen Strache…*

**Bachmayer:** Ja, aber auch Gusenbauers als solches interpretierter „Freispruch" hat eigentlich nur linke Exponenten in der SPÖ wirklich aufgeregt. Auch ihm stimmt die breite Bevölkerung im Wesentlichen zu, weil sie eben darin nichts wirklich Skandalöses sieht. Seinem Ansehen in der Öffentlichkeit hat das bestimmt nichts anhaben können.

*Ist es jetzt, daß diese Suppe, so wie Sie gesagt haben, relativ dünn erscheint, daß das Thema nicht in der Öffentlichkeit stärker gespielt wurde oder gibt's ganz allgemein schon eine Art Abgestumpftheit der Österreicher gegenüber dieser Diskussion um Wiederbetätigung im nationalsozialistischen Sinn?*

**Bachmayer:** Erstens einmal muß ich da schon widersprechen. Ich glaube sehr wohl, daß das Thema intensiv gespielt wurde. Es ist aber letztlich deswegen jetzt relativ schnell verstummt, weil es einerseits aus der Partei heraus keine neue Nahrung und keine neuen Tatsachen gab. Auch hat es keine neuen Bilder, auf die eigentlich alle gewartet haben, gegeben. Und zu dem zweiten von Ihnen genannten Grund ist zu sagen, daß die Menschen mittlerweile schon – ich sage einmal – recht vorsichtig reagieren, wenn das eine oder andere Thema von dieser oder jener Seite skandalisiert wird. Und noch einmal, insbesondere tritt das dann ein, wenn es eigentlich nichts überraschend Neues zu der Person des H.-C. Strache darstellt. Denn, daß er aus dem rechten Lager kommt, das wußten ohnehin schon alle.

*Sie haben angesprochen, daß sich Strache ohnehin bereits distanziert habe, und er hat auch sein Verhältnis zu Norbert Burger, dem ehemaligen, verstorbenen Chef der NDP nie verheimlicht. Warum glauben Sie, ist dieses Thema gerade jetzt aufs Tapet gekommen? Es war ja für niemanden dabei etwas zu holen, es stehen keine Wahlen vor der Tür. Trotzdem ist plötzlich dieses Thema da. Gibt es Ihrer Meinung nach dafür einen plausiblen Grund?*

**Bachmayer:** Naja, wenn solche Bilder auftauchen, wird es immer zu einer Diskussion führen. Das ist völlig unabhängig von Wahlen. Wenn Wahlen wären, würde es natürlich noch heißer gekocht werde als jetzt. Also ich glaube, es gibt da natürlich schon einen mehr oder minder automatisch entstehenden Reflex, der ausgelöst wird, wenn eben gewisse Aspekte den Nationalsozialismus betreffend, von Gewaltbereitschaft, von Gewaltverherrlichung oder auch von linkem Extremismus, von Extremismus schlechthin, hochkommen. So etwas erringt, natürlich sicherlich mit gutem Grund, eine gewisse Aufmerksamkeit. Wenn aber letztlich die Suppe zu dünn ist, ohne das jetzt bagatellisieren zu wollen, wenn eigentlich nichts Neues, nichts Unerwartetes dahinter steht, dann verflüchtigt sich das relativ bald wieder.

*Wie interpretieren Sie die Rolle der SPÖ und vor allem ihrer beiden Spitzenpolitiker – sowohl Bundeskanzler Gusenbauer als auch Klubobmann Cap haben dieser Bedeutung relativ wenig Interesse beigemessen. Waren sich die beiden der geringen Relevanz dieses Themas für die Bevölkerung bewußt, haben sie ein Gespür für diese Stimmung gehabt oder steht da noch etwas anderes dahinter Ihrer Meinung nach?*

**Bachmayer:** Ich glaube beides. Der Hauptgrund ist aber ein strategischer. Sicherlich ist mit diesem Verhalten von Gusenbauer eine lange versperrte Tür zumindest einen guten Spalt breit aufgemacht worden. Und damit ist diese sehr festgefahrene politische Landschaft in Österreich für die Zukunft, vielleicht schon für die nächsten Wahlen – und wer weiß, wie nah die vielleicht schon sind – zumindest einmal potentiell neu geordnet worden. Es gibt wahrscheinlich neue Optionen, die es bisher nicht gab. Gerade das Fehlen dieser Optionen hat sich ja bei der letzten Nationalratswahl und den darauf folgenden Verhandlungen zur Bildung einer Koalitionsregierung als großes Manko erwiesen.

*Das heißt, die aus bisheriger sozialistischer Sicht blauen Schmuddelkinder wurden aus strategischen Überlegungen jetzt salonfähig gemacht...*

**Bachmayer:** Ich glaube, daß der Hauptgrund für die Haltung der SPÖ in dieser Frage ein strategischer war. Man muß aber andererseits auch anmerken, daß diese Gelegenheit nicht genutzt

Bild: FPÖ/Lizar

**H.-C. Strache:** Die Jugendphotos konnten an der Beliebtheit des FPÖ-Obmanns nichts ändern

worden wäre, wenn man das Gefühl gehabt hätte, daß man gegen den Willen der Bevölkerung agiere. Das heißt, ich glaube sehr wohl, daß man das Gefühl oder vielleicht Umfragen hatte – von uns waren sie zwar nicht –, daß die Bevölkerung mehrheitlich diesem verhaltenen Kommentar über Straches Jugendsünden zustimmt. Da kamen eben zwei Dinge zusammen, die dann zu diesen Aussagen geführt haben, kann ich mir vorstellen.

*Jetzt hat es Gusenbauer aus mehreren Gründen innerparteilich ja nicht gerade leicht. Es werden ihm die Wahlversprechen vorgehalten, die er nicht eingehalten hat. Man unterstellt ihm, daß er sich von der ÖVP bei den Koalitionsverhandlungen über den Tisch hat ziehen lassen. Einzelne Landesfürsten sagen, er hätte mit ihnen nicht ordentlich kommuniziert. Und jetzt kommt dieses, von Ihnen angesprochene, Verlassen der langjäh-*

*rigen Parteilinie dazu. Kann man das eigentlich aushalten, riskiert er da nicht ein bißchen den politischen Selbstmord oder ist er bereits innerparteilich stark genug, das durchzustehen?*

**Bachmayer:** Nein, das sehe ich nicht so. Ich glaube sogar, daß er im Interesse seiner Partei zwei Ziele verfolgt. Sein Verhalten, die Tür in Richtung Blau ein bißchen zu öffnen, ist strategisch durchaus klug wie auch der Schritt, im Prinzip ein wenig mehr zur Mitte zu rücken. Das bedeutet nicht, daß hier in der letzten Zeit nicht ohne Zweifel ein paar Fettnäpfchen betreten worden sind. Das ist ohne Frage der Fall. Das heißt aber noch lange nicht, daß man deswegen dumm ist oder strategisch unklug. Ich glaube, daß die Strategie, die sich hier in manchen Verhaltensweisen äußert, durchaus eine kluge ist.

*In der Öffentlichkeit entsteht allerdings zumeist ein ganz anderes Bild…*

**Bachmayer:** Weil diese Überlegungen nicht Gegenstand der öffentlichen Diskussion sind. Man erkennt das vielleicht nicht auf den ersten Blick, daß sich die SPÖ aus ihrer einseitigen Abhängigkeit in Richtung Schwarz oder in Richtung Grün zu befreien versucht.

*Knüpft Gusenbauer mit dieser Haltung ein bißchen an die Politik Kreiskys an, der seinerzeit mit Peter sehr gut konnte, der auch die erste Regierungsbeteiligung der FPÖ ermöglicht hat und der nicht zuletzt einzelne Politiker wie Peter oder Frischenschlager in der Öffentlichkeit verteidigt hat?*

**Bachmayer:** Ja, das mag so auch interpretiert werden, aber ich glaube, für Gusenbauer besteht der Grund für seine Politik nicht darin, Kreisky nachzuahmen. Es ist einfach die Erfahrung der letzen Jahre und daraus resultierend eine neue Sicht für den Blick nach vorne. Wer weiß, wie lange die Koalition noch hält? Und sie wird dann ein flexibleres Agieren der SPÖ und von Gusenbauer erlauben, wenn er weiß, daß er im Fall einer Neuwahl erstens nicht schlecht abschneidet und zweitens dann nicht wieder allein mit der ÖVP am Tisch sitzen muß. Um das zu können, muß man vorher natürlich entsprechende Weichenstellungen vornehmen. Das heißt nicht, daß man an Neuwahlen denkt, aber für den Fall des Falles ist Vorsorge immer ganz gut.

*Er könnte ja aber auf die grüne Karte setzen. Die Grünen legen ja von Wahl zu Wahl zu und von den Parteiprogrammen her dürften sie ja mit den Sozialisten wesentlich besser kooperieren können, als es die Freiheitlichen tun.*

**Bachmayer:** Ja, sicher, aber das war ja bisher immer eine Sackgasse. Es gab ja in Österreich bis auf die wenigen vorher angesprochenen Kreiskyjahre nie eine Mehrheit links der Mitte, sondern immer nur rechts der Mitte. Das heißt eine Annäherung an die Grünen hat erstens, wie es auch die letzen Wahlen gezeigt haben, keinen Erfolg gebracht, sondern war im Gegenteil eine Trumpfkarte für die Wahlstrategen der ÖVP. Und zweitens ist auch das letztlich eine nur einseitige Option. Da würde ich schon meinen, daß ein kluger Politiker sich möglichst viel Optionen offen hält. Ob er dann wirklich die eine zieht, die er sich öffnet oder nicht, ist eine ganz andere Frage. Aber im Zuge der Verhandlungen ist es wichtig, mehr Optionen zu haben, auch wenn man dann wieder einen traditionellen Weg geht.

*Jetzt neben der innerparteilichen Kritik, der sich Gusenbauer aussetzen mußte, hat er sich auch mit Leon Zelman und Ariel Muzicant zwei weitere Gegner geschaffen, die nicht zu unterschätzen sind. Immerhin ist die Israelitische Kultusgemeinde ziemlich einflußreich in Österreich. Kann er auch gegen die antreten, langfristig gesehen ,oder sollte er sich da nicht lieber irgendwie arrangieren?*

**Bachmayer:** Naja, ich würde jetzt nicht sagen, daß sich da eine wirkliche Front gebildet hat, kurzfristig vielleicht ja. Aber ich glaube, daß hinter den Kulissen hier sehr wohl viel moderater gesprochen wird und sich die Aufregung bald wieder legt. Aber Sie haben schon recht, das wären schon Fronten, wenn die sich wirklich dauerhaft auftun, die sehr ungünstig wären für Gusenbauer. Das ist gar keine Frage. Erstens sind das mögliche starke Gegner, zweitens steht doch ein gewisser Teil der SPÖ-Wählerschaft dahinter und drittens sind viele Hunde des Hasen Tod. Hier vorsichtig zu agieren und immer wieder zu versuchen, den Spagat zu schaffen, den breiten, den man hier geht – das ist das Gebot der Stunde – und daß natürlich jetzt die Kultusgemeinde und andere Organisationen, daß die bei diesem Thema natürlich sehr sauer oder offensiv reagieren, das ist ja nachvollziehbar. Hier sind ja Menschen zu Wort gekommen, die ja in ihren Familien, in ihrer Väter- und Müttergeneration ja Dinge erdulden mußten, wo man wirklich Verständnis haben muß, daß sie auch viele Jahre danach immer wieder sofort die Hand heben. Ich glaube, das ist eine völlig normale Reaktion, und wenn Gusenbauer nicht anhaltend in diese Richtung geht, was keineswegs anzunehmen ist, dann bleiben das kleine Zeichen des Unmutes, aber auch nicht mehr. Und wenn auch von Seiten Straches und von den Blauen, ich sage mal, die Aussagen und Zusagen gehalten werden, eine klare Linie gegen rechtsextrem zu ziehen, dann glaube ich, wird das Thema im Gegenüber mit diesen Gruppen sich langsam wieder abkühlen und normalisieren.

*Zurückkommend auf die Strache-Diskussion als solche: Sie erinnert ein bißchen an die Zeit der späten 80er Jahre, wo man mit ähnlichen Vorwürfen damals Jörg Haider kritisiert hat. Man hat ihm die Krumpendorfer Rede vorgehalten, dann die Aussage zur „Mißgeburt der Österreichischen Nation" etc.. Ist da eine Parallele zu sehen zwischen diesen beiden „Kampagnen"?*

**Bachmayer:** Naja, von der Grundrichtung schon, von der Aussagestärke oder Übertriebenheit der Ausdrücke fast nicht, muß ich sagen. Was Haider seinerzeit alles an Begrifflichkeiten verwendet hat, habe ich aus Straches Mund eigentlich noch nicht gehört. Das war schon über die Grenzen des Erträglichen hinausgehend. Bei Strache, wie gesagt, sind es nur Bilder, die so gedeutet werden und auch keine Beweise sind. Also ist da schon auf jeden Fall ein deutlicher Unterschied zu sehen, würde ich sagen.

*Als damals der Bundeskanzler Vranitzky Haider ganz bewußt und sehr massiv ausgegrenzt hat, war das Ergebnis, daß dieser bzw. seine Partei immer stärker wurde. Könnten jetzt weitere solche Angriffe auf Strache ähnliches für die FPÖ der Jetztzeit bewirken.*

**Bachmayer:** Vorderhand ist das nicht sichtbar, aber durchaus möglich und zu erwarten, wenn Strache wieder von seiner einmal eingeschlagenen und durch seine eigene Aussage dokumentierten Linie deutlich und wiederholt abweicht. Dann bin ich sicher, wird die SPÖ sich wieder in die gleiche Richtung bewegen. Solange sich aber Strache und damit auch die FPÖ mit ihren Aussagen innerhalb des berühmten Verfassungsbogens bewegen, glaube ich, wird sich an der nunmehrigen Haltung der Sozialdemokraten kaum etwas ändern.

# Rot-grün-schwarze Attacken auf Strache

## Aus den Parlamentsprotokollen

**VON FRIEDRICH-WILHELM MOEWE**

In der Sitzung des Nationalrats vom 30. Jänner 2007 kam es im Zuge des eigentlich verhandelten neuen Ministeriengesetzes zu einer heftigen Debatte rund um in der Öffentlichkeit erschienen Photos von Heinz-Christian Strache. Hier einzelne Wortmeldungen aus der Debatte:

**Abgeordneter Dr. Alexander Van der Bellen (Grüne):** Nun zum dritten Punkt: Ein Abgeordneter dieses Hauses behauptet schwerste Menschenrechtsverletzungen ihm gegenüber. Wenn schon fast die gesamte Bundesregierung hier versammelt ist und wir auch hier im Haus voll versammelt sind, dann, so meine ich, muß man das sehr ernst nehmen. Herr Abgeordneter Strache hat nämlich die Medienberichterstattung über ihn mit dem „Stürmer" verglichen. Er hat gesagt, sie erinnere ihn an den „Stürmer"-Stil. Meine Damen und Herren! Der „Stürmer" war eine deutsche Wochenzeitung von 1923 bis 1945, herausgegeben von Julius Streicher. Der „Stürmer" war ein antisemitisches Hetzblatt der Sonderklasse, wie wir alle wissen. Ich zitiere nur ganz kurz drei Leitartikel, einen vom September 1938, in dem Juden als „Bazillus" und „Pest" bezeichnet werden.

Ich zitiere wörtlich: Der Jude ist „ein Schmarotzer, ein Feind, ein Übeltäter, ein Krankheitsverbreiter, der im Interesse der Menschheit vernichtet werden muß". – Zitat Ende. Auch andere Artikel heben hervor, daß erst „nach Vernichtung des Weltjudentums" das „jüdische Problem" als gelöst zu betrachten sei.

(Abg. Mag. Stadler: Frau Präsidentin! Zur Sache! Was hat das mit dem Ministeriengesetz zu tun?) – Ich komme schon zur Sache. Ich habe versucht, Ihnen das zu erklären. Ein Angehöriger dieses Hauses behauptet schwerste Menschenrechtsverletzungen ihm gegenüber, und ich nehme das sehr, sehr ernst; den Vergleich mit dem „Stürmer" und österreichischen Medien und unserem Verhalten damit implizit. Zweites Zitat: „Ein Strafgericht muß

Bild: ZZ-Archiv

**Alexander Van der Bellen:** Den Ober-Grünen stören Stürmer-Vergleiche mit der FPÖ in keiner Weise.
Nach dem Tiroler Landeshauptmann Herwig Van Staa sei der Vater von Van der Bellen „unter nicht geklärten Umständen" von Estland nach Tirol gekommen. Der Grünen-Chef solle klarstellen, ob es Berührungspunkte zu früheren Systemen gebe.

über die Juden in Rußland kommen, ein Strafgericht, das ihnen das gleiche Schicksal bereitet, das jeder Mörder und Verbrecher erwarten muß: Todesstrafe und Hinrichtung. Die Juden in Rußland müssen getötet werden. Sie müssen mit Stumpf und Stiel ausgerottet werden." – Genügt das als Charakterisierung dieser Zeitung? In den Nürnberger Prozessen wurde Julius Streicher, der Herausgeber dieser Zeitung, angeklagt wegen Verbrechen gegen die Menschlichkeit, schuldig gesprochen, zum Tode verurteilt und 1946 hingerichtet.

Herr Strache ist jetzt leider nicht anwesend, aber ich frage ihn und ich frage Sie, meine Damen und Herren aus seinem Klub: Entweder meint Herr Strache das ernst oder er meint es nicht ernst. Wenn er diesen Vergleich ernst meint, dann erwarte ich mir geradezu einen Aufschrei, ein großes J'accuse gegen die Medien dieses Landes, einen Hilferuf par excellence. Und wir alle in diesem Haus müßten hinter ihm stehen, wenn er angegriffen wird im Stil des „Stürmers". Und ich glaube, keiner von uns wäre sich zu gut dafür. Das erwarte ich mir: nicht nur einen Hilferuf an die Justizministerin, an den Innenminister, an den Bundeskanzler, den Vizekanzler, sondern an uns alle! Und diese Hilfe würde er bekommen. Aber wenn er das nicht ernst meint, hier einen Vergleich en passant macht, so nebenbei sagt, die Medienberichterstattung in Österreich erinnert ihn an den Stil des „Stürmers" – was ist das dann? Was ist das dann? Ist Herr Strache der „kleine Jude", der „zur Ausrottung freigegeben" ist, der dem „Stürmer" machtlos gegenübersteht? Was ist das? – Ich betrachte das als die geschmackloseste, schäbigste Version eines Versuchs, sich selbst zum Opfer zu stilisieren! (Beifall bei den Grünen sowie bei Abgeordneten der SPÖ. – Abg. Dr. Graf: Wollen Sie ihn jetzt zum Tod verurteilen, oder was?) Ich erwarte von Herrn Strache, daß er sich in geeigneter Weise entschuldigt! Ich erwarte aber auch zum Beispiel von meinem Kollegen Cap, der ja nach mir sprechen wird, daß er sagt, ob auch das eine Jugendsünde, eine Jugendtorheit ist. – Das kam ja von Herrn Strache gestern so, Herr Kollege Cap!

Ich erwarte auch vom Bundeskanzler, daß er sich in geeigneter Weise zu diesem Fall äußert. Das ist nicht irgendein Vergleich, der hier gezogen wird, sondern: Das geht ins Mark des Selbstverständnisses der Demokratie, finde ich, und es war das kein Ausrutscher vor 20 Jahren. Das war gestern! Ich erwarte mir keine Beschwichtigung oder Verharmlosung so wie in den letzten Tagen. Jedenfalls wir, die Grünen und ich werden uns damit nicht zufrieden geben! – Danke schön. (Beifall bei den Grünen.)

**Abgeordneter Ing. Peter Westenthaler (BZÖ):** Herr Präsident! Herr Bundeskanzler! Geschätzte Bundesregierung! Meine sehr geehrten Damen und Herren! Ich möchte nur kurz auf das vorher

Gesagte eingehen, weil es heute in der Debatte um das Bundesministeriengesetz und um die Regierung so viele kritikwürdige Punkte gibt. Ich gehe nicht konform mit Van der Bellen und meine nicht, daß man eine so wichtige Debatte – da geht es auch um das Hohe Haus – jetzt mit anderen Themen überfrachten sollte. Diese Debatte ist zu führen und man soll sie führen, ich bin dafür, aber nicht beim jetzigen Tagesordnungspunkt. Trotzdem zwei Sätze dazu. Vor allem die gestrige Verteidigungslinie Ihres Klubobmannes Strache ist zu verurteilen. Da waren diese zwei Punkte drinnen, sowohl diese „Stürmer"-Geschichte, aber es war mindestens genauso völlig absurd und selbstverständlich Unsinn, untadelige andere Politiker ein bißchen als Schutzschild für die eigene Verteidigungsstrategie zu verwenden. Ich sage Ihnen etwas, Herr Kollege Graf und Herr Kollege Strache: Ich habe Herrn Staatssekretär Finz kennengelernt. Ihn jetzt in eine solche Reihe zu stellen, ihn hier anzupatzen und ihn in die Nähe einer fürchterlichen Ideologie zu rücken, das ist wirklich unfair, denn Herr Staatssekretär Finz ist ein untadeliger Mann, ein integrer Mann, der nichts verbrochen hat; und dem darf man das auch nicht vorwerfen, wie Sie es gestern getan haben. (Beifall bei BZÖ und ÖVP.) (...)

Es würde Ihnen kein Zacken aus der Krone fallen, wenn Sie hier herauskommen und sagen: Dieser „Stürmer"-Vergleich, auch die Aufzählung anderer und die In-die-Nähe-Rückung anderer zu irgendwelchen ideologischen Abgründen, das war nicht so gemeint. Das könnten Sie auch einmal in einem Redebeitrag sagen. Dann wäre alles vom Tisch. Wir werden uns mit dieser Angelegenheit sicherlich noch weiter beschäftigen. (Abg. Strache: Mit Gewalt haben nur Sie zu tun!)

Aber, was mindestens genauso interessant ist, Herr Kollege Cap und Herr SPÖ-Vorsitzender Gusenbauer, das sind Ihre Stellungnahmen dazu. Und es kommt ja nicht von ungefähr, daß heute eine ganze Reihe von Abgeordneten Ihrer Fraktion offenbar unter Führung des gestern auch in der „ZiB 2“ aufgetretenen Herrn Einem gar nicht da ist. Das hat wahrscheinlich auch einen Grund, der damit zusammenhängt. Ich will Ihnen und auch dem Herrn Kollegen Gusenbauer nichts unterstellen. Aber, Herr Kollege Cap, wenn bei Ihnen und bei der ganzen Bewertung dieser Geschichte, die Sie in den letzten Tagen vorgenommen haben, tatsächlich auch der Spruch gilt: Der Standort bestimmt den Standpunkt!, und Sie zwar körperlich noch in diesem Sektor sitzen (nach links weisend), aber geistig vielleicht schon dort Platz genommen haben (nach rechts weisend), dann müssen Sie das schon noch genauer erklären und vor allem Ihren eigenen Parteifreunden erklären, die offensichtlich einen höheren Anspruch stellen, was die Abgrenzung zum Nationalsozialismus und Rechtsextremismus und auch zur Gewalt angeht. Das ist ja alles nicht von Pappe, was auf diesen Fotos zu sehen ist. Und da ist mir, offen gesagt, Ihre Äußerung und auch die des Herrn Vorsitzenden Gusenbauer, wie vielen Menschen in diesem Land, einfach zu wenig. Das war zu wenig, ist zu wenig, und das bedarf einer Richtigstellung! (…)

**Bundeskanzler Dr. Alfred Gusenbauer (SPÖ):** Herr Präsident! Mitglieder der Bundesregierung! Meine sehr verehrten Damen und Herren! Die Debatte über das Bundesministeriengesetz ist bisher sehr interessant verlaufen und gibt Gelegenheit, ein paar Dinge zu erläutern, die vielleicht für die Beratungen des Hohen Hauses von Bedeutung sind. (…)

Herr Klubobmann Van der Bellen hat Aussagen von Herrn Klubobmann Strache der letzten Tage und auch von gestern einer Bewertung unterzogen, und ich finde, es ist wichtig, daß über solche grundsätzliche Fragen gesprochen wird, vor allem, wenn man weiß, daß offensichtlich in Österreich trotz aller Bemühungen der Umgang mit der nationalsozialistischen Vergangenheit für manche etwas schwierig ist. Ich glaube, es ist wichtig, daß sich Österreich nicht nur bekennt zu dem, was geschehen ist, zur

Bild: MJH

**Alfred Gusenbauer:** Der Bundeskanzler kennt kein österreichisches Medium, das „Stürmer"-Qualitäten hat

Verantwortung bekennt, zur Mitverantwortung, sondern daß sich Österreich auch dazu verpflichtet, daraus die notwendigen Konsequenzen zu ziehen. Und daher sollte es in diesem Hohen Haus niemanden geben, der nur irgendein Verständnis für die Greueltaten des Nationalsozialismus hat, und wir alle sollten einen Beitrag dazu leisten, daß es nie mehr ein Zurück zu solchen Zeiten und zu solchen Erscheinungen gibt. (...)

Herr Klubobmann Strache, selbst wenn Sie den Kreis der Medien in Österreich auf ein Medium, das mir nicht bekannt ist oder das Sie nicht genannt haben, eingeschränkt haben, möchte ich Ihnen eines ganz klar sagen: In Österreich gibt es Presse- und Medienfreiheit, aber es gibt eine ganz fundamentale Einschränkung dieser Presse- und Medienfreiheit, nämlich das Verbotsgesetz und das Gesetz wegen nationalsozialistischer Wiederbetätigung. Und würde es in Österreich eine Zeitung geben, die à la „Stürmer" agiert, dann wäre es die Aufgabe der Bundesministerin für Justiz, diese Zeitung zu verbieten. Ich kenne in Österreich von den gängigen Medien keine einzige Zeitung, die unter das Verbotsgesetz fallen würde, keine einzige Zeitung, der man vorwerfen könnte, daß sie „Stürmer"-Qualitäten hat, und daher ersuche ich Sie, im Sinne der Demokratie und der Meinungsfreiheit solche Vergleiche in Zukunft zu unterlassen! Sie sind nicht gerechtfertigt und absolut nicht nützlich für die politische Diskussion! (Beifall bei der SPÖ und bei Abgeordneten der ÖVP sowie des Abg. Dr. Van der Bellen.)

**Abgeordneter Karl Öllinger (Grüne):** Herr Präsident! Meine sehr geehrten Damen und Herren auf der Regierungsbank und hier im Haus! (..) Herr Strache ist jetzt leider nicht hier. – Ich finde es faszinierend, und ich habe mir immer wieder an den Kopf greifen müssen: Herr Strache, wie er da herinnen redet, wie er auch im Fernsehen redet, hat eine bestimmte Gesprächskultur, die beispielsweise Herr Westenthaler in öffentlichen Auftritten manchmal vermissen läßt. Ich habe mich irgendwie beim Ohrläppchen, beim Kopf angreifen müssen: Ist das der Herr Strache, der auch am Viktor Adler-Markt die Grauslichkeiten gesagt hat? Das ist doch ein und derselbe! Und dann kommt diese Sache, diese Sache, über die Sie nicht so gerne sprechen wollen. (Abg. Lutz Weinzinger: Sind wir schon wieder beim Thema!) Ja selbstverständlich, wir reden darüber, Herr Kollege Weinzinger, auch weil gerade Sie das gerne vermeiden wollen. Wir haben Herrn Strache durchaus auch die Chance geben wollen, daß er tatsächlich Worte findet. Was ist gekommen? Nach mehreren Tagen: Die anderen tun's auch. Es war ja ganz anders gemeint. Ich war jung und dumm. (Abg. Dr. Graf: Sie wollen es einfach nicht hören! – Abg. Strache: Und Sie wollen die Wahrheit nicht hören!)

Das waren Ihre Versuche, zu reagieren, Herr Strache! Das reicht nicht aus! Verharmlosen und entlasten durch Angriff; verharmlosen, indem Sie österreichische Medien mit den schlimmsten NS-Publikationen gleichsetzen, das ist eine Verharmlosung des Nationalsozialismus, Herr Strache! Das reicht nicht aus, Herr Strache! (Abg. Strache: Sie verdrehen alles!) Nein, es geht nicht ums Verdrehen, Herr Strache! Was wir von Ihnen einfordern, sind deutliche Erklärungen, und wir fordern sie nicht nur von Ihnen ein – von Ihnen erhalten wir sie ja nicht. Sie machen sich ja lustig. Sie sagen, die drei Finger, die Sie hergezeigt haben, das war für drei Bier. Ja, wen in Österreich wollen Sie denn damit an der Nase herumführen? Das ist das typische Schenkelklopfer-Argument, das man in Ihren Kreisen offensichtlich pflegt und sagt: Haha, jetzt haben wir es ihnen gezeigt! Das reicht nicht aus, Herr Strache!

Jetzt möchten wir nicht mehr von Ihnen eine Erklärung haben, denn die Erklärung, die Sie hätten geben müssen, wäre nicht nur eine allgemeine Distanzierung vom Nationalsozialismus gewesen – die macht jeder Rechtsradikale und jeder Neonazi in Österreich sowieso; das macht er mit drei oder mit fünf Fingern; das reicht nicht aus –, sondern was wir von Ihnen eingefordert hätten, Herr Strache, wäre, daß Sie sich einbringen in einer anderen Gesprächskultur, so wie Sie sie manchmal haben; daß Sie Ihre Ausgrenzungsversuche gegenüber bestimmten Minderheiten in Österreich fallen lassen; daß Sie Ihre Sprache, die oftmals sehr gewalttätig ist, wenn es darum geht, Leute heimzuschicken – „Daham statt Islam" – mäßigen, denn das sind die Vorboten eines Ungeistes, den wir in Österreich nicht mehr haben wollen, Herr Strache.

Und dazu hätten wir auch gerne eine klare Erklärung nicht nur vom Herrn Schüssel gehabt, sondern auch von Bundeskanzler Gusenbauer. Das wäre notwendig gewesen, meine sehr geehrten Damen und Herren. (Beifall bei den Grünen.)

**Abgeordneter Mag. Dr. Manfred Haimbuchner (FPÖ):** Ich habe gedacht, ich bin heute in der falschen Sendung, in der Sendung „Wünsch dir was": Jeder redet über alles Mögliche, jeder darf über alles reden, denn keiner hält sich an irgendwelche Vorgaben. Ja,

Parlamentarier halten sich nicht einmal an jene Vorgaben, die sie sich selbst gegeben haben. Nicht einmal das ist der Fall!

Lieber Herr Kollege Öllinger, eines sage ich Ihnen schon: Wer im Glashaus sitzt, der soll nicht mit Steinen werfen! Ich vermisse einmal die eindeutigen Abgrenzungen der Grünen von gewaltbereiten Opernballdemonstranten. Wo haben Sie da klare Worte gefunden? Und dann schauen wir uns einmal Ihren Kollegen an, Ihren ehemaligen Kollegen, Herrn Joschka Fischer! Den schauen wir uns einmal an! Joschka Fischer hat gesagt: Ich war militant. Er hat einen Exekutivbeamten geschlagen. – Ja, was hat denn Herr Strache gemacht? Herr Strache hat sich von allem Möglichen distanziert! Ja, was wollen Sie denn noch? Was wollen Sie? Soll er zu Ihnen kommen in die Kommandantur und soll er dort alles Mögliche unterschreiben oder was weiß ich? Was wollen Sie

Bild: FPÖ/Lizar

**Mißbrauch des Versammlungsrechts:** Fehlende Distanzierung der Grünen von linksextremer Gewalt bei Demonstrationen

bitte schön? Da kann man doch nur sagen: Bitte, kehren Sie vor der eigenen Haustüre! (Beifall bei der FPÖ.) (...)

**Abgeordneter Mag. Dr. Martin Graf (FPÖ):** (...) Am Ende meiner Rede möchte ich mich noch mit den Ausführungen des Kollegen Van der Bellen beschäftigen, der uns hier heute wortreich erklärt hat, wie entsetzt er über den Vergleich mit dem „Stürmer" sei. Van der Bellen hat auch aus dem „Stürmer" zitiert – mir vollkommen neu, denn ich habe diese Zeitung, auch wenn sie historisch ist, noch nie gelesen –, und ich muß Ihnen ganz ehrlich sagen: Ich bin ob dieser Diktion tatsächlich geschockt. Herr Kollege Van der Bellen hat mit seiner diesbezüglichen Einmahnung durchaus Recht.

Was mich allerdings an Ihrer Vorgehensweise – und Sie sind ein alter Hase im Parlamentarismus und im Parlament – verwundert, ist, daß Sie immer nur, wenn von Freiheitlichen Erklärungen abgegeben werden, wo vielleicht das eine oder andere Mal übers Ziel geschossen wird, plötzlich mit zweierlei Maß zu messen beginnen. (...) Im Jahre 1999 etwa äußert „NEWS" selbst – „NEWS", eine Zeitschrift, die ganz gut für die Grünen oder für das linke Spektrum in diesem Hohen Haus schreibt –, daß die FPÖ – der Pressedienst der FPÖ – in der Manier, Diktion und Sprache des „Stürmer" schreibe. (Abg. Dr. Van der Bellen: Genauso inakzeptabel!) Wo ist Ihr Aufschrei geblieben, Herr Professor? Messen Sie mit zweierlei Maß? (Beifall und Bravorufe bei der FPÖ.) (...)

Der damalige Wiener VP-Chef Bernhard Görg hat am 31. März 1999 über die Freiheitliche Partei im „NEWS"-Interview mit „scharfen Worten" gesagt, er lehne eine Zusammenarbeit mit der FPÖ ab – ein Jahr vor der Regierungsbeteiligung. Görg: Eine völlig irreale Option. Die FPÖ ist eine bürgerliche Partei. Die Freiheitlichen treten auf wie zu „Stürmers" Zeiten, radikal und rüde. – Zitatende.

Herr Professor Van der Bellen, wo ist Ihre Maßregelung in

**FPÖ-Obmann Strache:** Wies in der Parlamentsdebatte auf die Kontakte grüner Politiker zur linksextremistischen Szene hin

Richtung ÖVP, in Richtung Görg an dem Tag geblieben? Wo ist Ihr Aufbrausen gewesen, wo waren da Ihre Zitate aus dem „Stürmer"? – Sie lesen ihn ja offensichtlich, sind Sachkenner, zitieren dann und sagen, das kann man doch wohl nicht gleichsetzen. Ich gebe Ihnen ja vollkommen Recht, aber Sie dürfen das Ganze nicht nur immer in eine Richtung sehen. Wir halten fest: Das „NEWS", Peter Westenthaler, Bernhard Görg haben sich bis heute noch nicht von diesen „Stürmer"-Vorwürfen distanziert. Und der Kollege Neugebauer war es, der gesagt hat, ihm fehlt es an der Schnelligkeit. – Sie sind langsam wie eine Schnecke! Ebenso die Österreichische Volkspartei. Herr Kollege Neugebauer! Sie haben sich noch nicht von diesen wirklich ganz miesen, untergriffigen Vorwürfen des damaligen Wiener ÖVP-Obmanns distanziert. (Abg. Mag. Stadler: Jetzt darf er den Görg kritisieren! Jetzt ist er abgewählt!) Aber es geht noch weiter so. Er ist halt

Gewerkschafter, der viel runterschlucken muß, aber er sieht die Geschwindigkeit immer nur bei den anderen, aber nie bei sich selber.

Das ist das Problem. Aber der Andreas Wabl war auch nicht besser. Ein alter Bekannter, der hier im Parlament gesessen ist. Er sagt, die Aggressivität der FPÖ im Parlament werde immer widerlicher, in einer Sprache, die als „Stürmer"-Stil zu bezeichnen sei.

Ich weiß nicht, was der „Stürmer"-Stil ist, ich weiß nur, es ist ein grausliches Blatt gewesen, und Gott sei Dank gibt es das nicht mehr. Ich habe es auch noch nie gelesen, aber der Wabl weiß es. Er weiß, was diese Zeitung damals offensichtlich propagiert hat, er verwendet es ganz einfach und wirft anderen Leuten vor, im „Stürmer"-Stil zu agieren.

Sie selber haben gesagt, „Stürmer" steht für Tod, Vernichtung, Ausrottung. – Sie können doch nicht im Ernst einer demokratisch gesinnten Partei hier im Hohen Haus vorwerfen, daß wir für dieses Gedankengut stehen. (Abg. Dr. Van der Bellen: Dann darf er den Vergleich nicht verwenden – ganz einfach!) Der Herr Bundeskanzler selbst hat gesagt, wenn in Österreich so etwas vorgeworfen wird, dann muß man agieren. Sie agieren immer nur dann, wenn es Ihnen paßt. Der Standort bestimmt Ihren Standpunkt, und das ist nicht grundsätzlich. – Das ist Ihr Problem. (Beifall bei der FPÖ) (...)

Ich wünsche mir dann aber, daß Sie Ihren Kollegen Wabl genauso in die Ziehung nehmen, der dies nämlich von anderen Leuten und anderen Medien behauptet. Ich wünsche mir, daß Sie den Kollegen Görg von der ÖVP in die Ziehung nehmen und daß Sie den Kollegen Amon in die Ziehung nehmen. Ich wünsche mir von Neugebauer, daß er dem Amon sagt, er soll sich ein bißchen schneller bewegen, nicht länger als eine Schrecksekunde brauchen und Ähnliches. (Beifall bei der FPÖ. – Abg. Neugebauer: Das kannst du ihm selber sagen!) Wenn ein Kollege aus Ihrer

Fraktion – nämlich der Herr Kollege Öllinger – vom Rednerpult aus einer ganzen politischen Partei, die mir wirklich nicht mehr nahe steht, zum Thema Integration Vorwürfe macht beziehungsweise sie auffordert (Rufe bei der ÖVP: Redezeit!) – freiwillige Redezeitbeschränkung, lernt Geschäftsordnung! –, sie solle herauskommen, um ihre Deportationspläne offenzulegen, dann unterstellen Sie, Herr Kollege Öllinger, daß Deportationspläne existieren, und Pläne sind dazu da, um umgesetzt zu werden. Da sage ich Ihnen noch etwas: Sie wissen, was bei Deportationen passiert ist: Leid, Tod, Vernichtung von Menschen. Wenn Sie solche Worte in der politischen Auseinandersetzung gebrauchen, dann bitte ich Sie: Entschuldigen Sie sich, wenn Sie überführt wurden. – Danke. (Beifall und Bravorufe bei der FPÖ.)

**Abgeordneter Heinz-Christian Strache (FPÖ):** (…) Meine sehr geehrten Damen und Herren, ich habe in meinem gesamten politischen Handeln und Tun als Mandatar immer sehr klar und deutlich einen Trennstrich gezogen beziehungsweise eine klare Ablehnung, eine klare Distanzierung zur nationalsozialistischen Ideologie gelebt. Ich brauche mir daher heute hier nicht zum Vorwurf machen lassen, daß ich eine Erklärung abgegeben habe, denn diese Erklärung ist eine konsequente Fortsetzung dessen, was ich immer schon in meinem politischen Handeln und Tun erklärt habe: nämlich eine klare Distanzierung von der nationalsozialistischen Ideologie, von den Verbrechen, die damals im Nationalsozialismus begangen worden sind. Das ist eine Selbstverständlichkeit für jeden aufrechten Demokraten in unserem Land. (Beifall bei der FPÖ.)

Meine sehr geehrten Damen und Herren, selbstverständlich ist es unsere Aufgabe und Verpflichtung, hinter unserem Rechtsstaat zu stehen, hinter unserer Verfassung zu stehen und genau diese auch zu vertreten. Genau das ist es, was mich als Politiker leitet, als einen freiheitlich gesinnten Menschen, der gerade diese Gesinnung auch im Programm der Freiheitlichen Partei lebt und auch festgemacht hat. Ich lehne alle Formen der Gewalt und des politischen Hasses, alle Totalitarismen ab. Auch Rassismus lehne ich heftigst ab, auch wenn uns das immer wieder in einer unverschämten Art und Weise unterstellt wird. Das ist bei uns nicht vorhanden! Das gibt es bei uns nicht! Wir differenzieren hier ganz genau und ganz korrekt, wie es auch letztlich in der Politik differenziert zu werden hat.

Aber Sie kommen dann her und machen politisches Kleingeld. (Zwischenruf des Abg. Öllinger.) – Ja, wenn es um Gewalt geht, Herr Öllinger. Wir waren nicht bei Demonstrationen, wo es zu gewalttätigen Ausschreitungen gekommen ist. Sie waren, glaube ich, nicht als Jugendlicher bei solchen Veranstaltungen, nein, Sie waren dort als Erwachsener und Abgeordneter, soweit ich es in Erinnerung habe. Da gibt es ja auch schöne Bilder von Ihnen. (Abg. Öllinger: Welche?) Es gibt schöne Bilder von Ihnen, die sind schon mehrfach medial gezeigt und kolportiert worden. (Zwischenrufe bei den Grünen.) Es gibt ja einige Grüne im Nationalrat, Abgeordnete, die bei diversen Veranstaltungen, bei Demonstrationen waren, wo leider Gottes auch Molotow-Cocktails geworfen wurden. Das ist so! Peter Pilz und viele andere Kollegen; ein ehemaliges Mitglied der „Gruppe Revolutionärer Marxisten“. Ich glaube, bis heute ist er da nicht ausgetreten. Da gibt es ja vieles. (Abg. Dr. Van der Bellen: Wiederholen Sie das ohne Immunität!)

Wenn Herr Klubobmann Van der Bellen heute herauskommt und in einer ungebührlichen Art und Weise „Stürmer“-Zitate zum Besten gibt, so kann ich ihn nicht verstehen. Ich habe noch nie in meinem Leben diese Zeitung gelesen. Ich kenne diese Zitate nicht. (Abg. Dr. Van der Bellen: Sie haben den Vergleich gebracht!) Ich verabscheue diese Zitate. Ich sage Ihnen klar und deutlich: So, wie Sie das dargestellt haben, habe ich das nicht gemeint und auch nicht zum Ausdruck gebracht! Wenn Sie mit Ihrer Diktion das in diese Richtung treiben, dann nehme ich diesen

Begriff gerne zurück, denn so habe ich ihn nicht gemeint. Ich habe gemeint, daß man mit miesesten Diffamierungen, Unterstellungen, Unwahrheiten und auch mit Manipulation, indem man Bilder gegenübergestellt hat, die mit mir nichts zu tun haben, ganz gemeinen Journalismus betrieben hat, der weit weg von jeder Ethik, weit weg von jeder Moral betrieben wurde, um ein Bild zu erzeugen, das man einfach so nicht zulassen kann. Das habe ich gemeint! (Beifall bei der FPÖ.)

Gerade dann, wenn es um Verhetzung und Menschenhatz geht und wenn es darum geht, daß manipuliert und mit Unwahrheiten gearbeitet wird, muß man das auch heftigst zurückweisen, dann muß man das auch dementsprechend aufzeigen. Wenn man Situationen erlebt, wie sie meiner Familie in den letzten Tagen passiert sind: Stalking, hunderte Anrufe, wo Journalisten meiner gesamten Familie – ich sage das bewußt hier – mit Stalking begegnet sind und Leute aus meinem familiären Umfeld kontaktiert wurden, auch meine Ex-Frau, und man ihr sagte: Sagen Sie doch irgendetwas Negatives, was wir verwenden können, wir sind auch bereit, etwas dafür zu zahlen!, so ist das das Schäbigste, was ich jemals erlebt habe. Das ist zu verurteilen! (Beifall bei der FPÖ sowie der Abgeordneten Dr. Schüssel und Dr. Stummvoll.)

Wenn – heute wird in manchen Bereichen solch ein Journalismus gelebt – Fotos von mir der Öffentlichkeit bekannt gemacht und dann in einen Zusammenhang gestellt werden mit etwas, womit diese Fotos nichts zu tun haben, so ist das unredlich, so ist das kein objektiver Journalismus. Wenn Berichterstattung stattfindet, daß Strache-Spur zur Honsik-Gruppe führt und ich mit der Honsik-Gruppe etwas zu tun gehabt hätte, was unwahr ist, wenn das in eine Richtung geht, daß ein Nazi-Denkmal angesprochen wird, das keines ist, sondern ein Weltkriegsdenkmal im Zusammenhang mit dem Ersten Weltkrieg und nicht mehr und nicht weniger, wenn angesprochen wird ein Nazi-Gruß, der keiner ist, dann ist das unredlich und dann muß man das auch dementsprechend heftig zurückweisen. So ein Journalismus hat in unserem Land nichts verloren! Das hat mit Objektivität nichts zu tun, sondern nur mit ganz mieser Methodik, mit ganz mieser infamer Unterstellung, die offenbar ganz bewußt betrieben wurde. (Beifall bei der FPÖ.)

Es gibt auch im Journalismus Ethik-Regeln, an die man sich zu halten hat. Bei aller politischen Auseinandersetzung, die wir alle leben und wo wir auch Auseinandersetzungen miteinander vornehmen, manchmal auch in einer nicht so eleganten Art und vielleicht manchmal auch in einer ein bißchen untergriffiger, polemischer Art, hat es gewisse Grenzen zu geben, und die sollte man nicht überschreiten. Und das ist eben genau die Machart, die hier betrieben wurde, indem man Tatsachenverdrehungen und propagandistische Aufmachungen vorgenommen hat, wo man letztlich ethik- und seriositätsfern war und wo man Tatsachenberichterstattung völlig über Bord geworfen hat.

Wenn ich heute in einer Tageszeitung lese, mein „Nazi-Deckname" sei „Heinrich" gewesen, dann kann ich nur als Mensch betroffen sein, wenn ich mit solchen Unsinnigkeiten konfrontiert werde, weil ich nichts mit einem Decknamen zu tun habe, sondern weil das bei meiner Verbindung mein Couleurname ist. Wahrscheinlich haben viele im CV, weil das eben Tradition ist, irgendeinen Couleurnamen, welchen auch immer sie sich geben. – Mit solchen Unsinnigkeiten konfrontiert zu werden, tut weh und ist schmerzvoll. Und wenn man sich da als Mensch nicht betroffen fühlt, ja dann ist man auch kein Mensch, dann ist man eiskalt wie ein Eisschrank. Aber da muß man sich zur Wehr setzen!

Meine sehr geehrten Damen und Herren! Ich habe dieses Bild nicht deshalb gezeigt, um die Frau Bundeskanzler unseres Nachbarlandes in ein rechtsextremistisches Eck zu stellen (der Redner zeigt die Titelseite einer Zeitung, auf welcher ein Konterfei der deutschen Bundeskanzlerin zu sehen ist mit drei abgespreizten Fingern der erhobenen rechten Hand, über welchem die Überschrift steht: „Was will (kann) Angela Merkel?"), nein, sondern deswegen, um eine Unsinnigkeit aufzuzeigen – eine Unsinnigkeit, daß eine Frau Merkel mit Sicherheit – hier abgebildet mit drei abgespreizten Fingern – nichts mit Rechtsextremismus oder Neonazismus zu tun hat. Da kann man jetzt viele Bilder bemühen, ob das alte Jesus-Bilder sind, Bilder von Martin Luther-Predigten, welche auch immer, wo drei Finger eine Rolle spielen, die nichts mit dem Neonazismus zu tun haben. Aus jeder Bewegung heraus, in einer Ansprache kann man kompromittierende Fotos letztlich machen, die man dann in einem falschen Zusammenhang manipuliert und anders darstellt. (Abg. Öllinger: Aber drei Bier waren es nicht!) Das wollte ich aufzeigen!

Ich habe auch Herrn Staatssekretär außer Dienst Finz nicht unterstellt, daß er ein Gedankengut hat, das in diese Richtung weisen würde. Ich habe damit letztlich auch zum Ausdruck gebracht, welcher Wahnsinn da journalistisch betrieben wurde: nämlich einen Markt für Neurotiker, einen Markt für Verleumdungen wachzurufen, wo Neurotiker auf den Plan gerufen werden, die dann Bilder zum Besten geben, Bilder schicken, Bilder anbieten, Bilder kursieren lassen, wo solche Manipulationen passieren können. – Genau darum geht es! Da sollten wir alle vorsichtig sein und aufpassen, daß so ein Markt der Verleumdungen und ein Markt für Neurotiker mit solchen Manipulationsmöglichkeiten nicht entsteht. (Beifall bei der FPÖ.) Ich habe bewußt angesprochen, daß ich sehr wohl in Erinnerung habe, daß ein Gottfried Küssel JVP-Mitglied war – wenn auch nicht aktives Mitglied. (Ruf bei der ÖVP: Kehren Sie vor der eigenen Tür!) Sie haben dieses Problem gelöst. Das ist entscheidend! Genauso wäre es jetzt unredlich, herzugehen und zu sagen: Nein, das hat eine Methode, da ist ein Netzwerk dahinter! – Das ist Unsinn. Und genau das gilt es aufzuzeigen. (Ruf bei der ÖVP: … Glaubwürdigkeit!) „Glaubwürdigkeit“ – das ist ja genau die Doppelbödigkeit!

Wenn heute im ÖVP-Klub nach wie vor ein Bild von Dollfuß hängt, von einem Faschisten, von einem, der den Austro-Faschismus in diesem Land gelebt hat, dann ist das die Doppelbödigkeit, wo Sie endlich einen Trennstrich ziehen sollten! (Beifall bei der FPÖ.) Bei einem Mann wie Dollfuß, der alle staatlichen Institutionen außer Kraft gesetzt hat, der die Arbeiterbewegung verboten hat, der Schießbefehle erteilt hat, ist gerade in diesem Bereich ein Trennstrich zu ziehen – so wie es selbstverständlich in Richtung aller Totalitarismen und in Richtung Faschismus und Nationalsozialismus zu geschehen hat. – Das ist das, was wir als Demokraten erwarten! Und diesen Trennstrich haben Sie noch nicht gezogen, sonst würde dieses Bild nicht in Ihrem Klub hängen, meine sehr geehrten Damen und Herren von der ÖVP. (Abg. Neugebauer: Er war Opfer des Nationalsozialismus!) Das muß ich an Doppelbödigkeit selbstverständlich festhalten. Und daß Sie das verteidigen, zeigt gerade diese Doppelbödigkeit. Das ist nicht zu verteidigen. Und genau darum geht es!

Wenn ein Herr Westenthaler gemeint hat, daß ihn diese Bilder an Gewalt erinnern, dann muß ich sagen: Der Einzige, der jemals irgendwie im Zusammenhang mit Gewalt aufgedeckt worden ist, war der Herr Westenthaler im Wahlkampf am Wahlabend (Beifall bei der FPÖ – Zwischenruf des Abg. Scheibner), wo er offenbar mit irgendwelchen aufrufenden Worten dazu beigetragen hat, daß jemand tätlich geworden ist, nämlich gewalttätig geworden ist, worauf es ja dann auch zur Anzeige kam. (Neuerlicher Beifall bei der FPÖ.)

Mit Gewalttätigkeit habe ich nie etwas zu tun gehabt! Das sage ich in aller Deutlichkeit: Ich habe in meinem ganzen Leben nie etwas mit Gewalttätigkeit, Verbrechen und Ähnlichem zu tun gehabt! Das muß einfach festgehalten werden. Wenn man heute solche Vergleiche hört, wie Sie sie, Herr Klubobmann Van der Bellen, heute hier angestellt haben, dann muß man schon auch die Ikone Ihrer Grün-Bewegung, Joschka Fischer in Erinnerung rufen. Es schreibt Christian Schmidt in seinem Buch „Wir sind die Wahnsinnigen – Joschka Fischer und seine Frankfurter Gang" seine Erinnerungen nieder, wo nachzulesen ist, daß Aggressivität und Brutalität vorgeherrscht haben.

Weiters heißt es da – ich zitiere –:„Eine Zeit lang gehörte auch Hans Joachim Klein, der später als RAF-Terrorist und Komplize des Terroristen Carlos traurige Berühmtheit erlangen sollte, zu diesen Straßenkämpfern. Über die Kampfeinsätze der ‚Putzgruppe' berichtete Klein im Jahre 1978 stolz in dem Magazin ‚Der Spiegel': ‚Da haben wir hingehauen wie die Kesselflicker.'" Es gibt eine weitere Passage, die Folgendes beschreibt – ich zitiere –: „Dann brannte plötzlich ein Polizeiwagen. Einem der beiden Insassen, dem 23jährigen Polizeiobermeister Jürgen Weber, gelang es nicht sofort, sich aus dem Auto zu befreien. Schließlich

Bild: FPÖ/Lizar

**Jedes Mittel recht:** Beim Kampf gegen den angeblichen Faschismus schreckt die extreme Linke auch nicht vor Gewalt zurück

zerrten ihn einige Kollegen vom Fahrersitz und wälzten ihn – so die Lokalpresse – ‚wie eine lebende Fackel' auf der Straße hin und her, um die Flammen zu ersticken. Am nächsten Tag stellte sich heraus, daß die Haut des jungen Polizisten zu 60 % verbrannt war. Der Polizist überlebte nur knapp und wurde für sein weiteres Leben zu einem Schwerversehrten."

Dabei war „ein Mann mit Bart und Brille, aber ohne Beruf: ‚der 28jährige Josef Martin Fischer.'" – Dieser war, wie Christian Schmidt schreibt, damals auch ein Mitglied dieser „Putzgruppen"-Kämpfer. Also kein ... (Abg. Dr. Brinek: Das reicht!) – Daß Ihnen das reicht, das verstehe ich. Aber das reicht wirklich! Das ist genau der Punkt, wo man festhalten muß, daß es in den Reihen der Grünen Gewalttäter gibt, die nicht in irgendeiner jugendlichen, spielerischen Art irgendetwas gemacht haben, sondern als 28-jährige bewußt mit Gewalt zu tun gehabt haben, auch den politischen Mord nicht abgelehnt haben, das auch nie bereut haben. (Abg. Dr. Van der Bellen: Was? Sind Sie noch ganz ...?)

All das steht in diesem Buch, ist hier dokumentiert. All das wird hier festgehalten. Das wurde nie bereut, und man hat sich nie für diese Entwicklungen entschuldigt. Und das ist das Bedenkliche! Ich sage in aller Deutlichkeit: Ich habe einen ganz klaren Trennstrich zu jedweder totalitärer Gedankenrichtung gezogen. (Beifall bei der FPÖ.) Ich habe das – das ist dokumentierbar – seit meiner Zeit als Mandatar in allen diesen Fragen als leidenschaftlicher Demokrat gelebt. Und ich habe das in allen meinen Taten, Handlungen, Worten auch dementsprechend festgehalten. Und genau das ist letztlich der Maßstab, objektiv und korrekt beurteilt zu werden – und nicht mit solchen miesen Untergriffen, Diffamierungen konfrontiert zu werden!

Ich sage in aller Deutlichkeit: Jeder – jeder! – der hier anwesenden Abgeordneten hat da eine Verantwortung – nämlich eine Verantwortung, nicht im Sinne des Schlagens von politischem Kleingeld solche tiefen Ebenen zu beschreiten und in dieser Art und Weise Agitation zu betreiben. Und genau das mahne ich ein! Ich könnte noch viel erzählen. Ich könnte noch viele andere Dinge erzählen. Nein, es ist müßig, ich werde das nicht tun. Aber: Fairneß, eine faire, korrekte Beurteilung – und genau das ist die gemeinsame Klammer, die uns alle verbindet –, die Ablehnung einer nationalsozialistischen Ideologie und deren Verbrechen. (...)

Ich verstehe schon, daß Sie aufgeregt sind, Herr Kollege Öllinger, wenn Sie merken, daß die Freiheitliche Partei in allen Umfragewerten wieder steigt und offenbar die Grünen in den letzten Wochen in den Umfragewerten gesunken sind. Dann beginnt man natürlich, ein bißchen nervös zu werden. Das ist schon verständlich. Aber ich sage Ihnen: Dann sollten Sie vielleicht einmal über Ihre Politik nachdenken, diese etwas hinterfragen, wenn Sie in den Umfragewerten nicht weiter steigen, sondern einen Rückschlag erleiden. Es wird ja einen Grund geben, warum die Bürger das so bewerten. (Abg. Öllinger: Danke für den Ratschlag!) Ich sage Ihnen zum Schluß in aller Deutlichkeit: Wir werden unseren Weg politisch, der in der Freiheitlichen Partei sehr deutlich programmatisch festgelegt ist, konsequent fortsetzen. Dieser Weg ist ein Weg, dem bei der letzten Wahl 11 Prozent der Österreicher eine große Unterstützung gegeben haben. Und wir werden bei den kommenden Wahlauseinandersetzungen die Österreicher beurteilen lassen, wie sie unseren Weg bewerten und wie sie Ihren Weg bewerten.

Und das ist das Schöne an der Demokratie, daß es politisch inhaltliche Auseinandersetzungen gibt, die der Wähler zu bewerten hat und nicht Sie, meine sehr geehrten Damen und Herren von den Grünen. (Beifall bei der FPÖ.)

# Blaue Abgrenzungen

## Berührungen mit dem „rechten Narrensaum“ waren bei der FPÖ immer schon eine problematische Angelegenheit

**VON FRIEDRICH-WILHELM MOEWE**

Vorweg einmal die Feststellung, daß nie etwas nur schwarz oder weiß zu sehen ist – auch nicht bei diesem heiklen Thema, welches die Problematik der 90er Jahre der Ausgrenzung oder die Abgrenzungsversuche der FPÖ unter Jörg Haider gegenüber dem rechten oder allzu rechten Spektrum umfaßt.

Diese Abgrenzungsversuche galten aber nicht nur allzu radikalen Kräften, die man in der Öffentlichkeit gemeinhin als „Neonazis“ bezeichnet, sondern auch durchwegs seriösen, ernstzunehmenden Kernbereichen der FPÖ. Kernbereiche, die nicht nur historisch, sondern bis heute so etwas wie die Basis und das Fundament der FPÖ ausmachen. Warum also riskierte man die Ab- und Ausgrenzung dieses so wichtigen Grundelements der FPÖ? Warum wollte Jörg Haider partout möglichst keine „rechten Recken“ und „Ewiggestrige“ in seiner Partei haben? Der Grund ist klar: Man wollte im Zuge der absoluten Wählermaximierung unbedingt eine Wahlbewegung der Mitte werden. So scheute man sich nicht, zentrale Personen an den Rand zu drängen, beziehungsweise gar nicht erst groß werden zu lassen oder überhaupt aus der Partei zu drängen. Die Liste derer, die hier der Haiderschen Politik zum Opfer gefallen sind, ist lang und umfaßt eine Vielzahl von namhaften Persönlichkeiten, die man im Augenblick der Regierungsbeteiligung im Jahre 2000 dringend benötigt hätte. Ob Norbert Gugerbauer, Kriemhild Trattnig, Andreas Mölzer oder die vielen, die man gar nicht erst aufkommen ließ: Die klassischen Nationalliberalen wurden vielfach – so sie sich nicht angepaßt haben – „entsorgt".

Als Jörg Haider 1986 sprichwörtlich auf den Schild gehoben wurde und am legendären Innsbrucker Parteitag die Führung in der FPÖ für lange Zeit übernahm, war man sich bei weitem nicht im Klaren darüber, was da alles noch folgen würde. Denn zunächst schien alles eitel Wonne und Sonnenschein zu sein.

Daß es aber immer auch einen sehr rechten Flügel in der FPÖ gab, hat schon immer zu Kritik vom politischen Gegner geführt hat. Die völlig ungerechtfertigten Anwürfe von „Institutionen" wie dem „Dokumentationsarchiv des Österreichischen Widerstands" (DÖW), Haider und die Proponenten der FPÖ seien „rechtsradikal" oder gar „neonazistisch", fanden darin in gewisser Weise ihre Berechtigung.

So behauptete das DÖW in mehreren Publikationen zu Rechtsextremismus und FPÖ, „stets um eine differenzierte Sichtweise bemüht" zu sein, die der Dynamik und Komplexität der Rechtsaußenszene in Österreich gerecht werden soll. „Zwischen Rechtsextremismus und Liberalismus" (1979), „Vom Rechtsextremismus zum Liberalismus?" (1981), „Vom Liberalismus zum Rechtsextremismus" (1993) lauteten die – „notwendigerweise" vereinfachenden – Untertitel zu den der FPÖ gewidmeten Abschnitten derer Rechtsextremismus-Handbücher. Daraus wird sichtbar, daß die FPÖ in der Vergangenheit – wie grundsätzlich jede demokratische Partei – eine aus verschiedenen Kräften, Flügeln und markanten Einzelpersonen bestehende, inhomogene Partei war, die – so das DÖW – einen fließenden Übergang zum „rechtsextrem-deutschnationalen" Umfeld aufwies. Gemeint sind damit die Burschenschaften, der Turnerbund, Veteranenverbände und viele andere mehr.

So schätzt das DÖW die Entwicklung der FPÖ nach der Machtübernahme Jörg Haiders 1986 folgendenrmaßen ein: „Es kam es zu grundlegenden Änderungen in Struktur und Politik der FPÖ: Eliminierung der Liberalen, Integration von Aktivisten rechtsextremer und neonazistischer Gruppierungen (damit verbunden totaler Bedeutungsverlust konkurrierender rechtsextremer Parteien wie NDP)." Es hätte eine Umstrukturierung der FPÖ zu einer autoritären Führerpartei stattgefunden, in der Vasallen ohne eigenständiges politisches Profil agieren. An Abweichlern und potentiellen Konkurrenten würden politische Hinrichtungen und „menschenverachtende Demütigungsrituale" vollzogen. Insbesondere seit 1991 soll es eine erfolgreiche Instrumentalisierung von „Ausländerhetze zur Wählermobilisierung und Druckausübung auf Regierungparteien zu restriktiver Ausländerpolitik" gegeben haben. Außerdem soll es eine auf politische Vernichtung abzielende Kritik an der Regierung gegeben haben, am „Parteienstaat, an der repräsentativen Demokratie – mit dem Ziel eines Systemumsturzes", das Gegenmodell, eine „autoritäre Dritte Republik", wäre im Dunkeln geblieben.

So weit, so mäßig interessant. Diese Einschätzungen haben zum Teil einen wahren Kern – aber bezüglich der Vorwürfe, rechtsextrem zu sein, liegt das DÖW völlig falsch, und man muß zum Schluß kommen, daß es sich vor allem um eine vordergründige Panikmache handelte, welche die vermehrt ideologielosen, politisch beliebigen Systemparteien in die Welt hinausschrien. Der Vorwurf des Systemumsturzes ist wohl auch nur eine gespielte Hyterie seitens des DÖW, recht hatten sie allerdings – zumindest war das immer tendenziell erkennbar – mit der Behauptung, die FPÖ wäre eine „autoritär" geführte Partei gewesen. Denn nur Jörg Haider und ein kleiner Kreis um ihn hatten das Heft immer klar in der Hand und ließen vermehrt nicht zu, daß demokratische Gremien in der Partei wirklich etwas zu sagen gehabt hätten.

Parallel zu verständlichen Abgrenzungen gegenüber rechtsrechten „Narren" kam es aber immer mehr zur Abgrenzung von klassischen freiheitlichen Grundidealen. So wurde bekanntlich

Mitte der 90er Jahre das Bekenntnis zum Deutschtum aus dem Programm genommen, letzte Proponenten der härteren, nationaleren Linie, wie Ewald Stadler, wurden 1999 aus dem Parlament geschoben, damit auch wirklich der Weg in Richtung Regierung frei wurde.

Kapitel 2

# Österreichs radikale Rechte – Von Südtirol bis zu den Briefbomben

# ANR und NPD

## Regimekritische nationale Wahlantritte, Dissidentenprozesse und die Aushöhlung des freien Wahlrechtes

**VON WALTER TRIBUTSCH**

Ende der 60er Jahre traten nationale Gruppen außerhalb des herkömmlichen Parteienspektrums in Erscheinung. Nach den Erfolgen der Nationaldemokratischen Partei Deutschlands, die den Einzug in mehrere Landtage erreichte, wurde die Nationaldemokratische Parte – NDP von Dr. Norbert Burger gegründet. Er genoß als Südtirol-Aktivist großes Ansehen im traditionellen nationalen Lager. Dessen Funktionäre blieben aber fast ausnahmslos in der FPÖ, vor allem, nachdem der bundesdeutschen NPD 1969 der Einzug in den Bundestag um wenige Zehntelprozente versagt blieb. In den 70er Jahren wurden mit großem persönlichen Einsatz immer wieder Veranstaltungen, Flugblatt- und Plakataktionen gegen Überfremdung, Kundgebungen zum „Tag der deutschen Einheit" am 17. Juni und ähnlichen Anlässen durchgeführt. Verschiedene Wahlantritte blieben unter der 1-Prozent-Marke.

Das hervorstechende Ereignis war der Antritt Norbert Burgers zur Bundespräsidentenwahl 1980. Da die ÖVP keinen eigenen Kandidaten aufgestellt hatte, war nun mit einem spektakulären Ergebnis des vorübergehend einzigen Gegenkandidaten zu Kirchschläger zu rechnen. Um dies zu verhindern, stellte die FPÖ – sozusagen als Notlösung – einen eigenen Kandidaten, Gredler, auf, der nicht besonders auffiel war, aber bürgerliche Stimmen abfangen sollte. Trotzdem erreichte Burger mit 140.000 Stimmen (3,2 Prozent) einen Achtungserfolg.

In der Erkenntnis des Versagens der konservativen und freiheitlichen Kräfte an Schulen und Universitäten entstand als jugendlichen Gegenbewegung zur sogenannten Neuen Linken, eine autonome Organisation, die anfangs als „Arbeitsvereinigung für Mittelschüler – AVM", später mit dem Namen „Aktion Neue Rechte – ANR" antrat.

Die ANR trat als parteiunabhängige Aktivistengruppe auf, unterstützte aber immer wieder Aktionen der NDP, zu der es personelle Verflechtungen gab. Dies führte zum Ausschluß des Bundesführers der ANR, Dr. Bruno Haas, aus dem RFS (Ring Freiheitlicher Studenten), wo er Mandatar zum Hauptausschuß der Universität Wien gewesen war.

Der Ring Freiheitlicher Studenten verlor in den 70ern eine ÖH-(Österreichische Hochschülerschaft)-Wahl nach der anderen und sackte, von 29 Prozent auf 8 Prozent ab. Dazu kam eine Änderung des ÖH-Gesetzes, die die Aussichten von neuen Wahlgruppen, eines der 65 Zentralausschußmandate zu erhalten, verbesserte. Deshalb trat 1977 die ANR zurHochschülerschaftswahl an. Überfälle Linksradikaler auf einzelne Flugblattverteiler führten zur einem solideren Auftreten von ANR-Aktivisten in Gruppen. Es kam zu mehreren Auseinandersetzungen auf der Universitätsrampe, die ein erhebliches Medienecho auslösten. Sogenannte „Antifaschisten" forderten ein Verbot der ANR und ihres Wahlantrittes.

Bei der ÖH-Wahl erreichte die ANR 1,23 Prozent und verfehlte das Mandat im Zentralausschuß knapp. An den Fakultäten, wo Aktivisten verankert waren, wurden wesentlich höhere Ergebnisse erzielt, z. B. 3,75 Prozent bei den Juristen in Wien.

Die ANR hatte einen großen Bekanntheitsgrad in der Studentenschaft und eine Verankerung in Schwerpunktgebieten erreicht. Trotz vielfacher zahlenmäßiger Überlegenheit war es den Linken nicht gelungen, die Aktivitäten der ANR zu verhindern. Das Wissenschaftsminsterium erstattete Anzeigen gegen die

ANR wegen nationalsozialistischer Wiederbetätigung, womit der Repressionsapparat in Schwung kam.

1978 erfolgten Hausdurchsuchungen zur Einleitung des Dissidentenprozesses nach dem Verbotsgesetz (VG). Es wurde nicht viel gefunden, aber der Kriminalisierungseffekt war erzielt. „Schönwetter-Rechte" setzten sich ab, das etablierte nationale Lager ging auf Distanz. Dennoch gelang es, zur ÖH-Wahl 1979 eine wesentlich höhere Anzahl an Unterstützungsunterschriften aufzubringen, wobei diesmal auch in Graz Kandidaturen zum Hauptausschuß erreicht wurden.

Die Wahlkommissionen zogen die Notbremse und lehnten die Kandidatur der ANR ab. Wissenschaftsministerin Firnberg ließ die Beschwerde der ANR liegen, der Verwaltungsgerichtshof entschied über eine Säumnisbeschwerde mit Hinweis auf die „Grundprinzipien eines demokratischen Rechtsstaates wie der Republik Österreich" für das freie Wahlrecht.

Die Wahlwiederholung fand mit der ÖH-Wahl 1981 statt. Die ANR erreichte 1,92 Prozent und ein Mandat im Zentralausschuß. Erstmals war eine systemkritische nationale Gruppierung in einem bundesweiten Gremium vertreten. Damit schienen die Voraussetzung für eine Neuordnung des rechten Lagers gegeben, da der RFS auf 4,1 Prozent abgesackt war. Linke Gruppen befürchteten ein reihenweises Überlaufen nationaler Studenten zur ANR.

Justizminister Broda kündigte daraufhin zur Abschreckung öffentlich die Durchführung des jahrelang in der Voruntersuchung dahindümpelnden Dissidentenprozesses an. Anfang 1983 wurde Anklage erhoben.

Den Ausgangspunkt der politischen Verfolgung bildete § 3g („Gummi") des Verbotsgesetzes gegen denjenigen, der „sich ... im nationalsozialistischen Sinn betätigt". Der Innsbrucker Strafrechtsprofessor Rittler war bereits 1962 zu dem Ergebnis gekommen: „Ein Strafgesetz von größter Unbestimmtheit und uferloser

Weite, man kann sagen: Ohne Tatbild. Alle rechtsstaatlichen Garantien fehlen."

In den 60er Jahren hatte Konrad Windisch, ein Jugendfunktionär des „Bundes Heimattreuer Jugend", Beschwerde an die Europäische Kommission für Menschenrechte in Straßburg erhoben, wobei die dem Artikel 7 EMRK widersprechende Unbestimmtheit des § 3g Verbotsgesetz geltend gemacht wurde. (Beschwerde 1747/62). Die Republik Österreich erreichte die Duldung dieses Paragraphen, indem sie in einer Stellungnahme folgende Präzisierungen behauptete:

Die einfache Strafdrohung des § 3g VG setzt wegen des höheren Strafsatzes bei besonderer Gefährlichkeit jedenfalls Gefährlichkeit voraus. Es würden nur typisch nationalsozialistische Ideen verfolgt („typical National Socialist ideas"), weshalb Aktionen, die zwar auch im Nationalsozialismus üblich waren, aber dem Geist einer demokratischen Sozialordnung nicht widersprechen, außerhalb des Anwendungsbereiches des § 3g VG blieben.

Der Verfassungsgerichtshof kam bei Anwendung des Rechts-Überleitungsgesetzes zum Ergebnis, daß „typisches nationalsozialistisches Gedankengut" bei Maßnahmen nicht erblickt werden kann, die „auch losgelöst von der nationalsozialistischen Doktrin in vielen anderen Staaten zulässig" oder „durchaus sachlicher Natur" sind.

Felix Ermacora schrieb 1963 im Handbuch der Grundfreiheiten und Menschenrechte: „Nationalsozialistisch ist eine Organisation dann, wenn sie die Ideen des Nationalsozialismus in ihrer Gesamtheit vertritt ... Die Gesamtheit dieser Ideen, verbunden mit dem Willen, die Zielsetzungen des Gemeinwesens ihnen rücksichtslos unterzuordnen, ergibt die nationalsozialistische Idee."

Diese Auslegung wurde in den Publikationen und Aktivitäten der nationalen Opposition beachtet. „Einschlägige" Symbole, Parolen und Bezugnahmen auf den Nationalsozialismus wurden weitgehend vermieden, der Revisionismus spielte eine deutlich geringere Rolle als heute. Man ging allerdings davon aus, daß Standpunkte, die von anderen politischen Parteien zeitgleich mit dem Nationalsozialismus vertreten wurden, nicht unter das Verbotsgesetz fallen. Dies betraf vor allem das Bekenntnis zur deutschen Nation und die Ablehnung des Begriffes einer „österreichischen Nation" sowie die Ablehnung fremder Massenzuwanderung.

Seit Mitte der 70er Jahre begann die Aktivierung des Verbotsgesetzes gegen nationale Gruppierungen. So wurden die Auffassungen, die „Österreicher seien ein Teil des deutschen Volkes, das österreichische Volk gehöre zumindest zur deutschen Kulturgemeinschaft, es sei unsinnig von einer österreichischen Nation zu sprechen" im Sammelband „Rechtsextremismus in Österreich nach 1945" als „rechtlich relevante Elemente von NS-Betätigung" angeführt.

Die Übernahme derartiger Denkmodelle durch die Strafverfolgungsbehörden führte im Zusammenhang mit der Unbestimmtheit des Verbotsgesetzes zur Anwendung dieses Gesetzes gegen eine allgemeine, durchaus demokratische deutschnationale Tätigkeit. Das klassische Beispiel bietet der Dissidentenprozeß, der 1983/84 gegen die Führung der „Aktion Neue Rechte – ANR" durchgeführt wurde. Zur stimmungsmäßigen Untermalung wurde dieser gemeinsam mit den Verfahren gegen andere Angeklagte wegen Schwarzpulveraktionen und eines Aufmarsches zum 90. Geburtstag Adolf Hitlers in Braunau zusammengelegt.

Als Sachverständiger wurde Jagschitz vom Zeitgeschichtlichen Institut der Universität Wien eingesetzt. Er warf der ANR insbesondere die „Argumentation" vor, „das Selbstbestimmungsrecht der Völker (vergleiche die Wortgleichheit mit dem Programm der NSDAP, der Verfasser) ermögliche es auch dem deutschen Volk in Österreich, seinen inneren und äußeren politischen

Status zu bestimmen". Schließlich nahm er trotz ausdrücklicher Beauftragung „zum Tatsachenwissen" die einem Sachverständigen nicht zustehende rechtliche Beurteilung vorweg, daß „ein Teil der politischen Tätigkeit im nationalsozialistischen Sinn erfolgte". Dieses Gutachten bildete eine Hauptgrundlage der Anklageschrift.

Im diesem Prozeß, dessen Kernpunkt deutschnationale Aussagen waren, erklärte er ausdrücklich, er „fühle" sich „in der Sache nicht befangen". Bemerkenswert ist folgende (allerdings erst Jahre später veröffentlichte) Aussage über seine eigene Grundhaltung: „Für mich gibt es einen österreichischen Staat in einer völlig neuen Konstruktion seit 1945, da ist für Deutschnationalismus kein Platz, da braucht man weder ein deutsches Bewußtsein, noch muß man da über irgendwelche Sonnwendfeuer hüpfen" (Der Standard, 26. Juli 2002)

Im Prozeß vor dem Geschworenengericht erfolgten wegen der angeklagten Textstellen teilweise Freisprüche (Ablehnung der Demokratie, Prinzip des Antisemitismus), andererseits Verurteilungen wegen deutschnationaler Äußerungen. Der Oberste Gerichtshof (OGH) bestätigte diese Verurteilung und faßt die inkriminierten Textstellen der ANR-Zeitschrift „Richtung" wie folgt zusammen:

Ersteres Programm enthält ein Bekenntnis „zur biologischen Substanz und ererbten Veranlagung des Menschen, zur biologischen Verschiedenheit von Menschen, Völkern und Rassen, zum elitären Prinzip der Natur und zur politischen Vertretung dieses Bekenntnisses" ferner „zur deutschen Nation als politisch bindender Einheit", die Forderung nach „nationaler Einheit und Freiheit für die ganze deutsche Nation auf ihrem gesamten Lebensraum einschließlich jetzt fremdbesetzter Gebiete" und nach Ausrichtung jeder politischen Entscheidung auf die Anliegen der gesamten „deutschen Nation sowie die entschiedene Ablehnung des Begriffes einer österreichischen Nation unter Bekenntnis zum deutschen Charakter dieses Gebietes". In den übrigen Publikationen wird unter Betonung des Strebens „für die nationale Einheit und Freiheit unseres deutsches Volkes" gegen die am 26. Oktober stattfindenden „üblichen verlogenen Jubelfeiern dieses (des österreichischen) Staates" polemisiert, für einen Boykott der „Lügenfeiern" des „Systems" im Jahre 1980 anläßlich des 25jährigen Bestandes des „Diktates von Wien" eingetreten und das „Anschlußverbot" des solcherart charakterisierten Staatsvertrages 1955 als gegen das deutsche Volk gerichtet, als dem Selbstbestimmungsrecht der Völker widersprechend und als menschenrechtswidrige Einschränkung der Souveränität des deutschen Volkes bezeichnet; ferner werden der deutschen Einheit dienliche Aktionen – insbesondere im Sinne eines „Kampfes gegen die Lüge einer österreichischen Nation" – für den Tag der deutschen Einheit (17. Juni) als „Kampftag der nationalen Bewegung" gefordert.

Ist dies nun typisch „nationalsozialistisch"? Die nationalen Aussagen wie das Bekenntnis zur deutschen Nation und Kritik am Anschlußverbot betreffen Standpunkte, die zeitgleich mit dem Nationalsozialismus, schon bei Erlassung seines Programms, von österreichischen Politikern aller politischen Lager vertreten wurden, die also „auch losgelöst von der nationalsozialistischen Doktrin" üblich waren.

Die biopolitischen Aussagen sind durchaus sachlicher Natur Es ist von „Verschiedenartigkeit", keinesfalls aber von „Verschiedenwertigkeir" die Rede. Aus Sicht der Verhaltensforschung erklärte Irenäus Eibl-Eibesfeldt: „Als Pluralist bin ich Verteidiger der kulturellen und rassischen Vielfalt. Ich sehe in ihr eine gute Absicherung der Zukunft der Menschheit, denn diese Vielfalt garantiert eine weite Anpassungsbreite." Und: „Im Interesse der Erhaltung des Friedens" ist „eine Begrenzung der Immigration aus kulturell und anthropologisch ferner stehenden Populationen notwendig."

Das Rechtmittelverfahren fand 1984 bis 1986 – also unter der kleinen Koalition mit Justizminister Ofner (FPÖ) statt. Der Stellungnahme der dem Justizminister weisungsgebundenen Generalprokuratur zur Auslegung des Verbotsgesetzes kam besondere Bedeutung zu. Sie wurde vom OGH weitgehend übernommen. Der wesentliche – über den Einzelfall weit hinaus bedeutsame – Inhalt dieses Urteils (90s132/85) war, daß

„die konkrete oder auch nur potentielle Gefährlichkeit der Betätigung im nationalsozialistischen Sinne nicht zu den Tatbestandsmerkmalen des § 3 g Abs. 1 VerbotsG gehört", ... „auch eine nicht das gesamte nationalsozialistische Gedankengut umfassende Betätigung im nationalsozialistischen Sinn tatbildlich nach § 3 g Abs. 1 VerbotsG ist" ... „eine Wiederbetätigung mit verschiedenen Zielsetzungen und auf mannigfache, einer abschließenden Beschreibung der denkbaren Betätigungsakte gar nicht zugänglichen Weise vorgenommen werden kann." ... Denn neben Einzelhandlungen, die schon bei solcher Betrachtungsweise als typische Betätigung im Sinne des Nationalsozialismus' zu erkennen sind, kann auch ein komplexes Handeln den Tatbestand des § 3 g Abs. 1 VerbotsG verwirklichen, selbst wenn einzelne Teilakte des betreffenden Gesamtverhaltens für sich allein noch nicht als typisch nationalsozialistische Handlungen angesehen werden können" und zwar ungeachtet, „ob einzelne Formulierungen ... auch Vertretern anderer politischer Richtungen und Bewegungen zugeschrieben werden könnten." und obwohl „verschiedene dahinterstehende Ideen in der Vergangenheit von anderen Parteien ebenfalls vertreten wurden und einzelne davon sogar heute noch in Programmen demokratischer Parteien enthalten sind."

Mit diesem Instrumentarium ist es möglich, uferlos jede noch irgendwie nationale Äußerung zu kriminalisieren, die auch im Nationalsozialismus üblich war oder gewesen sein könnte. Juristisch betrachtet, stellt es einen nach § 1 Abs. 1 StGB unzulässigen Analogieschluß auf die Strafbarkeit eines nationalsozialistischer Betätigung nur ähnlichen Verhaltens dar. Politische Bewegungen, die nur einzelne Element gemeinsam haben, sind eben nicht ident, sondern bestenfalls ähnlich.

Ofners historische Schuld liegt darin, daß er die ihm weisungsgebundene Generalprokuratur nicht zu einer Auslegung veranlaßte, die Rechtsklarheit und Rechtssicherheit herstellt. Ofner sorgte nicht einmal für die Beachtung der von der Republik selbst gegenüber der Menschenrechtskommission angegebenen Präzisierungen. Katastrophal wirkte sich die Schaffung von Grauzonen von sogenannten „Teilakten" aus, von denen man zwar zugibt, daß sie nicht typisch nationalsozialistisch sind, die aber in einer nicht näher definierten Kombination erst recht verurteilt werden. Damit wird jede im weitesten Sinn nationale Aktivität mit einem Bein ins Kriminal gestellt. Es werden auch Standpunkte bedroht, die von FPÖ-Politikern selbst vertreten wurden. Dies hat bis heute weitreichende Folgen auf weitere Prozesse und auf das allgemeine Meinungsklima, in dem natürlich auch juristisch nur als rechtlich relevante „Teilakte" einer Wiederbetätigung bezeichnete Äußerungen als verbotsverdächtig gelten.

Man würde annehmen, daß jene Bereiche verfolgt werden, die den Nationalsozialismus von anderen Bewegungen unterscheiden – und nicht die, die er mit ihnen gemeinsam hat. Damit wäre man im gegenständlichen Fall aber nicht weit gekommen. Die noch unter Justizminister Broda erhobene Anklage enthielt einen recht umfassenden Rundumschlag. Da in erster Instanz Freisprüche vom Vorwurf der Demokratiefeindlichkeit und des Prinzips des Antisemitismus erfolgt waren, fehlten nicht nur denknotwendige Elemente des Nationalsozialismus', sie waren ausdrücklich verneint worden. Man griff deshalb – paradoxerweise unter dem von manchen für „national" gehaltenen Justizminister Ofner – zur Aufrechterhaltung der Schuldsprüche zu derartigen Denkfiguren.

Auch das prozessuale Vorgehen ist umstritten. So erfolgte eine Verurteilung in einem weiteren Anklagepunkt, weil in einem Bezirksgruppenflugblatt für eine revisionistische Broschüre, die im Buchhandel frei erhältlich war, geworben wurde. Dem Bundesführer wurde vorgeworfen, daß er „im ... genannten Flugblatt ... werben ließ". Welche konkrete Betätigung ihm dabei vorgeworfen wurde, war weder der Anklage (die von einer Beilage zur ANR-Zeitschrift „Richtung" ausging, was nicht aufrecht erhalten wurde) noch dem sonstigen Akteninhalt zu entnehmen. Nach der Judikatur in anderen Fällen „sind jeweils auch jene konkreten Tatsachen in die Frage aufzunehmen, die diese Merkmale im Einzelfall verwirklichen, um hiedurch eine Überprüfung der von den Geschworenen vorgenommenen Subsumtion zu ermöglichen", sonst liegt Nichtigkeit vor. Im ANR-Prozeß wurde diese Konsequenz nicht gezogen.

Die Rechtsbelehrung enthielt eine Beispielsgebung, die sehr deutlich auf die Anklagevorwürfe zugeschnitten waren. Dies gilt nach sonstiger Judikatur als „krasser Verstoß gegen das Gesetz" und führt zur Nichtigkeit, „wenn die Rechtsbelehrung durch gegebene Beispiele oder durch ein Vorgreifen auf die Lösung der Tatfrage die Eignung erlangt, die Geschwornen durch eine richtungweisend fixierte Darstellung rechtlich bedeutsamer Tatsachen zu einer bestimmten – dieser Schilderung entsprechenden – rechtlichen Beurteilung dieses Sachverhaltes zu beeinflussen." Im ANR-Prozeß wurde auch diese Konsequenz nicht gezogen.

Durch diesen Prozeß wurden die juristischen Grundlagen für weiteren Verbots- und Verfolgungsdruck gegen nationale Aktivisten gesetzt. Dr. Bruno Haas analysierte dies in der grundsätzlichen Regimekritik „Linksstaat Österreich". Es herrschte eine merkwürdige Situation: Denn andererseits war es durch die Bundespräsidentenwahl und die ÖH-Wahl 1981 erstmals gelungen, zählbare Erfolge bei Wahlen zu erzielen. Durch die Beteiligung an der kleinen Koalition verlor die FPÖ regimekritische Wähler und Anhänger und erreichte bei der niederösterreichischen Landtagswahl im Oktober 1983 mit nur mehr knapp einem Prozent einen historischen Tiefpunkt. Es bestand daher erstmals die Aussicht auf eine bei Wahlen wirksame Organisierung außerhalb des Parteienkartells.

Folglich bestand ein elementares Interesse der SPÖ/FPÖ-Regierung an der Verhinderung eines derartigen Vorhabens, da der Juniorpartner sonst leicht in Verlust hätte geraten können. So wurde just unter einer Regierung mit FPÖ-Beteiligung der NDP die Rechtspersönlichkeit abgesprochen. Am 31. Jänner 1986 erging ein derartiger Bescheid der Bundespolizeidirektion Wien. Äußerungen der NDP wären als „typischer Ausfluß nationalsozialistischen Gedankengutes anzusehen und verstoßen zumindest gegen die bundesverfassungsgesetzlichen Bestimmungen des Staatsvertrages". Begründet wurde dies mit Zitaten aus dem Grundsatz- und Forderungsprogramm der NDP:

„Die Österreicher deutscher Muttersprache gehören dem deutschen Volke an; deshalb ist Österreich ein deutscher Staat. Wir bekennen uns zu seiner Verfassung. Unsere Politik ist ausgerichtet auf die Lebensinteressen des gesamten deutschen Volkes …

Bild: M. Pfeiffer

**Norbert Burger:** Seiner NDP wurde die Rechtspersönlichkeit abgesprochen

Damit schied die NDP als Trägerorganisation aus. Es gab das Projekt einer National-Freiheitlichen Aktion – NFA unter Beteiligung unzufriedener FPÖ-Funktionäre. Als erste Bewährungsprobe stand die Bundespräsidentenwahl 1986 an, zu der Dr. Otto Scrinzi kandidierte. Das ziffernmäßige Ergebnis von 68.000 Stimmen wirkt auf den ersten Blick bescheiden, man muß jedoch die Überlagerung seiner Kandidatur durch die Auseinandersetzungen um Waldheim berücksichtigen.

Es bestanden Hoffnungen, nach einer neuerlichen Bestätigung Stegers beim FPÖ-Parteitag 1986 könnte es zu einer Austrittswelle kommen, die einen Neuanfang außerhalb ermöglicht. Durch den für Freund und Feind überraschenden Sieg Haiders und das damit verbundene Ausscheiden der FPÖ aus der Regierung konnte man jedoch oppositionelle Gefühle auch wieder innerhalb der FPÖ ausleben und schöpfte Hoffnungen auf den neuen „Nationalhelden".

Es gab nur wenige warnende Stimmen, vor allem die „Neue Richtung", die auf den regime-nationalen Charakter der FPÖ auch unter Haider hinwiesen, daß es sich hier um einen „Staubsauger für Unzufriedene" handelt, der in Ernstfall auf Seiten des Regimes stehen würde. Tatsächlich war seine Funktion für die FPÖ schon 1985 im Kurier derart weitblickend charakterisiert worden:

„Diese Taktik könnte ihr Überleben sichern und außerdem weiterhin das Aufkommen einer Rechtsaußen-Partei von ernstzunehmender Größe verhindern... wenn diese Leute an einer elastischen, aber in letzter Konsequenz doch mit einer Würgehalsband versehenen Leine gehalten werden" (Gerd Leitgeb, Kurier 5. März 1985)

Doch geblendet von gelegentlichen „Sagern" wie etwa über die„Mißgeburt der österreichischen Nation"," strömten viele, die sich für klug hielten, hinzu und arrangierten sich zumindest.

Einstweilen ging die Repression munter weiter. Es betraf Dissidentenprozesse gegen nationale Publizisten (Fritz Rebhandl, Herbert Schweiger, Gerd Honsik, Walter Ochensberger) ebenso wie das Verbot der Gründungsversammlung der „Nationalen Front". Auch der Verfassungsgerichtshof bestritt 1988 die Rechtspersönlichkeit der NDP, wobei er sich ausdrücklich auf das Urteil des OGH im ANR-Prozeß bezog. Er warf der NDP als Verstoß gegen das Verbotsgesetz vor:

Es „basiert das Grundsatz- und Forderungsprogramm der NDP" auf einem biologisch-rassistischen Volksbegriff; § 5 der Statuten der NDP verlangt, daß sich ihre Mitglieder zum deutschen Volkstum bekennen müssen." Die NDP „bezeichnet das Bekenntnis zur österreichischen Nation jedoch als Lüge." ... Das Programm sieht die Gemeinsamkeit vielmehr wesentlich auch in der „biologischen Substanz" und der „Abstammung". Es fordert „Liebe zur eigenen Art", „Schutz vor Überfremdung" und den Kampf gegen die Zerstörung unserer Volkssubstanz" ... Das Heimat- und Selbstbestimmungsrecht ist die Folge des „Willens zur Arterhaltung". Die deutsche Nation ist danach ein Teil der weißen Rasse ... Den Lebensraum des deutschen Volkes sieht das Programm durch „afro-asiatische Rassen und Völker" bedroht... Die NDP fordert „die Rückgabe der 1945 geraubten und besetzten deutschen Ostgebiete jenseits von Oder und Neiße und im Sudetenland".

Einen weiteren Beitrag leistete der Verfassungsgerichtshof zum freien Wahlrecht. VSStÖ (Verband Sozialistischer Studenten) und KSV (Kommunistischer Studentenverband) hatten die ÖH-Wahl 1981 wegen des Mandatsgewinnes der ANR angefochten. Der VfGH entschied nun – im Gegensatz zum Verwaltungsgerichtshof 1980 –, das Verbotsgesetz stünde als „allgemeine Generalklausel neben und über allen Einzelvorschriften", weshalb es Behörden auch ohne gesetzliche Bestimmung ihrer Kompetenz und der Rechtsfolge anwenden, und die Wahlkommission daher verbotsgesetzwidrige Wahlvorschläge doch zurückweisen könnten. Damit war das freie Wahlrecht zugunsten einer weltanschaulichen Vorsortierung aufgegeben worden.

Die 1989 nach dem Zusammenbruch des kommunistischen Ostblocks einsetzende neue Welle an Massenzuwanderung führte zu einer Stimmungsänderung in der Bevölkerung. Auswirkungen wie Anstieg an Kriminalität und Arbeitslosigkeit waren für inländische Normalbürger unmittelbar spürbar. Noch einmal traten die nationalen Aktivisten mit Horst Rosenkranz als Integrationsfigur der verschiedenen Gruppen zur Nationalratswahl 1990 an. Es gelang mit überraschend hoher Unterstützung aus dem Volk, die Unterschriften für die Liste „Nein zur Ausländerflut!" aufzubringen, Umfragen sagten eine Mandatserfolg durch Proteststimmen unzufriedener Inländer voraus.

Doch wer geglaubt hatte, nach der Entstalinisierung des Ostblocks könnte es auch in Österreich zu freien Wahlen kommen, wurde enttäuscht. Die Kreiswahlbehörde Wien wies den Wahlvorschlag zurück. Der Verfassungsgerichtshof bestätigte diese Entscheidung und warf der Wahlgruppe Übereinstimmung mit jenen Programmpunkten der NSDAP vor, die die Behandlung von Ausländern durch Fremdengesetzgebung, den Vorrang der Erwerbsmöglichkeiten von Inländern und die Ablehnung fremder Einwanderung betreffen. Für fremdenfeindliche Schlagworte nach „Art der NS-Propaganda" führte er folgende Beispiele an:

„Volksfremde Ideologie, balkan-orientalische (Verhältnisse), Infragestellung (der Österreicher) als unverwechselbare ethnische Volksgruppe, Verlust der nationalen Identität, Notwehrgemeinschaft (für Inländer), 1000jährige Kultur, Beschwichtigungspolitiker, volksfremde Kaste, Konjunktur als Wucherung, von der vor allem Fremde profitieren, Überfremdungspolitik, fundamentale Opposition außerhalb des Parteienkartells, homogene nationale Gemeinschaft, raumfremde Zuwanderer, Aufbrechen des (europäischen) Kulturraums, schleichender Völkermord, Verbrechen des Mordes an der österreichischen Bevölkerung, arbeitsscheuer Abschaum der Welt, Sozialschmarotzer, Parasitendasein, Kreaturen, die ihrer Heimat den Rücken kehren".

Tatsächlich sind die angeführten Programmpunkte nicht besonders originell. Jeder souveräne Staat erhebt selbstverständlich das Recht auf effektive Fremdengesetzgebung, Beschränkung und allenfalls Beendigung des Aufenthaltes Fremder im Staatsgebiet nach seinen Bedürfnissen. Warum die Forderung nach dem Schutz der Überlebens der Inländer, ja die patriotische Forderung nach Erhaltung der Kontinuität des Staatsvolkes „typisch nationalsozialistisch" sein soll, bleibt unklar.

Hier wird das Verbotsgesetz auf eine Protestbewegung gegen eine Zuwanderungswelle angewandt, die Jahrzehnte nach dem Dritten Reich unter gänzlich anderen Rahmenbedingungen stattfindet. Soll über den Umweg der Verhinderung von Gegenstimmen mit Hilfe des Verbotsgesetzes (allenfalls auch des Verhetzungsparagraphen) den Inländern der Bevölkerungsaustausch aufgezwungen werden?

Die auch von Österreich unterzeichnete Völkermordkonvention soll insbesondere „nationale, ethnische und rassische" Gruppen in ihrem Bestand schützen. Kann es also ein Verbrechen sein, die Gruppe der Inländer vor der Zerstörung ihrer Identität und Existenz bewahren zu wollen??

Dieser Ausschluß vom Wahlrecht brachte das Ende der Periode, in der nationale Aktivisten autonome Wahlantritte anstrebten. Es fiel dies just mit dem Anschwellen eines Protestpotentials gegen die fremde Masseneinwanderung – die das mit Beschwichtigungspolitik verkraftbare Ausmaß längst überschritten hatte – zusammen, die nun in den 90ern der Haider-FPÖ bis zur bitteren Enttäuschung nach 2000 zugute kam.

Gerade dieses Potential zeigt aber, daß eine nationale Bewegung viel weniger aus Traditionslinien lebt, die man vielleicht abschneiden kann, als aus den tagtäglichen Erfahrungen des vorerst „unpolitischen" Bürgers, der in allen Lebensbereichen den

Auswirkungen der sogenannten „multikulturellen Gesellschaft“ ausgeliefert ist. Dies ist die Grundstimmung, die man vorübergehend unterdrücken und an der öffentlichen Artikulierung hindern, aber nicht auslöschen kann.

Die nationalen Aktivisten haben ein Zeichen des Widerspruches gesetzt. Und gerade ihre Verfolgung hat den historischen Beweis erbracht, daß in Wahrheit keine Meinungsfreiheit, keine Versammlungsfreiheit, keine freie Parteibildung, ja nicht einmal freies Wahlrecht besteht. Insbesondere fremde Masseneinwanderung stützt sich auf keine freie Willensbildung und freie Entscheidung des Volkes. Diese Erkenntnis wird bei ihrer künftigen Beurteilung eine wichtige Rolle spielen. Nach Auffassung der Neuen Rechten zerbricht die „multikulturelle Gesellschaft früher oder später unter schweren Konflikten an ihren inneren Widersprüchen.“ („Neue Richtung“, 8/1990)

# FPÖ, NDP und NFA

## Die Entwicklung in Österreich von etwa 1960 bis 2000

### ANDREAS MÖLZER IM GESPRÄCH MIT OTTO SCRINZI

*Herr Primarius, Sie waren seit Anbeginn ein Exponent des Dritten Lagers in der Zweiten Republik, der immer als ein Vertreter des ideologisch-fundierten Teiles galt und von den Gegnern auch als ein Vertreter des radikaleren Bereichs interpretiert wurde. Warum war das denn so?*

Bild: Pfeiffer

**Dr. Otto Scrinzi**

**Otto Scrinzi:** Der Verband der Unabhängigen hat sich ideologisch und auch in seiner personellen Struktur 1948/49 auf die Traditionen des österreichischen Deutsch-Nationalismus gestützt. Und in diesem Deutsch-Nationalismus haben sich ja immer zwei Linien vereinigt, die im Grunde auf die Tradition, die sich erst im Jahre 1848 herausentwickelt hat, gestützt haben. Es gab also immer den Flügel, der sehr stark das ideologisch-nationale Element vertreten hat und jenen, den man nach dem heutigen Sprachgebrauch eher der liberalen Tradition zuordnen müßte, wie im alten Verständnis eben das freiheitliche Element. Ich bin von meinem Herkommen her als Südtiroler von Kindheit an sehr stark in Richtung nationalen Denkens, auch in Richtung des großdeutschen, aber noch sehr viel mehr des gesamtdeutschen Denkens, geprägt gewesen. Und ich habe mich, als ich 1950 Kärntner Landesobmann geworden bin, verpflichtet gefühlt, dieser Tradition folgend, die ideologischen Elemente dieses Flügels zu repräsentieren. Aber immer darauf bedacht, dies nicht in Flügelkämpfe ausarten zu lassen. Ich muß im Rückblick sagen, daß die sehr starke Polarisierung, die in weiterer Folge in verhängnisvoller Weise das Geschick des Dritten Lagers bestimmt hat, eher von diesem liberalen Flügel ausgegangen ist.

*Welche Rolle für die Gründergeneration von VdU und FPÖ hat denn die national-sozialistische Vergangenheit gespielt?*

**Scrinzi:** Für uns war das besondere Element im Nationalsozialismus, daß er die gesamtdeutschen volklichen Aspekte betont hat, um es konkret zu sagen, die großdeutsche Idee, die ja in der Ersten Republik außerordentlich lebendig war, maßgebend und entscheidend. Uns war natürlich nach 1945 klar, daß dieses großdeutsche Denken heute keinen realistischen Boden mehr haben kann. Umso wichtiger war es aber, die kulturelle, ethnische, historische Zugehörigkeit zum großen Volk dieser europäischen Mitte zu betonen und die diesbezüglichen Traditionen weiter zu wahren und zu pflegen. Die drei deutschen Nachfolgestaaten, die 1945 entstanden sind, haben sehr die Gefahr des völligen Auseinanderbrechens, des nationalen Verfalls, in sich getragen. Dem wollten wir gegensteuern. Durchaus auf dem Boden der neuen österreichischen Verfassung, damit auch auf der Eigenstaatlichkeit stehend, aber eben im Bewußtsein, daß wir hier einfach eine historische, geopolitische, wirtschaftliche Realität zur Kenntnis zu nehmen haben, ich glaube auch im Interesse der Entwicklung des neuen europäischen Bewußtseins. Denn wir waren es, die in der Präambel des Parteiprogramms, das 1948 entstanden war, ganz eindeutig das Bekenntnis zu den Vereinigten Staaten von Europa hatten. Ich selber habe ja dann später, genau gesagt 1968, eine Änderung in der Richtung durchgesetzt, als wir nicht nur die Vereinigten Staaten, sondern einen europäischen Bundesstaat verlangten. Das war halt im Rückblick ein Schritt, den man im Anbetracht der Entwicklung, die inzwischen die EU genommen hat, nicht mehr verstehen kann. Aber es war damals diese Idee entstanden, daß nach den Erfahrungen zweier Weltkriege, deren

**Anton Reinthaller (rechts):** Erster Bundesparteiobmann der 1956 gegründeten Freiheitlichen Partei Österreichs

Hauptopfer natürlich die Deutschen, aber auch die inneneuropäischen Völker waren, ein neues Friedenskonzept notwendig sei. Das war der ursprüngliche Gedanke, der uns bewogen hat, dieses europäische Denken ganz bewußt in den Vordergrund zu stellen. Wir sind ja jahre- wenn nicht jahrzehntelang deswegen von den beiden anderen Parteien in Österreich ständig angegriffen und gescholten worden.

*Nun lassen wir vielleicht die Konflikte und Streitigkeiten des VdU, die ja sehr vielfältig waren, beiseite und befassen wir uns gleich mit der jungen FPÖ. Es war ja so, daß diese unter Reinthaller gegründete und dann auf Friedrich Peter übergegangene FPÖ sehr bald auch von rechter Seite und nationaler Seite kritisiert wurde und daß es schon Mitte bis Ende der 60er Jahre zur Gründung der Nationaldemokratischen Partei von Norbert Burger kam. Wie haben Sie denn diese Entwicklung miterlebt?*

**Scrinzi:** Ich habe Burger von seinen Südtirol-Aktivitäten gekannt. Als Abgeordneter aus Südtirol habe ich ja mich mit all den Kräften, die sich damals mit der Frage Südtirol beschäftigt haben, in Verbindung gesetzt und damit auch mit Norbert Burger. Ich habe auch die deutsche NPD gekannt, war aber der Meinung, daß die Entstehung einer Gruppe, die sich rechts von uns entwickelt, in Österreich keine Zukunft haben wird und habe mich also immer auf Distanz gehalten, wenngleich ich in ganz bestimmten Fragen und vor allem in der Südtirol-Frage durchaus mit Burger und der NDP zusammengearbeitet habe. Für uns hat es bedeutet, daß von unserem äußersten rechten Rand sicher eine Reihe von Wählern zur NDP abgewandert sind, was sie ja dann bekanntlich bei den Präsidentschaftswahlen, bei denen Burger kandidiert hat, in einem beachtlichen Stimmenerfolg von 140.000 Stimmen niedergeschlagen hat. Aber insgesamt war mein Bemühen eher dahin gerichtet, Burger – er war ja FPÖ-Mitglied und ist im Konflikt ausgeschieden – zu überzeugen ,daß es vernünftiger wäre, in die FPÖ zurückzukehren und dort den rechten Flügel zu verstärken.

*Nun kommt es ja Ende der 70er Jahre, mitten in der Ära Kreisky, zu einem Generationswechsel in der FPÖ. Friedrich Peter tritt als Parteichef ab, und der junge, sich bewußt liberal gebende Wiener Anwalt Norbert Steger wird Parteiobmann und will die FPÖ in ein betont liberales Fahrwasser führen. Wie haben denn die Nationalen, wie haben die Rechten diese Entwicklung damals gesehen, wie haben sie darauf reagiert?*

**Scrinzi:** Für die Steger-Ära und im besonderen für die Politik, die Norbert Steger selber verfolgt hat, war kennzeichnend, daß nicht so wie in den Jahren vorher, auch in den Jahrzehnten unter Peter, das Bemühen im Vordergrund stand, diese beiden, wenn man so sagen will, Flügel zu einem Ausgleich, zu einem Konvidium, zu einer Zusammenarbeit zu führen. Steger hat bei verschiedenen Gelegenheiten – ganz besonders deutlich war das aus Anlaß eine China-Reise – erklärt, er werde aus dieser FPÖ eine lupenreine liberale Partei machen. Es war gar keine Frage, daß die von ihm genannten Kellernazi und ähnliche Leute einfach ausgesondert, ausgestoßen, abgestoßen werden sollten. Auf diese Entwicklung hat die Wählerschaft, wie die laufenden Umfragen ergaben, also die alte, die nationalfreiheitliche Wählerschaft negativ reagiert, und Steger, der ja 1983 das erste rot-blaue Experiment eingeleitet hat, hat nach drei Jahren Regierungstätigkeit sich noch auf knapp drei bis vier Prozent Wähler stützen können. Das heißt also, daß dieser extrem liberale Kurs einfach nicht mehrheitsfähig war in der nationalfreiheitlichen Partei und es daher notwendig war – sollte diese dritte Kraft nicht in die Bedeutungslosigkeit absinken – diese Steger-Ära zu beenden. Und in diesen Jahren habe ich mich einerseits als Publizist und Kritiker immer wieder zu Wort gemeldet und andererseits aus Anlaß der Präsidentschaftswahl 1986 einen Kreis von bewußten, betont nationalfreiheitlichen Wählern versammelt und mich nach einiger Beratung zur Kandidatur bereit erklärt.

*Bevor wir zur Präsidentschaftskandidatur Ihrer Person und zur Nationalfreiheitlichen Aktion kommen, noch eine Frage zur frühen Steger-Ära: Damals gab es ja im eher studentischen Bereich die „Aktion Neue Rechte", die enge Beziehungen zur NDP hatte und die dann kriminalisiert wurde, wo es ja einen großen Prozeß gab. Wie sind denn Ihre Erinnerungen an dieses Phänomen?*

**Scrinzi:** Hier war ich ähnlich wie seinerzeit bei der Gründung der NPD der Meinung, daß diese radikale Rechte, wenn man sie so bezeichnen darf, keine Zukunft haben wird. Obwohl ich einer Reihe von Aktivisten dieser Gruppierung durchaus zubillige, daß sie aus einem idealistisch-ideologischen Impuls gehandelt haben, waren sie für mich aber doch in vieler Richtung anachronistisch. Für diese Gruppe sah ich – und das hat sich ja auch in weiterer Folge an den Universitäten gezeigt, wo sie dann sehr bald und sehr stark abgefallen sind – keine Zukunft. Soweit ich Einfluß hatte, habe ich stets Wert darauf gelegt, daß hier ganz klare

Grenzen gezogen wurden. Wir haben uns auf keinerlei Zusammenarbeit mit diesen Leuten, die ich als Personen durchaus geachtet habe, eingelassen, weil das – man darf ja nicht vergessen, wir hatten das Jahr 1968 schon hinter uns – zu einer Verstärkung der ganzen antifaschistischen Aggression gegenüber unserer Partei geführt hätte.

*Nun zur Nationalfreiheitlichen Aktion, Herr Primarius. Es war dies ja ein Versuch in der Ära Steger, oder gegen Ende der Ära Steger, im Gegensatz zu einer sich als lupenrein liberal gebenden Steger-FPÖ, das nationale Lager zu sammeln. Allerdings kam dann die Wende von Steger zu Haider und in der Präsidentschaftswahl wurde alles überschattet durch die Waldheim-Affäre. Wie sehen Sie denn die damalige Entwicklung?*

**Scrinzi:** Die Ausgangslage war ja die folgende: Steger sah, daß dieses Experiment der sogenannten kleinen, also rot-blauen, Koalition beim Wähler auf immer weniger Zustimmung traf. Die Fortsetzung dieses Experimentes, das heißt also die Sicherung der Regierungsbeteiligung einer FPÖ, die dann vielleicht bei Wahlen auf vier bis fünf Prozent herabfallen würde, war nur dadurch zu sichern, daß ein Bundespräsident gewählt wird, der für ein solches Experiment überhaupt zugänglich war. Diesen Chancen lagen natürlich bei einem potentiellen sozialistischen Präsidenten und weniger bei einem konservativen oder ÖVP-Präsidenten. Daher war die Partei bemüht, den sozialistischen Kandidaten mit allen Mittel zu unterstützen, vor allem durch Verzicht auf eine eigene Kandidatur. Damit sollte also bei einer Auseinandersetzung zwischen dem sozialistischen Kandidaten Steyrer und dem ÖVP-Kandidaten Waldheim, nach den Erfahrungen beginnend mit dem Jahr 1951, der sozialistische Kandidat durch das Dritte Lager eigentlich abgesichert werden, indem man auf einen eigenen Kandidaten verzichtete. Diese Linie hat sowohl innerhalb der Partei – allerdings nur bei einer Minderheit – Widerspruch hervorgerufen, ist aber insgesamt im Dritten Lager abgelehnt worden. Es sind daher aus ganz Österreich eine ganze Reihe von achtbaren Persönlichkeiten an mich herangetreten und haben ersucht, man möge doch die Lage prüfen, ob es nicht möglich sei, einen dritten Kandidaten, der dann wahlentscheidend werden könnte, zu stellen. Und das hat dann im Zuge einer ganzen Reihe von Besprechungen, die quer durch das Bundesgebiet geführt wurden, zur Gründung der NFA geführt, also einer Arbeitsgemeinschaft, deren Hauptakt damals war, die Kandidatur eines dritten Kandidaten als eigentlichen Repräsentanten des nationalfreiheitlichen Lagers möglich zu machen. Wir haben im Grunde weder an eine Abspaltung noch an die Gründung einer neuen Partei gedacht, sondern das war ein auf die Präsidentschaftswahlen zugeschnittenes Arbeitsübereinkommen, das da geschlossen wurde. Und dem sich sehr viele auch mittlere und kleinere Funktionäre der FPÖ gegen die Parteiräson angeschlossen haben. Bei uns in Kärnten haben wir ausdrückliche Unterstützung bekommen. Ich muß aber der Wahrheit die Ehre geben und einräumen, daß ich

Bild: ZZ-Archiv

**Norbert Steger (rechts):** Liberale Politik um jedem Preis zur gleichen Zeit die Statuten für eine neue Partei beim Innenministerium eingereicht habe. Das allerdings sozusagen nur als eine Art Rücksicherung, abhängig dann allenfalls vom Ausgang dieser Wahl. Die Wahl wurde durch das Eingreifen des Jüdischen Weltkongresses mit den schweren verleumderischen Attacken gegen den Kandidaten Kurt Waldheim bestimmt. Das hat uns dann, wie wir in Umfrageergebnisse feststellen konnten, von den zu erwartenden oder vorausgesagten 180.000 bis 200.000 Wählern – uns war klar, daß wir die Latte auf gar keinen Fall höher legen konnten – sehr stark zurückgeworfen, weil die Parole des „jetzt erst recht“ sehr viele freiheitliche Wähler bewogen hat, im ersten Wahlgang Waldheim zu wählen. Wir konnten nicht genügend klar machen, daß es auf gar keinen Fall im ersten Wahlgang zu einer Entscheidung kommen würde und daß im zweiten Wahlgang unsere Stimmen entscheiden würden. Diese Parole „jetzt erst recht“ hat dann also Waldheim sehr viele nationalfreiheitliche Wähler zugetrieben, aber eben noch keine absolute Mehrheit gebracht.

*Das ist eine sehr interessante Phase gewesen. Jetzt haben wir auf der einen Seite die NPD des Dr. Burger, wir haben die neugegründete Arbeitsgemeinschaft NFA, die eine Sammlung des nationalen Bereichs sein soll, jedoch keine Partei und wir haben die sich ins Out – um das Neudeutsch zu sagen – entwickelnde Steger-FPÖ. Und dann kommt Haider. Die NPD steht vor der Auflösung wegen Verfassungswidrigkeit, die NFA war vielleicht ein Wegbereiter für Haider. Wie sehen Sie die Entwicklung der FPÖ unter Haider im Zusammenhang mit diesen rechten und bewußt nationalen Strömungen.*

**Scrinzi:** Wir haben auf Haider sehr große Hoffnungen gesetzt. Wir kannten ihn ja nur aus seiner Tätigkeit als Bundesjugendreferent, wo er sich also als agil, wendig, als sehr guter Redner und ausgezeichneter Diskutant erwiesen hat und sich in zahlreichen Äußerungen, die bis in seine frühe Studentenzeit zurückgehen, als Nationaler deklariert hat. Er kam ja auch aus einem völlig „nationalen Stall", wie wir wissen. Ich kannte seinen Vater als ehemaligen VdU-Bezirkssekretär und wir wußten auch, daß er mütterlicherseits aus seiner Südtiroler Abstammung ein – wie wir meinten – durchaus unserem Lager zuzurechnender Mann war. Und ich habe ihn, als er in Kärnten tätig war, ein Jahr lang intensiv bearbeitet, sich auf einem außerordentlichen Parteitag einer Kampfabstimmung mit Steger zu stellen. Dies deshalb, da wir – und ich im besonderen – die Sorge hatten, daß sonst die Partei einfach unter die Schwelle der Wahrnehmbarkeit absinken würde. Die Weiterentwicklung ist ja bekannt. Es war dann der „Lorenzer Kreis", der ihn dazu bewegt hat, sich doch einer Kandidatur zu stellen. Zur gleichen Zeit war ich bemüht, die Gegensätze Haider-Burger, die damals sich ja auch in einem Prozeß gegenüber standen, auszugleichen. Es fand hier in meinem Haus ein mehrstündiges Gespräch statt, wo Burger seine Unterstützung für Haider bei kommenden Wahlen erklärt hatte, und wo nach Mitteln und Wegen gesucht wurde, diese Zusammenarbeit zu fördern. Ich hätte gar nicht ausgeschlossen, daß Burger, der ja aus der FPÖ gekommen war, bei einer wirklichen neu ausgerichteten Politik möglicherweise mit seinen Leuten dorthin wieder zurückkehren würde. Die NFA hatte ja ihre Aufgabe insoweit erfüllt und hat sich dann nach dem zweiten Präsidentschaftswahlgang als solche aufgelöst. Ich hatte mich damals auf etwas über 25.000 registrierte und kartierte Mitarbeiter stützen können, und diese sind sicher in der ersten Phase alle wieder FPÖ-Wähler geworden. Ein Teil hat sich wohl in den Kreis der Nichtwähler verabschiedet. Sie haben – offenbar aus intimerer Kenntnis der Person Haiders – meinen Optimismus, daß mit ihm ein neuer Aufbruch in der FPÖ kommen würde, nicht geteilt.

*Herr Primarius, jetzt ist da die Haider-FPÖ ab 1986, die sich zuerst sehr auf national macht und einen Aufbruch in der Wählerschaft erlebt, die NDP wird verboten, Sie selber bleiben als ruhendes Mitglied eigentlich in der FPÖ, betätigen sich publizistisch. Am rechten Rand aber gibt es weiter eine Reihe von Personen und Gruppen oder Grüppchen, die sich jenseits der FPÖ betätigten, etwa im Bereich der Kameradschaft Babenberg oder im Bereich der damals sogenannten Wehrsportgruppen um den Herrn Küssel, den Herrn Schimanek. Wie haben Sie denn damals diese Entwicklung bis hin zur Kriminalisierung dieser Gruppen gesehen?*

**Scrinzi:** So ähnlich wie zwei Jahrzehnte früher – ich sah dort keine Zukunft. Mir waren manche dieser Persönlichkeiten auch zu undurchsichtig und unberechenbar. Ich habe dorthin keinerlei Kontakte gesucht oder auch gehabt, mit Ausnahme der Arbeitsgemeinschaft für Politik, die ich nicht für radikal gehalten habe und wo ich das eine oder andere Mal auch als Vortragender tätig war. Es hat ja die Weiterentwicklung auch bestätigt, daß das eine Entwicklung ohne Zukunft war. Es herrschte überhaupt die Vorstellung, daß es darum ginge, das System als solches zu überwinden. Und da war schon jemand, der überhaupt einer bestehenden Partei angehörte, oder wie ich jahrzehntelang Abgeordneter und Funktionär war, von vornherein verdächtig. Wir alle waren für diese Leute eben Systemanhänger und Anhänger eines Systems, das man überwinden müsse.

*Dann kam es aber Anfang bis Mitte der 90er Jahre zur Kriminalisierung dieser Gruppen, auch zu spektakulären Prozessen, die ja immer in Wechselwirkung zum scheinbar unaufhaltsamen Aufstieg der Haider-FPÖ gesehen werden muß. Wie sehen Sie denn diese Prozesse, diese Kriminalisierung und wie sehen Sie andererseits den Weg der Haider-FPÖ damals, die ja vom nationalen Lager klar weg ging.*

**Scrinzi:** Wie gesagt ich habe im besonderen überhaupt keine Beziehungen zu diesen Gruppen gehabt und war der Meinung, daß – unabhängig von ihren vielleicht aufrichtigen Absichten – der Weg falsch und nicht zielführend sei. Die Entwicklung in der FPÖ hat mir Sorgen gemacht und das Jahr 1995 mit Haiders

Absage an das eigentliche Dritte Lager und seiner Verurteilung der sogenannten Deutschtümelei war dann für mich der Knackpunkt. Von dort an habe ich eigentlich innerlich – obwohl ich mich der Gesinnungsgemeinschaft nach wie vor zugehörig gefühlt habe – mit dieser FPÖ-Politik, wie sie Haider und seine Partie betrieben haben, gebrochen. Trotzdem habe ich mich bemüht, die FPÖ insgesamt auch publizistisch immer wieder durch konstruktive Kritik zu unterstützen und auf die Gefahren hinzuweisen und ich glaube im Rückblick sagen zu können, ich habe mit meinen Warnungen Recht behalten, es hat ja damit im Jahre 2005 mit dem BZÖ geendet.

# Haftstrafen für Wehrsportübungen

## VAPO, Kameradschaften und die Prozesse gegen Küssel und Schimanek jun.

**VON BERNHARD TOMASCHITZ**

In der ersten Hälfte der 90er Jahre nahm die radikale Rechte in den zeitgeistigen Medien Österreichs und des Auslandes einen prominenten Stellenwert ein. Standen zuerst Wehrsportübungen im Mittelpunkt des Interesses, waren es später Hausdurchsuchungen bei Verdächtigen, deren Verhaftung und schlußendlich die Prozesse, die in der Regel mit Verurteilungen zu mehrjährigen Haftstrafen wegen nationalsozialistischer Wiederbetätigung endeten.

Zentrale Organisation war die „Volkstreue außerparlamentarische Opposition" (VAPO) mit deren „Führer" Gottfried Küssel. Der gebürtige Wiener, der sich selbst als „Nationalsozialist" bezeichnete, gründete die VAPO, eine weder als Verein noch als Partei organisierte Gruppe im Jahre 1986. Ihrem Selbstverständnis nach betrachtete sich die VAPO als „fundamentale nationale Opposition": Sie ist keine Organisation im herkömmlichen Sinn, sondern eine lose Kampfgemeinschaft von nationalen Gruppen und Personen. Da auch keine Mitgliederlisten geführt, keine Verantwortlichen bestimmt und keine Organisationsformen und Instanzenwege beachtet werden müssen, ist der Zugriff durch Behörden sehr erschwert, ja nahezu unmöglich gemacht."[1] Für den Obersten Gerichtshof (OGH) war es hingegen der Zweck der VAPO, „durch Betätigung ihrer Mitglieder im nationalsozialisti-

1 Die Sturmfahne, Rundbrief aller VAPO-Aktivisten 1/1987, S. 7

schen Sinn die Selbständigkeit und Unabhängigkeit der Republik Österreich zu untergraben"[2].

In der VAPO fungierte Küssel als „Bereichsleiter" und setzte sogenannte Gaubeauftrage ein oder bestätigte diese. Die Gaubeauftragten waren für die Errichtung einzelner Kameradschaften verantwortlich. In der Folge kam es zur Gründung von Kameradschaften in Wien, Langenlois, Krems, St. Pölten, Eichgraben, Wiener Neustadt, Salzburg und Gmunden und damit zur Anwerbung zahlreicher Mitglieder. Außerdem organisierte und leitete Küssel Versammlungen von Gauleitern, die als „Führerthinge" bezeichnet wurden, sowie monatliche Gauappelle und ordnete ideologische Schulungen einzelner Mitglieder an. 1993 wurde Küssel wegen Wiederbetätigung zu zehn Jahren Freiheitsstrafe verurteilt und erst im Sommer 1999 vorzeitig aus der Haft entlassen.

Im Zuge der Prozesse wegen Wiederbetätigung Mitte der 90er Jahre erregte auch jener gegen Hans-Jörg Schimanek jun. besonderes mediales Interesse. Schließlich war dessen Vater zu dieser Zeit in Niederösterreich Landesrat der FPÖ, die sich damals in einem politischen Höhenflug befand. Der „Fall Schimanek jun." zeigt einerseits, wie leicht ein junger Mann in die Fänge des Verbotsgesetzes geraten konnte und zeigt andererseits das politische Klima in Österreich in der ersten Hälfte der 90er Jahre.

Schimanek jun. gibt in seiner – schlußendlich abgelehnten –Menschenrechtsbeschwerde an den Europäischen Gerichtshof für Menschenrechte an, schon immer am Militär interessiert gewesen zu sein und führt in diesem Zusammenhang seinen dreijährigen Besuch des Militärgymnasiums in Wiener Neustadt und seine freiwillige zehnjährige Verpflichtung als Zeitsoldat an. Schimanek jun., Jahrgang 1963, wurde im April 1986, wie er sagt, „wegen seiner Gesinnung" aus dem Wehrdienst entlassen. Allerdings hob der Verwaltungsgerichtshof die Entlassung am

2 OGH 13Os4/94

Bild: ZZ-Archiv

**Gottfried Küssel beim „Führergeburtstag" 1989:** Der Wiener war führender Kopf der „Volkstreuen außerparlamentarischen Opposition"

30. Juni 1986 wieder auf, worauf Schimanek jun. seinen Dienst wieder antrat, bis er mit Jahresende 1989 freiwillig aus dem Bundesheer austrat. Allerdings hatte Schimanek jun. schon im Jahre 1986 im niederösterreichischen Langenlois, wo seine Eltern einen Zweitwohnsitz hatten, eine „Jugendgruppe" gegründet, mit dem Zweck der körperlichen Ertüchtigung junger Menschen und der Wehrerziehung. Schimanek jun., der nach seinem Ausscheiden aus dem Bundesheer als freiberuflicher Journalist gearbeitet hatte, führte zu dieser Zeit seine Tätigkeit in der von ihm gegründeten Jugendgruppe (Kameradschaft) in Langenlois weiter. Dabei fanden auf einem Grundstücks eines Landwirts in der Nähe des Hauses von Schimaneks Eltern Wehrsportübungen statt, die den Behörden von Anfang an bekannt waren. Diese wurden jahrelang von der Gendarmerie und von der Staatspolizei stets beobachtet, wobei es seitens der Behörden zu keiner Verbotsaussprechung oder Strafanzeige kam. Die einzige Anzeige, die erstattet wurde, bezog sich auf einen Verstoß gegen das Forstgesetz, wobei das Verfahren jedoch bald eingestellt wurde.

Während die Behörden also an den Wehrsportübungen im Raum Langenlois zunächst keinen Anstoß genommen hatten, änderte sich im Dezember 1991/Jänner 1992 wegen politischer Bestrebungen, das Verbotsgesetz zu novellieren, die Lage. Ende 1991 hatte ein bundesdeutscher Fernsehsender ein Kamerateam nach Langenlois entsandt, das dort die Wehrsportübungen filmte und ein Interview mit Küssel machte. Das Interview, das einschlägige Aussagen zum Holocaust enthielt, wurde vom ORF übernommen.

In einem Interview, das der bundesdeutsche Sender „Tele 5“ am 8. Dezember 1991 ausstrahlte, erklärte Küssel, das Ziel der von ihm geleiteten Bewegung sei eine Zulassung der NSDAP als Wahlpartei und damit ein Antreten bei Wahlen und eine Teilnahme an machtpolitischen Situationen. In einer Sendung des Senders „ABC-News-Nightline“ zum Thema „Neonazis in Deutschland“, die am 17. Dezember 1991 ausgestrahlt wurde, meinte Küssel: „Adolf Hitler war einer der größten Männer in der Geschichte Deutschlands, besonders in der Geschichte des 20. Jahrhunderts … er verlor und mit ihm verlor ganz Deutschland den Zweiten Weltkrieg, aber die Ideologie war sehr gut und es war eine äußerst nationale Ideologie und ich denke, daß sie für die ganze Welt gut ist … er gab der deutschen Nation einen neuen Aufstieg, und er gab ihr die Mehrheit in ihrem eigenen Land, und das ist für ihre eigene Identität sehr notwendig …“. Und auf die Frage des Journalisten Ted Koppel, „Herr Küssel, Sie sind sicherlich nicht der Meinung, daß der Holocaust überhaupt nicht stattgefunden hat. Es handelt sich nur um die Anzahl der Opfer – oder behaupten Sie wirklich, daß das, was hunderte, ja tausende amerikanische Soldaten als Zeugen sahen, als sie nach dem Zweiten Weltkrieg in die Konzentrationslager kamen, eine Einbildung gewesen sein soll“, antwortete er: „Nein, die Konzentrationslager hat es gegeben, aber es hat dort niemals ein organisiertes Töten oder organisiertes Vergasen gegeben“. Der OGH wertete diese Aussagen als „Untergrabung der (inneren und äußeren) Unabhängigkeit und Selbständigkeit der Republik Österreich", weil es Küssel darauf angelegt habe, „die völkerrechtliche Souveränität oder die innerstaatliche, auf der Verfassung beruhende Rechtsordnung der Republik Österreich zu beseitigen oder sonst in ihrem Bestand zu gefährden"[3].

Wenig überraschend kam es aufgrund der genannten und ähnlichen Äußerungen Küssels zu einem großen medialen Aufsehen, und Küssel, Schimanek jun. und weitere Personen wurden wegen des Verdachts des Verstoßes gegen Paragraph 3a Ziffer 2 Verbotsgesetz in Untersuchungshaft genommen, ebenso kam es zu einer Reihe von Hausdurchsuchungen.

Eine weitere Folge der starken medialen Berichterstattung war, daß nunmehr eine Novellierung, also eine Verschärfung des Verbotsgesetzes gefordert wurde. Das Parlament legte dann in dieser Angelegenheit eine besondere Eile an den Tag. Bereits am 5. Februar 1992 wurde im Justizausschuß des Nationalrates der Antrag beschlossen, das Verbotsgesetz zu novellieren. Bei den Paragraphen 3a, 3c Absatz 1 und 3f sollte anstelle der lebenslangen Freiheitsstrafe eine Freiheitsstrafe von zehn bis 20 Jahren treten, und bei besonderer Gefährlichkeit der Tat oder des Täters sollte die Möglichkeit zur Verhängung einer lebenslangen Freiheitsstrafe bestehen bleiben. Weil bis zu diesem Zeitpunkt die Gerichte wegen der hohen Strafdrohungen des Verbotsgesetzes gezögert hatten, Verurteilungen auszusprechen, sollte bei Paragraph 3g und beim neuen Paragraphen 3h die Untergrenze von fünf Jahren auf ein Jahr herabgesetzt werden, die Obergrenze von 20 Jahren aber bleiben. Zwei Wochen später, am 19. Februar 1992, erhielten die Nationalratsabgeordneten den Bericht des Justizausschusses, und am 26. Februar 1992 wurde die Novelle des Verbotsgesetzes vom Nationalrat einstimmig beschlossen. Die Zustimmung des

3 Aussagen weiterer Interviews Küssels finden sich in dem OGH-Erkenntnis 13Os4/94

Bundesrates Anfang März 1992 war dann nur noch eine Formsache.

Interessant ist in diesem Zusammenhang die Beantwortung einer Parlamentarischen Anfrage durch den damaligen Bundeskanzler Franz Vranitzky, in der dieser am 17. Mai 1992 erklärte, warum Österreich ein knappes halbes Jahrhundert nach dem Ende des Zweiten Weltkriegs ein Gesetz braucht, das die Leugnung, Gutheißung oder Verharmlosung nationalsozialistischer Verbrechen, nicht aber jener des Kommunismus unter Strafe stellt. Weil, so Vranitzky, die KPÖ Mitbegründerin der Zweiten Republik sei, dürfe ein Leugnen, Verharmlosen, Gutheißen oder Rechtfertigen der bolschwistischen Massenmordverbrechen nicht ebenso unter Strafe gestellt werden wie NS-Untaten.

Am 16. April 1992 wurde Schimanek jun. gegen das Gelöbnis, nicht mehr an paramilitärischen Veranstaltungen teilzunehmen, aus der Untersuchungshaft entlassen. Mehr als zwei Jahre später, im Juli 1994 wurde er rechtskräftig nach Paragraph 3a

**Wehrsportübungen:** Für den OGH nationalsozialistische Wiederbetätigung

Ziffer 2 Verbotsgesetz – Gründung einer oder führende Betätigung in einer Verbindung, deren Zweck es ist, durch Betätigung ihrer Mitglieder im nationalsozialistischen Sinn die Selbständigkeit und Unabhängigkeit der Republik Österreich zu untergraben – angeklagt.

Mittlerweile hatte sich das politische Klima in Österreich weiter verschärft. Anfang Dezember 1993 erschütterte die erste Briefbombenserie das Land, ihr prominentestes Opfer war der damalige Wiener Bürgermeister Helmut Zilk, der an der Hand schwer verletzt wurde. Wer hinter diesen Verbrechen sollte, war für die gleichgeschalteten Medien des Landes schnell klar, nämlich „die Rechten". Erst mit der Verhaftung Franz Fuchs' im Herbst 1997 stand fest, daß offenbar ein Einzeltäter hinter den Straftaten stand. Und dann verlor im August 1994 ein Polizist durch eine Rohrbombe, die vor einer zweisprachigen Schule in Klagenfurt plaziert worden war, beiden Hände.

Als im September 1994 der Prozeß gegen Gottfried Küssel begann, stand für selbsternannte Kenner der Szene fest, daß die „rechte Szene" für diese Verbrechen verantwortlich war. Jedenfalls brachte der Küssel-Prozeß schon bald mit einem Knalleffekt. Die vorsitzende Richterin des Schwurgerichts, Dr. Klothilde Eckbrecht, ließ im Zuge der Zeugeneinvernahmen Schimanek jun. sowie eine Reihe weiterer Zeugen wegen des Verdachts der falschen Zeugenaussage im Gerichtssaal festnehmen. Wie Schimanek jun. in seiner Menschenrechtsbeschwerde festhielt, drehte sich ein längerer Teil der Zeugeneinvernahmen in der Hauptverhandlung gegen Küssel um die Frage, welchem Zweck ein Treffen am 20. April 1991 in der Nähe von Gmunden in Oberösterreich gedient habe. Schimanek jun. erklärte, er habe wahrheitsgemäß angegeben, daß am besagten Tag in Gmunden die Gründung einer Kameradschaft stattgefunden hätte und er selbst als Redner und nach ihm Küssel das Wort ergriffen hätten. Auf die Frage Eckbrechts, „Es soll ein Mädchen Geburtstag gehabt haben?", bestätigte Schimanek jun. dies und kam nach eigenen Angaben sofort wieder auf das Kameradschaftstreffen zu sprechen. Jedenfalls interpretierte die vorsitzende Richterin die Aussage des Zeugen in der Weise, daß dieser dem Kameradschaftstreffen in Gmunden den Charakter einer Geburtstagsfeier habe unterstellen wollen und ließ ihn noch im Gerichtssaal in Untersuchungshaft nehmen. Der Untersuchungsrichter verhängte dann die ordentliche Untersuchungshaft.

Das weitere Schicksal Schimanek jun. sollte nun in den Händen der Richterin Klothilde Eckbrecht liegen. Zwar wären nach der Geschäftsverteilung des Landesgerichts für Strafsachen Wien andere Richter für den Prozeß gegen den Angeklagten zuständig gewesen, doch diese erklärten sich alle – wegen der Bekanntschaft zu Schimanek sen. – für befangen, sodaß Eckbrecht zum Zug kam. Ursprünglich war das Verfahren gegen den Sohn des damaligen niederösterreichischen Landesrates zusammen mit jenem gegen Küssel vom Landesgericht St. Pölten eingeleitet und dann vom Straflandesgericht Wien fortgeführt worden. Später wurden dann die Verfahren gegen die beiden getrennt und gesondert weitergeführt.

Als im März 1995 die Hauptverhandlung gegen Schimanek jun. eröffnet wurde, stand die Republik noch unter dem Eindruck der Explosion einer Sprengfalle am Ortsrand von Oberwart am 4. Februar 1995, bei der vier Angehörige der Roma-Minderheit starben. Auch hinter diesen Verbrechen vermuteten die gleichgeschalteten Medien des Landes die „rechte Szene", obwohl, wie sich später herausstellen sollte, Franz Fuchs der Täter war. Gegen Eckbrecht, die zu Beginn ihrer beruflichen Laufbahn als Staatsanwältin tätig gewesen war, wurden Vorwürfe der „politischen Stimmungsmache" erhoben. In seiner Menschenrechtsbeschwerde wirft ihr Schimanek jun. folgendes vor: „Die Vorsitzende, Dr. Klothilde Eckbrecht, war bemüht, schon seinerzeit gegen die Angeklagten Gottfried Küssel und in der Folge auch gegen den Beschwerdeführer vor den Geschworenen möglichst Stimmung zu machen. Am wirkungsvollsten erwiesen sich in diesem Zusammenhang die Äußerungen der Vorsitzenden, mit welchen schon Küssel im zweiten Verfahrensgang und dann auch der Beschwerdeführer mit den Briefbomben und den Bomben in Klagenfurt und in Oberwart in Zusammenhang gebracht werden sollten. Bezeichnenderweise finden sich diese von der Vorsitzenden während der Verhandlung gegen den Beschwerdeführer getätigten Äußerungen nicht im HV-Protokoll."

Im Zuge und am Rande des Verfahrens soll es noch zu weiteren Äußerungen Eckbrechts gekommen sein, die einen dunklen Schatten auf den Strafprozeß warfen. Ende November 1994 soll sie anläßlich eines zufälligen Treffens zu Dr. Christian Werner, dem Verteidiger von Schimanek jun., erklärt haben: „„,Ich stehe Ihrem Klienten neutral gegenüber, aber lesen Sie die jüngste Ausgabe von ‚NEWS'!" Das Magazin hatte ein Interview mit einem „Aussteiger aus der deutschen NS-Szene" veröffentlicht, in dem dieser behauptete, Schimanek jun. hätte auf der Insel Rügen und in Berlin an Bombenbastelkursen teilgenommen und selbst solche geleitet. Schimanek jun. schreibt dazu in seiner Menschenrechtsbeschwerde, daß er „diesen ‚Aussteiger' weder persönlich kennt, noch in Berlin, auf Rügen oder sonstwo an Bombenbastelkursen teilgenommen hat".

Weiters hielt Eckbrecht dem Angeklagten vor, er möge sich an „die Bumser" erinnern. Hier bleibt die Frage im Raum stehen, was jene Südtirolaktivisten, die Anfang der 60er Jahre Hochspannungsmaste gesprengt haben, ohne daß Verletzungsgefahr für Menschen bestanden hatte, mit dem Verfahren zu tun hatten.

Am vierten und fünften Verhandlungstag hat Eckbrecht eine Reihe von Zeugen einvernommen, die alle von der Staatsanwaltschaft schon in der Anklageschrift beantragt worden waren. Als verschiedene Zeugen offenbar das, was die Vorsitzende von ihnen wissen wollte, nicht in der erwarteten Weise bekundeten, soll sie dem Angeklagten vorgeworfen haben: „Also funktioniert hat ihre Ausbildung nicht. Was sie uns hier an frühreifen Alzheimer-Kranken präsentieren, geht ja auf keine Kuhhaut." Und wie die „Wiener Zeitung" in ihrer Ausgabe am 25. März 1995 berichtete, soll sie gegenüber den Geschwornen erklärt haben: „Setzen wir die Autorität der Republik Österreich durch, dann müßte ich mit Ordnungsstrafen vorgehen, oder zumindest ein Drittel der Zeugen in den Häfn schicken."

Für Aufsehen sorgte auch die Verlesung mehrere Briefe Schimanek jun. an seine Freundin und vor allem auch einen Brief seines Vaters. Weil der Angeklagte, dem sogar eine lebenslängliche Haft drohte, das Verbotsgesetz teils heftig kritisierte, wurden diese Äußerungen von Eckbrecht als „gesinnungsbedingt" interpretiert. Im Brief, den Schimanek sen. seinen Sohn, der sich in einer schlechten psychischen Verfassung befand, schrieb, um diesen aufzurichten, meinte der damalige FPÖ-Politiker, sein Sohn habe doch kein Verbrechen begangen, auch wenn man ihm dies nach einem wohl einzigartigen Verfassungsgesetz (Verbotsgesetz) vorhalte. Was die Verlesung dieses Briefes zur Wahrheitsfindung beitragen konnte, ist unklar, aber Eckbrecht rügte den im Gerichtssaal anwesenden Vater des Angeklagten laut: „Es ist schon merkwürdig, daß sich ein Politiker der Republik Österreich in einem Brief gegen ein Verfassungsgesetz stellt!" Dabei hätte Eckbrecht als Juristin wissen müssen, daß in Österreich auch Politikern die Kritik an geltenden Gesetzen erlaubt ist.

Hofrat Mag. Hermann Fuchslehner, ein besitzender Richter, dürfte mit Eckbrechts Prozeßführung alles andere als einverstanden sein. Zwei Stunden nach der Urteilsverkündung erklärte in Gegenwart einiger Personen: „Ich schäme mich angesichts dieses Urteils, Richter zu sein". Mit „diesem Urteil" wurde Schimanek jun., der bei den „Wehrsportübungen" eine untergeordnete Rolle gespielt hatte, wegen Wiederbetätigung zu fünfzehn Jahren Haft verurteilt. Küssel, der führende Kopf der VAPO, dessen Prozeß

Bild: ZZ-Archiv

**Küssel und Schimanek jun.:** Wurden bei medial hochstilisierten Prozessen zu langjährigen Haftstrafen verurteilt

vom Verfahren gegen Schimanek jun. wieder getrennt worden war, erhielt zehn Jahre. Gerhard E., ein weiterer Mitläufer, wurde zu zwei Jahren verurteilt. Im Zuge des Berufungsverfahrens wurde die Strafe für Schimanek jun, auf acht Jahre herabgesetzt, die für E. auf drei Jahre erhöht.

Angesichts der deutlichen Unterschiede der Höhe der Strafen hielt Schimanek jun. in seiner Beschwerde gegen die Republik Österreich an den Europäischen Gerichtshof für Menschenrechte fest: „Das Verfahren gegen den Beschwerdeführer konnte in das Ende 1994/Anfang 1995 offengebliebene Küssel-Verfahren wiedereinbezogen und damit die Zuständigkeit der bereits im Küssel-Prozeß tätigen Vorsitzenden Dr. Eckbrecht begründet werden. Solche Maßnahmen der politischen Justiz entscheiden darüber, ob ein Angeklagter für ungefähr denselben Komplex an strafbaren Handlungen von einem Geschworenengericht entweder 15 oder zwei Jahre bekommt. Dies wird an den Beispielen der Strafprozesse gegen Gerhard E. einerseits und gegen den Beschwerdeführer andererseits deutlich. E. erhielt in erster Instanz zwei Jahre, der Beschwerdeführer fünfzehn Jahre. Im Fall E. wurde das Urteil im Berufungsverfahren auf drei Jahre nach oben korrigiert, im Fall des Beschwerdeführers auf acht Jahre herabgesetzt. Letztlich lautet das Verhältnis nach Maßgabe der höchstgerichtlichen Korrekturen bei annähernd gleichem Tatbestand auf acht zu drei Jahren Freiheitsstrafe. Hätte nicht die Vorsitzende Dr. Eckbrecht den Strafprozeß des Beschwerdeführers übernommen und ihn unter ständiger Stimmungsmache gegen diesen geführt, wäre über ihn eine Strafe in der Größenordnung wie die gegen E. verhängt worden, nicht jedoch die tatsächlich verhängte, fast dreifach höhere."

In den Jahren 1994 und 1995 führte in Gmunden eine Gruppe von fünf Jugendlichen Wehrsportübungen durch. Die zum Tatzeitpunkt 16- bis 18jährigen wurden deshalb sowie wegen des Rufens der Parole „Sieg Heil" und „Deutschland den Deutschen!" Freiheitsstrafen in der Höhe von sieben Monaten und dreieinhalb Jahren, die allerdings wegen des jugendlichen Alters der Burschen unter Bestimmung einer dreijährigen Probezeit bedingt nachgesehen wurden. Interessant ist, daß der der OGH die Durchführung von Kampfübungen mit Messer und Schlagstökken durch die fünf jungen Oberösterreicher, „wobei sie sich in zwei Gruppen aufteilten und übten, sich geräuschlos an die jeweils andere Gruppe anzunähern und diese sodann zu überwältigen", als nationalsozialistische Wiederbetätigung wertete. Zur Begründung führten die Richter aus, daß „der Wehrsport der (deutschen) Jugend für den militärischen Kampf für den Nationalsozialismus gleichermaßen typisch war"[4].

4 OGH 13Os45/00

# Stammtischbesuche können gefährlich werden

## Die Fingerfertigkeit eines Klavierspielers und eine Handarbeitslehrerin als Mutter reichten für zwei Jahre Untersuchungshaft

**WALTER TRIBUTSCH IM GESPRÄCH MIT FRANZ RADL**

*Herr Radl, Sie wurden, wie man weiß, zu Unrecht wegen des Briefbombenterrors vor Gericht gestellt. Warum ist man damals überhaupt auf Sie gekommen?*

**Radl:** Meine Verhaftung entsprang nicht einem Fehler der damit betrauten Behörden, sondern war wohl kalkulierte Absicht, meine Person für längere Zeit auszuschalten.

*Wessen Absicht war das?*

**Radl:** Der von Innenminister Blecha neu gegründeten EBT, die ihren ersten Auftrag in der Verfolgung des „Terroristen" Pretterebner sah, d. h. in der Unterdrückung von Skandalen, die der herrschenden Machtclique zugeschrieben werden konnten. Also diese EBT war als politisch gesteuertes Verfolgungsinstrument unter dem Deckmantel der Terrorismusbekämpfung und des Verfassungsschutzes tätig.

Bild: privat

**Franz Radl:** Jahrgang 1967, 1985 Matura Gymnasium Fürstenfeld, Studium der Rechtswissenschaften, angeklagt im Briefbombenprozeß 1993, Untersuchungshaft 1993 bis 1995, Freispruch im Dezember 1995, Verurteilung wegen Wiederbetätigung nach §§ 3b, 3g

*Politisch gesteuert heißt vom Innenminister gesteuert, oder gibt es da jemanden anderen, der da dahintergestanden ist?*

**Radl:** Ja, natürlich in erster Linie vom Innenministerium gesteuert.

*Welches Interesse sollten sie haben, gerade den Franz Radl anzuklagen, für eine Geschichte, wo man, wie Sie meinen, wußte, daß er es ja nicht gewesen ist?*

**Radl:** Man muß ja dazu wissen, daß das Innenministerium seit 1945 ganz stark zuerst von den Besatzungsmächten und dann eben von den Machtstrukturen, die diese Besatzungsmächte hinterlassen haben, regiert wird. Das ist ja auch leicht daran zu erkennen, daß durch Jahrzehnte hindurch ideologisch und familiär geprägte Kommunisten im Innenministerium werken durften.

*Das alles mag gut und schön sein, aber warum gerade den Franz Radl? Was hat der EBT und dem Innenministerium an Franz Radl nicht gefallen, daß sie gesagt haben, den müssen wir hinter Schloß und Riegel bringen?*

**Radl:** Meine Person war ihnen aus mehreren Gründen ein Dorn im Auge. Das hing, wie sich auch dann später im Laufe des Verfahrens zeigen sollte, zu allererst mit meiner Mitwirkung bei der Entstehung eines Buches über Simon Wiesenthal zusammen.

*Welches Buch, kann man das sagen?*

**Radl:** Ja, das ist das Buch „Schelm und Scheusal – Meineid, Macht und Mord auf Wizenthals Wegen". Der Autor ist Gerd Honsik, der zum damaligen Zeitpunkt nach einer noch nicht rechtskräftigen Verurteilung durch das Landesgericht für Strafsachen Wien ins spanische Exil gegangen war.

*Dieses Buch, nehme ich an, ist jetzt verboten in Österreich?*

**Radl:** Dieses Buch wurde ob seinen unbequemen Aussagen,

Bild: www.honsik.com

**Gerd Honsik:** Der angebliche Drahtzieher des Rechtsextremismus in Österreich

ohne daß es hier von oben verordnete geschichtliche Wahrheiten dezediert in Frage gestellt hätte, wie es ja durch den Paragraph 3h umschrieben ist, aus dem Verkehr gezogen und letztlich ist sein Inhalt auch vom Obersten Gerichtshof als strafrechtlich relevant klassifiziert worden.

*D.h. der Besitz und der Vertrieb dieses Buches in Österreich sind verboten?*

**Radl:** Der Vertrieb dieses Buches ist verboten, noch nicht der Besitz, so weit geht die Gesinnungsjustiz noch nicht.

*Gut, also diese Buch alleine, an dem Sie mitgewirkt haben, und ihre Bekanntschaft mit Gerd Honsik, das alleine war ausschlaggebend dafür, daß man sich auf Sie gestürzt hat?*

**Radl:** Das bildete den hintergründigen Antrieb. Vordergründig gab es einen ehemaligen Mitschüler, der hier im antifaschistischen Pflichtbewußtsein ins Innenministerium geeilt war, um dort eben seine Ansichten über mich zum Besten zu geben, vor allem seine subjektive Ansicht, daß er mich für geeignet hielte, solche Höllenmaschinen zu basteln und auf den Weg zu bringen.

*Was hat Sie dafür seiner Aussage nach qualifiziert?*

**Radl:** Die skurrile Begründung unter anderem war die, daß meine Mutter Handarbeitslehrerin war und daß ich Klavier spielen kann, daß ich eine gewisse Fingerfertigkeit besäße usw.

*Das würde so ungefähr mindestens auf drei Viertel aller Österreicher zutreffen, wenn man dieses Kriterium, eine gewisse Fingerfertigkeit zu haben, nimmt.*

**Radl:** Ja. Es stellte sich dann später im Prozeß heraus, daß dieser ehemalige Mitschüler, so wie er damals im Prozeß in Erscheinung trat, parlamentarischer Mitarbeiter des ÖVP-Abgeordneten Josef Höchtl, eines bekannten Multifunktionärs, war. Später stieß ich auf den Umstand, daß eben dieser Josef Höchtl Mitglied des Dokumentationsarchivs des Österreichischen Widerstandes ist.

*Ein aktives Mitglied oder ein nominelles?*

**Radl:** Ein Mitglied, er ist einfach Mitglied, nicht im Stiftungsrat oder so, sondern Mitglied, Kuratoriumsmitglied.

*D. h. diese Denunziation Ihres ehemaligen Klassenkameraden und die bekannte Mitarbeit an diesem Buch von Gerd Honsik über Simon Wiesenthal, das hat Ihrer Meinung nach ausgereicht, daß man gesagt hat, das ist ein ganz gefährlicher Typ und eine Fingerfertigkeit hat er als guter Klavierspieler auch.*

**Radl:** Das und der Nachweis meiner Gesinnung, das Bekenntnis zu einem selbstbestimmten deutschen Österreich.

*Haben Sie diese Gesinnung damals irgendwie publizistisch verbreitet, abgesehen von dem Buch?*

**Radl:** Ich müßte da weiter ausholen: 1990 gab es den, letztlich durch die Systemparteien oder nennen wir sie Besatzungsparteien, abgeschmetterten Versuch hier dieser von Amerika aus gesteuerten Überfremdung die den Untergang unseres Volkes zum Ziele hat, entgegenzutreten. Und zwar mit dem beabsichtigten Wahlantritt der Liste „Nein zur Ausländerflut" anläßlich der Nationalratswahl 1990.

*„Nein zur Ausländerflut" war das so eine Art Nachfolgegruppierung von „Ausländer Halt" oder ANR oder NDP? Kann man das irgendwie in diese Richtung einordnen oder ist das eine eigene, neue Kreation gewesen?*

**Radl:** Ja, möglicherweise wäre es personell hier in eine Linie einzuordnen. Nachdem sich aber dieses Wahlbündnis aus aktuellem Anlaß formiert hatte, ist es, streng juristisch genommen, nicht der Fall.

*Aber es gibt eine Personalunion bei den handelnden Personen?*

**Radl:** Ja, natürlich, nachdem nur wenige hier ihre Stimme erheben, tritt das einmal so ein.

*Unabhängig jetzt von diesen ideologischen und den, aus dem Gesichtspunkt der herrschenden Machtverhältnisse, begangenen Verfehlungen gab es etwas anderes, was man Ihnen zu diesem Zeitpunkt hätte vorwerfen können? Sind Sie irgendwo einmal handgreiflich geworden gegen Ausländer oder haben Sie irgendjemanden bei einer Wehrsportübung verletzt? Oder ist irgendetwas dieser Art einmal vorgefallen?*

**Radl:** Nein, keineswegs.

*Trotzdem sind Sie wie lange in Untersuchungshaft gesessen?*

**Radl:** Bis zum Ende des Prozesses, zwei Jahre.

*Zwei Jahre Haft, obwohl nahezu nichts vorgelegen ist, außer diesen Vermutungen, daß Sie eine gewisse ideologische Einstellung haben, Klavier spielen können und Ihre Mutter Handarbeitslehrerin ist?*

**Radl:** Ja, das muß man leider so sagen, wobei als zusätzlicher Aufhänger für die Anhaltung, also für die Verlängerung der Haft, der Vorwurf nach Paragraph 3b, NSDAP-Verbotsgesetz, Mitgliedschaft in einer eben solchen Organisation herhalten mußte. Dazu ist allerdings zu sagen, daß nach Ansicht der Staatsanwaltschaft, und das geht auch aus der Anklageschrift eindeutig hervor, bereits der freundschaftliche Umgang mit bestimmten Personen und das mehrmalige Aufsuchen eines Stammtisches hier als konkludente Mitgliedschaft ausgelegt wird. D.h., daß jeder, der beispielsweise öfter einen ÖVP-Stammtisch besucht, auch haftbar gemacht werden kann, für Handlungen der ÖVP.

*Jetzt gehe ich einmal davon aus, daß diese Organisation oder dieser Stammtisch, den Sie da besucht haben, nicht einer der ÖVP war, sondern ein anderer.*

**Radl:** Ja, richtig, das war der Stammtisch der sogenannten VAPO – Volkstreue Außerparlamentarische Opposition.

*Diese VAPO als solches, die war zu diesem Zeitpunkt verboten oder?*

**Radl:** Nein, keineswegs. Auch bei dem jüngsten Versuch, die

Vergangenheit des FPÖ-Bundesparteiobmanns Heinz-Christian Strache in ein ganz schiefes, um nicht zu sagen kriminelles, Licht zu rücken, wurde bewußt eines nicht gesagt. Nämlich, daß alle diese Freizeitaktivitäten und sogenannten Wehrsportübungen jahrelang unbehelligt unter den Augen der sie observierenden Staatspolizisten stattfanden, die daran auch nichts Anstößiges erblicken konnten. Erst nachdem hier nachgewiesenermaßen politischer Druck aus dem Ausland ausgeübt wurde.

*Von wem kam dieser Druck?*

**Radl:** Gottfried Küssel gab „ABC Prime Time" in einem Studioraum des ORF ein Interview, das übrigens in Österreich nicht zu empfangen war, das aber bei ABC in den USA gesendet wurde. Darauf trat der, beispielsweise in dem Buch „Die Israel-Llobby" des ehemaligen US-Abgeordneten Paul Findley beschriebene, Mechanismus in Kraft: hunderte, wenn nicht sogar tausende empörte Anrufer wandten sich an das amerikanische Außenministerium, das sich wiederum bemüßigt fühlte, den österreichischen Botschafter auf diesen Umstand anzusprechen. Der wiederum beschritt den Weg ins österreichische Außenamt und da sah man Handlungsbedarf. Es fand sich damals allerdings nicht einmal ein Untersuchungsrichter in Wien, sondern nur einer in St. Pölten, der sich dazu herbeiließ, diese Sache zu verfolgen.

*In welchem Jahr war denn das ungefähr?*

**Radl:** Das war 1992. Es fiel bereits in die Zeit der Debatte über eine Verbotsgesetznovellierung und in die Kampagne um das Aufdecken einer angeblichen „Wehrsportgruppe Trenck", die es nie gegeben hatte und deren angebliche Mitglieder auch im nachfolgenden Prozeß allesamt freigesprochen werden mußten. Damals wurde unter Regie des Innenministers und des Wiener Polizeipräsidenten ein großer langer Tisch mit Hakenkreuzfahne und Theaterwaffen drapiert, um so der geschockten Öffentlichkeit das Bild einer Neonazigruppe zu vermitteln, die es, wie es sich dann auch später im Prozeß herausstellen sollte, gar nicht gegeben hatte.

*Das heißt, das veröffentlichte Bildmaterial wurde von der Polizei selbst dekorativ so gestaltet, um das dann an die Medien weiterzugeben?*

**Radl:** Ja, genau, ich kann mich sehr gut daran erinnern, wie diese Pressekonferenz war und im Weitwinkel der Kameras eben alles auf den Tisch kam, was man eben glaubte, hineinpacken zu müssen.

*Die Behauptung wurde damals aber aufgestellt, diese Waffen, die sie jetzt als Theaterwaffen bezeichnet haben, und die NS-Symbole wären bei dieser Wehrsportgruppe gefunden worden?*

**Radl:** Ja, das entsprach alles nicht der Wahrheit. Ein Beispiel von vielen, wie hier die von den, nennen wir sie mal Besatzerparteien eingesetzten Bürokraten bemüht sind, jede auch noch so kleine, vielleicht gar nicht ernstzunehmende nationale Opposition nicht nur mundtot zu machen, sondern auch gleich regelrecht auszuschalten.

*Sie haben den Begriff jetzt schon zum zweiten Mal verwendet: „Besatzerparteien". Meinen Sie damit die im österreichischen Nationalrat vertretenen Parteien oder wen meinen Sie damit?*

**Radl:** Den Ausdruck, „Besatzerparteien", wähle ich bewußt, weil die Parteien nicht geschützt sind und die Kritik laut OGH an politischen Parteien, Politikern …

*Ja, aber warum Besatzerparteien, können Sie das erklären, wie es zu diesem Begriff kommt?*

**Radl:** Wir verfügen hier in Österreich und auch in der Bundesrepublik Deutschland als, nennen wir es einmal Nachfolgestaaten auf dem Gebiete des Deutschen Reiches über ein von den

Besatzungsmächten eingerichtetes scheindemokratisches und beinahe kolonial zu nennendes Verwaltungssystem, um es einmal vorsichtig auszudrücken.

**Medialer Druck auf das Verfahren:**
Franz Radl am Titelbild der Zeitschrift „News“

*Zwischen den politischen Parteien und der Verwaltung gibt es aber schon einen Unterschied!*

**Radl:** Ja, also diese Parteien, die uns verwalten, politisch verwalten, sind ja bekanntlich von den Alliierten zumindest lizensiert worden und mußten einen Treueid, das traue ich mich sehr wohl zu behaupten, auf die Besatzungsmächte ablegen. Auch wenn sie insgeheim daran dachten, diesen Eid nicht zu halten.

*Meistens ist es ja so, daß bei einer Neuordnung politische Kräfte entstehen müssen. Der springende Punkt, den Sie aber jetzt genannt haben, ist, daß das als Besatzungspartei zu interpretieren ist. Die Gründung dieser*

*Parteien in der zweiten Republik Österreichs war, wenn das stimmt, was Sie gesagt haben, daß ja auf die Besatzungsmacht gewissermaßen ein Treueid oder so etwas ähnliches zu leisten war.*

**Radl:** Ja, ich muß aber sagen, daß laut Haager Landkriegsordnung von 1906/1907 sich ja auch die USA dazu verpflichtet haben, hier keine gravierenden Änderungen in den inneren Angelegenheiten eines feindlichen Staates vorzunehmen und sie also, wie auch aktuell im Irak oder sonst überall, natürlich hier gegen das Völkerrecht verstoßen haben und überall verstoßen. So wie sie überall bemüht sind, ihre Marionetten, ob das jetzt nun rechts oder links Getarnte seien, einzusetzen. Sie haben auch, siehe das Buch „Die weiße Liste" von Henrik Nürbeling, Listen erstellt, aufgrund deren sie die als Politiker der Besatzungszeit zu ernennenden Personen ausgesucht haben. Daher auch A wie Adenauer.

*Kommen wir jetzt wieder in die 90er Jahre zurück. Die Anklage gegen Sie hat sich jetzt auf welche Punkte erstreckt?*

**Radl:** Der schwerwiegende Vorwurf des Bombenterrors und die Mitgliedschaft, die Stammtischmitgliedschaft, wie vorhin erläutert, in einer Organisation, die im Nachhinein als nationalsozialistisch eingestuft wurde.

*Und verboten worden ist …*

**Radl:** Nachdem sie vereinsrechtlich gar nicht organisiert war, kann man hier nicht von einem Verbot sprechen, ganz streng genommen.

*Der zweite Punkt der Anklage war der Terror. Welchen Hintergrund für den Terrorismus hatte damals die anklagende Staatsanwaltschaft eigentlich gegen Sie in der Hand?*

**Radl:** Zufälligkeiten, ein Telephonverzeichnis, oder eben die Beschäftigung mit politischer Materie. Wobei man davon ausgehen kann, daß fast jeder, genau wie ich auch, damals wußte, wer der Bürgermeister von Wien ist usw.

*Als sich dann herausgestellt hat, daß Sie und auch Ihr Mitangeklagter Max L.*[1] *völlig unschuldig an dieser ganzen Geschichte waren, hat man Sie trotzdem verurteilt wegen anderer Dinge. Man könnte dabei den Eindruck gewinnen, daß das erfolgt ist, damit man Ihnen die Untersuchungshaft wahrscheinlich nicht irgendwie abgelten oder Sie entschädigen muß.*

**Radl:** Ja, genauso ist es.

*Das war dann eine Verurteilung wegen Wiederbetätigung, die ins Haus geschneit ist, gewissermaßen?*

**Radl:** Ja, richtig. Hier könnte man auch noch anmerken, nachdem ja eben damals dieses Schreckgespenst von einer angeblich staatsgefährlichen Verbindung von Richterseite an die Wand gemalt wurde, daß es laut österreichischem Strafgesetzbuch sehr wohl Bestimmungen gegen staatsfeindliche Verbindungen an sich gibt, d. h. das Verbotsgesetz in seiner Fassung 3a und 3b hier ja überhaupt nicht vonnöten wäre. Denn es ist ja von vornherein verboten, Mitglied in einer staatsfeindlichen Verbindung zu sein oder eine solche zu gründen, nur wird da eben laut Kommentar zur gängigen Rechtssprechung und laut Ansicht prominenter Rechtslehrer für das Feststellen einer staatsfeindlichen Verbindung weit mehr verlangt, als eben durch die leicht zu manipulierende Geschworenengerichtsbarkeit in einem Prozeß nach dem Verbotsgesetz nötig ist.

*Die Anklage war ja wahrscheinlich auch im Zusammenhang auch wegen der Beteiligung an dem Honsik-Buch, über Simon Wiesenthal zu sehen.*

**Radl:** Ja, hier kommen wir überhaupt zum Besten. Die Mitar-

1 Name redaktionell geändert.

beit an diesem Buch, in dem der bereits verstorbene Simon Wiesenthal schwerer Verbrechen verdächtigt wird, mußte sehr wohl ein Jahr lang für die Begründung zur Aufrechterhaltung der Untersuchungshaft herhalten.

Sie wurde dann aber, um die für die österreichische Justiz und Politik mehr als peinlichen Vorwürfe nicht zur Sprache zu bringen, aus dem Verfahren ausgeschieden und – man höre und staune – letztlich sogar eingestellt. Also wir stehen hier vor dem großen Faktum, daß etwas, das als Begründung für eine zweijährige Untersuchungshaft herhalten mußte, über Nacht als nicht mehr strafverfolgungswürdig angesehen wird, wenn es eben politisch opportun ist.

*Das heißt, die Mitarbeit an diesem Buch wurde nicht mehr als strafbegründend herangezogen? Die zwei Jahre Haft gab es ausschließlich für die Mitgliedschaft an einer Stammtischrunde?*

**Radl:** Das ist richtig. Wobei ich noch sagen kann, daß das Lesen einer solchen Anklageschrift sehr wohl inspirierend wirkt, wenn man denkt, mit welchen Begründungen hier die politisch weisungsgebundene Staatsanwaltschaft gegen mich vorgegangen ist. So hieß es unter anderem, daß das Sammeln von Büchern und Zeitungsausschnitten der verbotenen Absicht des Aufbauens eines nationalsozialistischen Archivs gedient hätte.

*Das war alles in Wirklichkeit? Also wir haben jetzt die Mitgliedschaft an einer Stammtischrunde und den Versuch ein Archiv aufzubauen?*

**Radl:** Ja, den Versuch, ein Archiv aufzubauen, und als dritter Punkt, Verzeihung, daß mir das nicht gleich eingefallen ist, mein Aufenthalt beim Denkmal in Oberschützen, mit Kranzniederlegung und dem Bekenntnis zum deutschen Österreich.

*An welchem Tag war diese Kranzniederlegung?*

**Radl:** Nicht am 20. April, irgendwann zu Ostern!

*Warum steht dieses Denkmal eigentlich Ihrer Meinung noch?*

**Radl:** Weil es mehrere Eigentümer hat.

*Das müßte ja ein unheimlicher Dorn im Auge der Antifaschistischen in Österreich sein?*

**Radl:** Ja, das ist den deutschfeindlichen Kräften hier in Österreich ein ganz gewaltiger Dorn im Auge, da nämlich im Jahre 38 mit dem idealistischen Einsatz des dortigen Landvolkes dieses Denkmal unentgeltlich errichtet wurde. Wobei die Meinungen auseinandergehen, ob die Bedeutung dieses Denkmals überhaupt primär auf die Vorgänge des März 1938, oder nicht doch auf den Anschluß des ehemaligen Deutsch-West-Ungarns als Burgenland an die damalige Republik Deutsch-Österreich zurückzuführen ist.

*Nicht einmal das ist geklärt, in Wirklichkeit?*

**Radl:** Nein, das ist nicht geklärt.

*Das heißt, Sie hätten ja, von einem objektiven Außenstehenden betrachtet, bei der Kranzniederlegung Ihre Sympathie dafür zum Ausdruck bringen können, daß Westungarn zu Österreich gekommen ist.*

**Radl:** Ja, natürlich!

*War Franz Fuchs eigentlich ein Bekannter von Ihnen, er war ja auch Steirer?*

**Radl:** Diese Frage muß ich verneinen, da ich nicht in linksextremen Kreisen verkehrt habe und auch jetzt nicht verkehre. Erst mit seiner Verhaftung erlangte ich Kenntnis von seiner Existenz.

# Mutmaßung statt Kompetenz

## Die unter öffentlichem Druck zustandegekommene Anklage brach nach der viel zu späten Beiziehung eines Bundesheerexperten in sich zusammen

**WALTER TRIBUTSCH IM GESPRÄCH MIT HERRN MAX L.**[1]

*Herr L., Sie sind im Zuge der Briefbombengeschichte festgenommen worden, als Sie aus Tschechoslowakei kamen und offensichtlich in Ihrem Gepäck Dinge mitführten, die die Polizei als verdächtig empfunden hat. Ist das so ungefähr richtig?*

**Max L.:** Ich war am Weg in die Tschechoslowakei.

*Und was war das Inkriminierende, das Sie mitgehabt haben?*

**Max L.:** Das waren einige Gewehre und diverse Chemikalien.

*Chemikalien, mit denen man Briefbomben hätte basteln können?*

**Max L.:** Genau.

*So war dieser Verdacht von der Polizei berechtigt?*

**Max L.:** Absolut, ja.

*Und Sie sind dann sofort festgenommen worden?*

**Max L.:** Genau, von den Tschechen.

*Und dann an die Österreicher ausgeliefert worden?*

**Max L.:** Ja; nach rund 24 Stunden.

---

1 Die befragte Person war zwar zu der Auskunft bereit und ist auch mit der Veröffentlichung einverstanden, sie legt aber Wert darauf, nicht namentlich genannt zu werden. Der Name wurde daher von der Redaktion geändert

*Das ist also direkt beim Grenzübertritt gewesen?*

**Max L.:** Genau.

*Wie lange hat es dann gedauert, bis Sie mit einer konkreten Anklage konfrontiert worden sind?*

**Max L.:** Das ging meines Erinnerns recht rasch, also in den nächsten 48 Stunden.

*Hatten die Tschechen danach gesucht, oder war das einfach eine Routineüberprüfung?*

**Max L.:** Nein, das war einfach Routine. Das war, wenn man so sagen will, ein dummer Zufall.

*Hat es Sie überrascht, daß Sie diesbezüglich angeklagt worden sind? Oder haben Sie irgendwie das Gefühl gehabt, daß irgend jemand schon längere Zeit hinter Ihnen her ist?*

**Max L.:** Naja, konkret kann ich das nicht sagen. Aber es war klar, daß hier dringender Handlungsbedarf und ein enormer Leistungsdruck auf den ermittelnden Behörden lastete. Ich weiß noch wie die Beamten, die die Rückführung von mir über gehabt haben, schon in der Euphorie über mögliche Aufstiegschancen schwelgten und von Ämtern, die noch zu besetzen wären, geschwärmt haben.

*Das haben Sie mitgekriegt?*

**Max L.:** Ja! Die waren sich damals eigentlich komplett sicher, ihre Aufgabe in Rekordzeit gelöst zu haben.

*Ihnen hat man ja mehr oder weniger unterstellt, daß Sie das nötige technische Rüstzeug gehabt hätten, um Briefbomben zu basteln. Stimmt das, können Sie Briefbomben in jener Qualität herstellen, wie sie damals eingesetzt worden sind.*

**Max L.:** Die Details der Konstruktion der Briefbomben waren ja damals noch nicht bekannt. Fakt aber ist, daß ich habe auf Grund meiner Ausbildung als Elektrotechniker und Ingenieur der Elektrotechnik natürlich Kenntnisse in dieser Richtung gehabt habe. Ich war auch durch mein Interesse schon seit frühester Jugend nebenbei chemisch versiert. Die Kenntnis über den Bau von Briefbomben kann sich aber jeder erwerben, der sich halbwegs technisch interessiert und sich entsprechend aus Literatur und Fachjournalen informiert.

*Die Briefbomben, die dann tatsächlich eingesetzt worden sind, waren technisch schon sehr ausgereift, wie der damalige Generaldirektor für öffentliche Sicherheit gesagt hatte. Ein normaler Hobby-Bastler hätte das nicht zusammen gebracht.*

**Max L.:** Es waren ungewöhnliche und unorthodoxe Praktiken, die bei der Herstellung dieser Bomben verwendet wurden. Die, sagen wir einmal jemand, der eine technische Ausbildung hat, so wahrscheinlich nicht lösen würde.

*Das heißt, es war tatsächlich Hobby-Arbeit, aber die eines Tüftlers?*

**Max L.:** Genau. die Arbeit eines, auf unkonventionellen Pfaden wandelnden Tüftlers. So könnte man das sagen.

*Und letzten Endes hat sich im Zuge des Verfahrens herausgestellt, daß ein anderer diese Bomben gebastelt hat und nicht Sie und auch nicht Franz Radl, der mit Ihnen ja mitangeklagt war. Im nachhinein betrachtet: geben Sie irgend jemanden der Exekutive oder der Justiz die Schuld, daß sie solange gebraucht haben, den tatsächlichen Täter zu finden? Bzw. dafür, daß Sie solange in Untersuchungshaft gehalten wurden und daß dann das Verfahren gegen Sie so spät eröffnet wurde?*

**Max L.:** Das sagen mehrere Instanzen und Personen, die direkt daran beteiligt gewesen sind, daß eigentlich wider besseren Wissens vorgegangen wurde. Man hätte ja dann, wenn man einfach die bestehenden Fakten richtig bewertet hätte, schon längst feststellen können, daß das gewünschte Ergebnis nicht der Realität entspricht. Also daß das eben nicht so ist, wie man es gerne hätte.

*Also die Anklagepunkte, den Briefbombenterror betreffend, im Verfahren gegen Sie und Franz Radl?*

**Max L.:** Genau. Es wurde einfach mit aller Gewalt auf Weisung von oben so „ermittelt", oder versucht die „Fachbeweise" so zu verstehen. Denn stichhaltige Beweise gab es ja in dem Sinn nicht, es waren ja nur Indizien. Und selbst die hat man versucht, so zu drehen und zu biegen, daß eben irgendwie die Wunschvorstellung erfüllt wurde und es in das Bild paßte, daß man der Öffentlichkeit präsentieren wollte.

*Hinsichtlich der Ermittlungstätigkeit gehe ich davon aus, daß die Exekutive und später auch die Justiz entsprechende Verhöre mit Ihnen angestellt haben wird. Sind diese Verhöre fair verlaufen, oder wurden Sie da schon unter Druck gesetzt?*

**Max L.:** Es wurde schon versucht, psychologisch Druck zu machen. Das ging aber nicht so, wie sich die Herren das vorgestellt haben. Es wurde dann in weiterer Folge versucht, nachdem man gesehen hat, daß auf dieser Schiene nichts zu gewinnen ist, daß man dann die Sachargumente entsprechend verfälscht hat. Da wurde nämlich gezielt von der kriminaltechnischen Zentralstelle und vom Entschärfungsdienst falsche Ergebnisse produziert. Man könnte jetzt darüber diskutieren, ob es der Inkompetenz und dem fachlichen Nicht-Wissen dieser Leute zuzuordnen ist, daß hier Meßergebnisse und Untersuchungsergebnisse gänzlich falsch und eigentlich schlampig ausgewertet wurden oder ob hier Methode dahinter gesteckt hat. Meines Erachtens wäre beides möglich.

Im Endeffekt hat sich erst durch Beiziehung des Herrn Rat Ingo Wieser vom Österreichischen Bundesheer, der offensichtlich damals die einzig wirkliche Kompetenz auf diesem Sektor in Österreich war …

*Wer war das bitte?*

**Max L.:** Das war der Rat Ingo Wieser vom Amt für Wehrtechnik.

*Und Rat ist ein Beamtentitel?*

**Max L.:** Ja;

*Er war also kein uniformierter Militär, sondern aus dem Ministerium?*

**Max L.:** Nein, der war beim Amt für Wehrtechnik beschäftigt.

*Er hatte also keinen militärischen Rang, sondern einen Beamtentitel.*

**Max L.:** Ja.

*Und Herr Rat Wieser hat das technische Wissen eingebracht?*

**Max L.:** Sein Verdienst war, daß er gänzlich unvoreingenommen und ohne Einflußnahme anderer Stellen die bestehenden Fakten so dokumentiert hat, daß eindeutig bewiesen werden konnte, auch für das Gericht, daß ich nicht mit dem in Verbindung zu bringen war, was da Gegenstand der Verhandlung war.

*Das heißt, er hat die tatsächlich verschickten Briefbomben analysiert und festgestellt, die können unmöglich mit dem Material, das Sie mitgeführt haben, gebastelt worden sein?*

**Max L.:** Exakt. So war das.

*Und damit konnten Sie praktisch freigesprochen werden?*

**Max L.:** Das war das wesentliche Argument, das letztendlich den seit zwei Jahren fälligen Freispruch, in unzweifelhafter Form, erbrachte.

*Das heißt, die Festnahme vom Franz Fuchs als solche war gar nicht notwendig, um Sie freizukriegen?*

**Max L.:** Die kam ja weit später. Das war meines Wissens erst 1997.

*Ich nehme an, daß Sie die Geschichte aufmerksam weiterverfolgt haben, weil Sie ja selbst daran interessiert gewesen sein werden, zu wissen, wer das tatsächlich war.*

*Es gibt über den Franz Fuchs ja alle möglichen Gerüchte. Trauen Sie ihm zu, oder glauben Sie, daß er wirklich der Einzeltäter war, oder steckt da mehr dahinter? Gibt es da ein Netzwerk oder eine Gruppe, die das ganze betrieben hat und Franz Fuchs vielleicht als ausführendes Organ verwendet haben kann?*

**Max L.:** Ich möchte da nicht den unzähligen Spekulationen, die es dazu gibt, weitere hinzufügen. Ich habe auch den Herrn Fuchs nie kennengelernt oder gesprochen. Für mich kam nur während der ganzen Ermittlungen und während des Prozesses einiges an Unklarheiten zum Vorschein. Also es waren einige Punkte, die einfach nie wirklich abgehandelt wurden.

*Welche waren das?*

**Max L.:** Zum Beispiel daß es beim Herrn Fuchs, zumindest wurde in den Medien diesbezüglich nichts vermeldet, nirgendwo Computer oder irgendwelche Rückschlüsse auf die Bekennerschreiben zu finden waren. Auch die Verbindung zwischen den Briefbomben und den Rohrbomben von Oberwart und Klagenfurt, die man ihm ebenfalls angelastet hat, weist einige Ungereimtheiten auf.

*Welche?*

**Max L.:** Wie gesagt, ich habe das im Detail auch nicht mehr so erinnerlich. Aber für mich persönlich hat sich der Eindruck ergeben, daß man mit dem Franz Fuchs endlich einen Schuldigen präsentieren konnte, dem man einfach alles rundum anlastete, um den Fall möglichst rasch abzuschließen und um dann nach außen das Ergebnis verkünden zu können: „Alles geklärt, alles wieder im grünen Bereich. Der Böse ist gefaßt."

*Wir können die Akten schließen?*

**Max L.:** Genau.

*Und das Glück dabei war, daß der Fuchs beim Prozeß nichts gesagt hat und sich dann umgebracht hat?*

**Max L.:** Er hat in dieser Form, wenn man es böse formulieren will, perfekt kooperiert, in dem er jegliche Angabe zur Sache verweigert hat und letztendlich durch seinen Selbstmord – soweit es einer war, auch da gibt es genügend Spekulationen …

*… es dürfte, so nehme ich an, sehr schwierig sein, sich aufzuhängen, wenn man keine Hände mehr hat?*

**Max L.:** Mit Sicherheit. Aber wie gesagt, das ist ein eigenes Thema, über das unzählige Spekulationen und Theorien existieren. Genaueres werden wir vermutlich nie erfahren.

*Sie sind, nach dem Sie bezüglich der Anklage, diese Briefbomben gebastelt und verschickt zu haben, freigesprochen worden sind, dann doch verurteilt worden. War das Ihrer Meinung nach eine Alibiaktion, damit die Republik die Untersuchungshaft, also Jahre, die Sie im Gefängnis verbracht haben, nicht abgelten mußte, nehme ich an?*

**Max L.:** Es gab damals eine ganze Reihe von einschlägigen Verfahren, nachdem die Bekanntschaft zu den Leuten um Küssel und Co. eindeutig erwiesen war.

*Welcher Vergehen wegen sind Sie dann wirklich verurteilt worden? Die Bekanntschaft mit Herrn Küssel kann es alleine ja nicht gewesen sein – oder?*

**Max L.:** Nein. das war damals der Paragraph 3b (Wiederbetätigung?!), wo mir auf jeden Fall die Mitgliedschaft in einer NS-Organisation vorgeworfen wurde, Wiederbetätigung.

*Mitgliedschaft? Inwieweit hat sich da eine Mitgliedschaft überhaupt dokumentiert bei Ihnen? Ich nehme an, es ging dabei um die VAPO (Volkstreue Außerparlamentarische Opposition)?*

**Max L.:** Ja, genau.

*Aber die VAPO war ja kein Verein, d. h. man konnte in Wirklichkeit gar nicht Mitglied sein.*

**Max L.:** Genau. Das war ursprünglich die Idee dahinter. Aber die Staatsanwaltschaft hat das Ganze dann dahingehend umgedreht, daß sie einfach gesagt haben: „Jeder der über längeren Zeitraum bei bestimmten Treffen, und sei es an Stammtischen, Kaffeehäusern etc. anwesend ist, wird per Definition zum Mitglied erklärt."

*Und solche Stammtische haben Sie besucht?*

**Max L.:** Ja, natürlich.

*Das heißt: wenn man einem Bürger einen Rat geben darf, dann ist es der, daß er genau aufpassen muß, in welches Wirtshaus er geht und wer sonst noch in diesem Wirtshaus verkehrt? Sonst könnte es passieren, daß er irgendwann einmal verurteilt wird?*

**Max L.:** Es war damals das Verständnis für meine Begriffe so: man tut niemandem irgendetwas Böses, man vergreift sich weder an irgendjemandes Hab und Gut oder geschweige denn an Leib und Leben von dritten Personen und kann sich somit auch keiner strafbaren Handlung schuldig machen. Auch dann nicht, wenn man halt irgendwo gesellig beisammen ist, ein Bier trinkt, Lieder singt oder Vorträgen zuhört. Daß diese Auffassung leider eine grundlegend falsche war, hat man dann in den Folgeprozessen der 90er Jahre recht drastisch dokumentiert bekommen. Da sind selbst unbescholtene Ehefrauen und Freundinnen, die mit dabei waren, weil die jeweiligen Partner an diesen Treffen teilgenommen haben, zu mehrmonatigen bedingten Strafen verurteilt wurden.

*Das ist ein ziemlich heikles Kapitel, würde ich sagen, denn immerhin gibt es ja zwei Grundrechte, die genau diese Treffen betreffen. Einmal das Recht der Versammlungsfreiheit und zum anderen das Recht der Meinungsfreiheit. Beides sind Grundrechte, die 1848 erstritten worden sind und die eigentlich einklagbar sein müßten auf Menschenrechtsebene.*

**Max L.:** Sie wissen ja, wenn die Regierung unrecht hat, ist es gefährlich, recht zu haben.

Und es ist leider so, wenn ein Treffen, oder ein bestimmter Personenkreis von der Staatsanwaltschaft per definitionem als Verbindung oder Vereinigung im Sinne des Verbotsgesetzes klassifiziert wird, machen sich automatisch alle schuldig im Sinne des Paragraphen 3b, die sich in diesem Kreis aufhalten. Sei es nun durch Teilnahme aktiver oder passiver Art, sei es als Zuhörer oder Vortragender. Und der zweite Fall, nach dem wir auch verurteilt worden sind, ist die Zuwendung von Geldmitteln. Es war aber keineswegs so, daß wir Millionenbeträge oder Tausenderbeträge gespendet hätten, sondern das war einfach die Kassa, wo jeder eingezahlt hat, der einmal ein Bier oder Speisen konsumiert hat, die kollektiv eingekauft wurden. Hier ging es um monatliche Beträge im Bereich von 100–150 Schilling.

*Wie alt waren Sie zu diesem Zeitpunkt?*

**Max L.:** 1993 war ich 26.

*Und Sie werden noch nicht allzuviel verdient haben. Das heißt, eine Unterstützung in Höhe jener Beträge, die der Innenminister Caspar Einem seinerzeit dem „Tatblatt“ gespendet hat, war Ihnen wahrscheinlich gar nicht möglich?*

**Max L.:** Die hätte man gerne monatlich als Einkommen gehabt, diese Beträge.

*Dieser beiden Dinge wegen sind Sie also verurteilt worden. Sprich die Zuwendung von Geldmitteln und die Teilnahme an Veranstaltungen.*

**Max L.:** Hinzu kam dann noch ein Verstoß gegen das Waffen- und Sprengmittelgesetz, weil ich eben verschiedene Kriegsrelikte aufbewahrt habe, die ich bei Grabungen in Mitteldeutschland gefunden habe.

*Die haben Sie persönlich gesammelt?*

**Max L.:** Genau.

*Aber das ist ja nicht verboten, alte Waffen zu sammeln?*

**Max L.:** Doch, wenn man keine Berechtigung dafür hat.

*Da braucht man eine eigene Berechtigung, wenn man Waffen, die nicht verwendet, sondern nur aus reiner Liebhaberei gesammelt werden?*

**Max L.:** Ja natürlich. Das ist genau im „WG“ geregelt.

*Diese Dinge, sprich 150 Schilling im Monat, die Teilnahme an Stammtischen und Vorträgen und die Tatsache, daß Sie einer Sammlerleidenschaft nachgegangen sind, hat Ihnen zwei Jahre unbedingte Haft gebracht?*

**Max L.:** Nein; das hat mir insgesamt fünf Jahre eingebracht.

*Soviel ich weiß, sind Sie aber nur zwei Jahre „gesessen“.*

**Max L.:** In U-Haft!

*In U-Haft, die Ihnen dann angerechnet worden ist. Sie sind aber in Wirklichkeit zu fünf Jahren verurteilt worden?*

**Max L.:** Genau! Und davon wurde mir knapp ein Jahr erlassen.

*Wegen guter Führung oder Amnestie?*

**Max L.:** Das ist die normale vorzeitige Entlassung, die man beantragen kann.

*Im Nachhinein betrachtet: Hat sich das ausgezahlt?*

**Max L.:** In keiner Weise!

*Gibt's irgendwelche Nachwehen davon? Haben Sie irgendwelche Nachteile in beruflicher Hinsicht?*

**Max L.:** Nein, zum Glück nicht. Das ist auch der Grund, warum ich nicht möchte, daß mein Name in dem Buch erwähnt wird.

# Eine ideologische Fesselung der Exekutive

Obwohl nach der Verhaftungswelle 1992/93 die extrem rechte Szene verschwunden war, erwartete die veröffentlichte Meinung daß der Briefbombentäter nur aus diesem Kreis stammen könne

**WALTER TRIBUTSCH IM GESPRÄCH MIT MICHAEL SIKA**

*Herr Mag. Sika, durch das Auftauchen von Bildern des „uniformierten“ jetzigen FPÖ-Parteiobmanns Heinz-Christian Strache aus seiner Jugendzeit vor 20 Jahren ist ein Thema wieder an die Öffentlichkeit gelangt, daß wir eigentlich schon fast vergessen hatten, nämlich die Aktivitäten von sogenannten Rechtsextremen in Form von Wehrsportübungen, die da angeblich in Kärnten oder auch Niederösterreich stattgefunden haben. Können Sie sich noch erinnern? Wie wurde dieses Lager damals seitens der Sicherheitsbehörden eingeschätzt?*

**Michael Sika:** Es hat damals, soweit ich mich erinnern kann, einen großen, vor allem medialen Druck gegeben auf die Sicherheitsbehörden, sich dieser Wehrsportübungen anzunehmen. Ausgelöst ist das ganze interessanter Weise durch das Interesse ausländischer Fernsehstationen an Wehrsportübungen in Niederösterreich worden.

Bild: ZZ/Archiv

*Wurden da Verbindungen hergestellt zu der einschlägigen Szene in Deutschland? Haben diese*

**Michael Sika:** Jahrgang 1933, Mag. jur. ab 1959 Polizeijurist,1960 bis 1979 Kommissariat Margareten,1979 bis 1991 Stadthauptmann Margarethen bzw. Leopoldstadt, 1991 bis 1999 oberster Polizist Österreichs als Generaldirektor für die öffentliche Sicherheit

*deutschen Gruppierungen hier in Österreich rekrutiert oder auch Wehrsportübungen in Österreich veranstaltet oder zumindest daran teilgenommen?*

**Sika:** Richtig! Aber in erster Linie ist es natürlich darum gegangen, den Hintergrund dieser Wehrsportübungen auszuloten. Ich kann mich nur mehr recht dunkel an diese Zeit erinnern. Jedenfalls war es aber, ich glaube die Fernsehstation Tele 5, die diese Bilder gebracht hat von dem Schießen mit Plastikkugeln im Wald, von den „berühmten" Gurgelschnitt usw.

*Sie meinen die Veranstaltungen, deretwegen Hans Jörg Schimanek junior verurteilt worden ist …*

**Sika:** Ja, es war dann auch, so glaube ich, die amerikanische Fernsehanstalt „ABC", die ein Interview mit Gottfried Küssel gebracht hat, das ihn vor einem Hitlerbild zeigt usw. Und diese Aktivitäten hängen wahrscheinlich ein bißchen zusammen mit dem Revisionismus, der in den 70er, 80er Jahren um sich gegriffen hat. Das ging damals von Amerika aus, griff über auf Frankreich und Deutschland.

*Welcher Revisionismus?*

**Sika:** Es ging um die Revision der Geschichte, die Leugnung der Nazi-Schuld usw.. Das hat also offenbar ein gesteigertes Interesse ausländischer, vor allem auch amerikanischer Medien an diesen Wehrsportübungen ausgelöst. Es hat dann, soweit ich mich erinnern kann, einen Ermittlungsauftrag der Staatsanwaltschaft St. Pölten gegeben …

*Wann war das?*

**Sika:** … das muß so ungefähr 1991, 1992 gewesen sein, mit einer Fokussierung auf die Personen Gottfried Küssel und Hans Jörg Schimanek jun. Es hat Hausdurchsuchungen gegeben und dabei wurden auch Namenslisten gefunden. Aufgrund dieser

Namenslisten wurde dann eine Verhaftungswelle losgelöst. Es waren meiner Einschätzung nach ungefähr 25 Personen aus diesem Kreis, die 1992/1993 in Haft kamen.

Es hat zahlreiche Hausdurchsuchungen gegeben, auch bei diesen Personen. Und wenn der damalige Leiter der Staatspolizei davon gesprochen hat, daß man diese Szene im Griff hatte, dann hat das seine Richtigkeit gehabt. Es ist eigentlich ein an sich nicht sehr guter Ausdruck. Weil man so eine Szene nie ganz im Griff haben kann. Aber er hat diesen Ausspruch getätigt, der dann mir mehr oder weniger in die Schuhe geschoben wurde, zu Unrecht.

*Im Griff haben, bedeutet, man wußte, wer dahinter steht, man wußte, wer das alles organisiert hat?*

**Sika:** Man wußte, wer das organisiert hat und man hat auch den ideologischen Vater gekannt. Das war der mittlerweile auf die Iberische Halbinsel geflüchtete Gerd Honsik. Man hat also eigentlich wirklich gewußt, was los ist und man kannte die Hintergründe. Mit der Verurteilung von Küssel im Herbst 1993 war dann eigentlich diese Szene weg vom Fenster.

*Gottfried Küssel war ja meines Wissens der Gründer der sogenannten VAPO, der volkstreuen außerparlamentarischen Opposition?*

**Sika:** Ja, richtig, ich glaube 1986 hat er diese sogenannte Außerparlamentarische Opposition gegründet. Und dann gab es auch noch die Wehrsportgruppe Trenck, die letzten Endes dann bei diesen Indianerspielen in Niederösterreich die große Rolle gespielt hat. Aber ab dem Jahr 1993 war dann eigentlich diese Geschichte beendet. Zumindest waren wir davon überzeugt. Im Dezember kamen dann allerdings die Briefbomben …

*Dazu kommen wir gleich, darf ich aber noch eine Zeit nach vor schalten: Die Strache-Bilder sind ja noch früher entstanden offensichtlich. Das soll nicht in Niederösterreich gewesen sein, sondern in Kärnten. Gab es da eine andere Bewegung?*

**Sika:** Nein, im wesentlichen waren das dieselben, die da und dort aufgetreten sind. Es gab da ja auch die Geschichte am Ulrichsberg. Auch da hat es natürlich Aktivitäten gegeben, die sehr genau beobachtet wurden.

*Ist ihnen damals und in Zusammenhang damit der Name Heinz-Christian Strache untergekommen?*

**Sika:** Strache wurde mir erst viel später, erst als er in der Politik in Erscheinung trat, bekannt.

Und wissen Sie, warum ich diese ganze Geschichte dann in der weiteren Folge als grotesk angesehen habe? Es war der Umstand, daß natürlich mit dem Auftauchen der Briefbomben sofort die rechte Szene wieder ins Spiel gekommen ist. Die hat es zu dieser Zeit als – sagen wir – wehrhafte Szene ja gar nicht mehr gegeben.

*Wenn man 1993 alles im Griff hatte und eine Reihe von Aktivisten inhaftiert waren, wer war dann 1995 aus der rechten Szene überhaupt noch da, um Österreich mit so einer groß angelegten Attentatsserie zu erschüttern?*

**Sika:** Ja, und das war natürlich rückschauend die Chuzpe von der Geschichte. Es hat in Wahrheit eigentlich nichts dafür gesprochen, daß irgendjemand von diesen Leuten, damit zu tun hätte haben sollen. Und so war auch im Anfang die Reaktion aus dem Innenministerium auf den Briefbombenterror. Man war der Auffassung, daß man das niemanden von diesen Leuten zutrauen konnte, auch wenn es noch irgendwelche geben hätte können, die zu diesem Zeitpunkt nicht inhaftiert waren. Es waren die technischen Fähigkeiten des Briefbombers sehr groß und das war bei den in Frage kommenden Personen der rechten Szene nicht der Fall. Also man hat eigentlich im Grunde die ersten Monate nicht geglaubt, daß es mit dieser Szene zu tun haben könnte. Aber der mediale Druck, der Druck der Öffentlichkeit war dann so groß, daß man auch wieder vermehrt in diese Szene nachgeforscht hat und da ist es dann zu dieser Verdächtigung von Franz Radl und Peter Binder gekommen.

*Ja, es gab ja – wenn ich mich recht erinnere, erwähnen Sie das in Ihrem Buch „Mein Protokoll" – eine Weisung des Ministers Caspar Einem, ausschließlich in der rechten Szene zu ermitteln.*

**Sika:** Das war anfangs ja sicher nicht der Fall. Wir sind ja noch bei weitem nicht bei Einem, sondern noch bei Löschnak und diese Weisung hat es natürlich von Löschnak sicher nicht gegeben. Aber es war so, daß eigentlich niemand hören wollte, daß es aus einer anderen als dieser Szene kommt. Es war also sozusagen fast eine ideologische Fesselung der Exekutive, und tatsächlich ist dann auch dieses Verfahren gegen Radl und Binder, ich würde fast sagen, aus der Taufe gehoben worden. Und es hat damals vieles gegen sie gesprochen und es waren viele die daran geglaubt haben. Aber letzen Endes ist dann alles in sich zusammengebrochen. Es ist allerdings das Verbotsgesetz übrig geblieben und danach sind die beiden auch verurteilt worden. Ein Nachweis aber, daß sie mit den Briefbomben zu tun gehabt haben, ist fehlgeschlagen.

*Wie ist man eigentlich auf diese beiden Burschen gekommen?*

**Sika:** Da würde ich Ihnen empfehlen, das in meinem Buch nachzulesen, das sie vorhin zitiert haben. Das ist aber jetzt auch schon wieder sieben Jahre her und etwas überlagert. Also wie es ganz genau war, das kann ich heute nicht mehr sagen.

*Inwieweit waren bei den beiden die notwendigen technischen Fähigkeiten, die hinter diesen mehrfachen Briefbombenanschlägen gesteckt haben, gegeben?*

**Sika:** Da gab es in Schwechat einen Alexander Wolfert, der tatsächlich mit Sprengstoffen experimentiert hat. Und man hat auch, so glaube ich mich zu erinnern, den Binder nach einem Grenzübergang aus Tschechien erwischt, als er irgendwelche verdächtigen Stoffe im Auto mitgeführt hat. So hat das alles begonnen. Es war diese Indizienfolge, die aufgebaut wurde, eigentlich relativ schlüssig, aber halt nicht ausreichend, weil sie es nicht waren, wie wir es jetzt wissen. Aber das hat, glaube ich schon, für die Justiz gesprochen, daß dieses Verfahren zu keinen Schuldsprüchen geführt hat.

*Es ist damals auch die Vermutung aufgetaucht, daß hier ausländische Geheimdienste dahinter gesteckt haben könnten.*

**Sika:** Also das kann ich eindeutig ausschließen. Eines ist kurios: Bis heute beschäftigen sich Journalisten und andere damit nachzuweisen, daß Franz Fuchs keine Einzelperson war, sondern Teil eines Netzwerks. Diese „Bajuwarische Befreiungsfront" hat in Wahrheit nur im Hirn des Herrn Fuchs existiert. Es hat nicht im geringsten Hinweise auf einen derartigen Täterkreis gegeben. Das ist absolut auszuschließen.

*Es gab da die Briefe von der Brigitte Schweiger, der Autorin, die eine Verbindung zu Longo Mai hergestellt hat. Eine Verbindung der Person des Franz Fuchs zu Longo Mai.*

**Sika:** Ja, ich weiß, es wurden so viele Verbindungen vermutet. Man versuchte auch, Verbindungen zu einer Briefbombenserie in Rumänien herzustellen und lauter solche Geschichten. In Wahrheit ist die ganze Geschichte völlig einfach. Fuchs war ein Einzeltäter, allerdings kann man ihm natürlich nicht absprechen, daß er in einzelnen Punkten rechts-radikal, also z. B.: fremdenfeindlich usw. gedacht hat. Er war isoliert, er war ein Einzelgänger, aber er hatte natürlich schon Elemente erkennen lassen, die man auch der Neonaziszene hätte zuordnen können. Nur hat es kei-

Bild: ZZ-Archiv

**Franz Fuchs:** Der Briefbomber aus der SPÖ-Gemeinderatsfamilie soll ein Einzeltäter gewesen sein

ne Verbindung gegeben. Und ich bin überzeugt, daß man heuer, 10 Jahre nach der Festnahme des Franz Fuchs, wieder konstruieren wird oder zumindest zu konstruieren versuchen wird, daß er kein Einzeltäter war, sondern Teil eines Netzwerks. Weil es einfach gar nicht anders sein kann und darf.

*Wie immer auch diese Verbindung zur Longo Mai, die von der Frau Schweiger aufgezeigt wurde, zu deuten ist, eines bleibt allerdings auch noch zu klären, nämlich die Frage, wie er den Selbstmord in der Zelle bewerkstelligt hat. Es ist technisch ja ziemlich schwierig oder nahezu auszuschließen, daß man sich ohne Hände, mit einem Kabel aufhängen kann …*

**Sika:** Sie dürfen nicht vergessen, daß er ja gewöhnt war, ohne Prothesen auszukommen. Er hat gelernt, mit Messer und Gabel zu essen, indem er sie in die Armbeugen eingeklemmt hat. Er war ein ganz außergewöhnlicher Mensch – dieses jetzt nicht mißzuverstehen – aber er war wirklich unheimlich gescheit, unheimlich bewandert in vielen Dingen und er war auch zielstrebig, immer ausgerichtet auf den Selbstmord. Und wissen Sie, einen Selbstmörder kann man im Grunde nicht aufhalten. Da kann man machen, was man will. Wie er es natürlich konkret gemacht hat, das war nicht mehr unser Kaffee, das war Sache der Justiz. Ich hab mich damit in Wahrheit nicht befaßt. Man hat mir allerdings gesagt, daß es nachvollziehbar war, wie er es gemacht hat, und daß dieser Selbstmord passiert ist. Ob er verhindert hätte werden können, weiß ich nicht. Sicher aber ist, daß ihm jedenfalls niemand dabei geholfen hat, so wie das immer wieder unterstellt wird.

*Ein anderer Punkt war dann Ebergassing, wo ein Attentat auf einen Strommasten fehlgeschlagen ist, und die Täter dabei ums Leben gekommen sind. Die dann allerdings aus einer komplett anderen Szene gekommen sind.*

**Sika:** Richtig. Wobei ich da zurückkommen will, auf das was Sie vorhin bezüglich der Ministerweisung gesagt haben. Es hat auch Einem nie gesagt, man dürfe nur im rechten Lager ermitteln. Das war auch nicht so, wir haben in alle Richtungen ermittelt. Ebergassing war natürlich schon eine sehr böse Geschichte, deswegen, weil offensichtlich von der linksextremen Szene diese Attentatserie verstärkt werden sollte. Es sollte ja offensichtlich so dargestellt werden, als ob dieser Anschlag von der rechten Seite käme. Denn damals war schon eine Zeitlang nichts mehr passiert und …

*Das Attentat war ja auch für den 20. April, also den Geburtstag von Adolf Hitler geplant. Und da hätte man natürlich medial keinerlei*

*Zweifel mehr über den Täterkreis und mögliche Verbindungen gelassen ...*

**Sika:** ... und das ganze Attentat hätte natürlich eine ziemlich böse Geschichte sein können, weil wahrscheinlich die Stromversorgung in weiten Teilen Wiens zusammengebrochen wäre. Mit all den möglichen Folgen, die sich aus so einem Stromzusammenbruch ergeben. Also zu bagatellisieren war die Geschichte keineswegs.

*Wenn man jetzt diese linksextreme Szene mit der rechtsextremen zu dieser Zeit vergleicht, welche Bedeutung hat die gehabt, waren die gefährlicher, weniger gefährlich oder aber weniger einschätzbar?*

**Sika:** Also schauen Sie, wenn Sie jetzt einmal den Franz Fuchs ausklammern. Franz Fuchs war keiner Szene wirklich zuzuordnen, wenngleich er auch eher rechts als links gestanden ist in seinen Ansichten. Aber einer Szene war er nicht zuzuordnen. Wenn man den ausklammert, dann war die linke Szene gefährlicher. Wenn Sie zum Beispiel nach Deutschland schauen, die RAF usw. da ist es also wirklich um viele Menschenleben gegangen. Was man der rechtsradikalen Szene nicht nachsagen kann, da hat es zwar ein sehr martialisches Auftreten gegeben, diese Geschichte mit dem Gurgelschnitt...

*Den lernt beim Österreichischen Bundesheer, im Rahmen der Nahkampfausbildung jeder, der seinen Wehrdienst ableistet, genauso.*

**Sika:** Ja, natürlich. Und wenn ich daran erinnere – ich habe das auch in meinem Buch geschrieben – im Zusammenhang mit den Waffenlagern hat man ja eine Anleitung gefunden für die „Widerstandskämpfer" gegen die Russen, wo solche Anregungen enthalten waren. Aber die Wahrheit war, daß die linke Szene, zumindest in Deutschland, wesentlich gefährlicher war und auch wesentlich mehr Todesopfer gefordert hat, als alles, was von rechts gekommen ist. Das ist historisch erwiesen, und ich glaube, was die heutige Zeit anbelangt, so kann man sagen, daß von der rechtsextremen Szene, die es in kleinen Gruppen sicher immer noch gibt, für die Demokratie keinerlei Gefahr ausgeht. Es gibt aber mittlerweile auch keine linke Szene mehr, von der irgendeine Gefahr zu befürchten wäre. Ich glaube unsere Demokratie wird derzeit weder von links noch von rechts bedroht. Sie kann sich nur selber umbringen.

*Zurück zur Franz Fuchs-Geschichte: Etwas, was zu den Briefbomben dazu kam und damals Tote gefordert hat, war die Sache in Oberwart mit der Rohrbombe, die, so glaube ich, in einem Verkehrsschild untergebracht war. Und da ist es eigentlich auch nicht restlos aufgeklärt worden, was bzw. wer da dahinter gesteckt hat.*

**Sika:** Oja doch, es war auch hier der Franz Fuchs. Es hat der Fuchs diese Bombe gebaut. Allerdings ob der Fuchs sich darüber im Klaren war, daß es da zu Todesopfern kommen würde, kann man heute nicht mehr sagen. Denn bei dieser Geschichte war es natürlich schon so, daß es ja auch jemanden ganz anderen hätte treffen können. Es war also von vornherein nicht ausgemacht, daß da unbedingt Roma sterben müssen, obwohl sie sicher eine Zielgruppe für Fuchs waren. Aber es war nicht ausgemacht, daß es vier Todesopfer geben würde. Was sich Fuchs hier gedacht hat, das weiß ich nicht.

*Ich habe das deswegen angesprochen, denn es gab, wenn ich mich recht erinnere, eine erste Darstellung vom Landeskriminalamt Eisenstadt, wo von einem Unfall á la Ebergassing die Rede war, wo ja die Attentäter selbst beim Basteln oder Aufstellen der Sprengbombe draufgegangen sind.*

**Sika:** Sie dürfen nicht vergessen, es hat am Anfang die skurrilsten Geschichten gegeben. Die erste Mitteilung, die ich bekommen habe, war, daß sich vier Roma mit Pumpguns gegenseitig niedergeschossen haben. Das war die erste Theorie, daß es eine

Roma-intere-Aktion war. Daß Franz Fuchs diese Bombe gebaut hat, steht heute aber außer Zweifel.

*Das ist kriminaltechnisch erwiesen?*

**Sika:** Das ist absolut erwiesen, und alle Spekulationen, daß das die Roma selbst gewesen sein könnten, sind absolut unrichtig. Sie wären auch nach ihrem technischen Verständnis nicht in der Lage dazu gewesen, diese Bombe zu bauen. Das war eine sehr heimtückische Bombe, die nur ein absoluter Fachmann hat bauen können. Sie oder ich, wir wären auch nicht imstande dazu gewesen, genausowenig wie die Roma, das kann eben nur ein Spezialist. Wir wissen ja, daß Fuchs in der Gegend war, das hat er ja selber zugegeben und er hat es im Grunde in Gesprächen gar nie bestritten.

*Was dann noch irritiert an der ganzen Geschichte mit dem Franz Fuchs, ist, daß er vor Gericht nicht gesprochen hat. Er hatte sich mehr oder weniger der Aussage entschlagen. Aber sind nicht solche Täter, die solche Serienattentate planen, dann irgendwie bemüht, sich selbst in Szene zu setzen in der Öffentlichkeit?*

**Sika:** Ja, nur nicht der Herr Fuchs. Der Fuchs war eben ein ganz eigener Mensch zum einen. Und zum anderen, wäre ja auch, wenn er gesprochen hätte, das Bild, das er in seinem Hirn gehabt hat, von der „Bajuwarischen Befreiungsfront" durch ihn selbst zerstört worden. Und so ist er sozusagen als Mitglied der „Bajuwarischen Befreiungsfront" ins Grab gegangen, das ist psychologisch klar.

*Ich hätte mir nur gedacht, daß es ihm Befriedigung verschaffen würde, wenn er der Öffentlichkeit zeigen könnte, wie blöd alle waren, geglaubt zu haben, daß hier ein wahnsinniges Netzwerk dahinter gestanden hätte. In Wirklichkeit aber wäre er „das Genie" gewesen, das alles alleine zuwege gebracht hätte.*

**Sika:** Ja, aber das war eben nicht gegeben, das wollte er nicht und darum hat er nichts geredet. Und so war das ja im Grunde wahrscheinlich die beste Verteidigung, nichts zu sagen. Für uns allerdings hätte es andere Folgen gehabt, wenn er gesprochen hätte. Es wäre diese ganze Theoretisiererei nachher nicht mehr möglich gewesen. Aber ich kann ihn hinsichtlich seines an den Tag gelegten Verhaltens durchaus verstehen.

Kapitel 3

# Radikale Linke in Österreich und Deutschland

# Linksextreme Militanz

## Gewaltbereites Potential gegen Andersdenkende

VON GÜNTHER REHAK

Der gegenwärtige politische Diskurs leidet an unscharfen Begriffen. Die Unschärfe ist zum Teil beabsichtigt, weil so die Manipulation durch die Medien erleichtert wird. Was heißt im politischen Kontext „links", was heißt „extrem"?

Linke Tendenzen im klassischen Sinn waren in inhaltlicher Hinsicht egalitär, antikapitalistisch, international, in formaler Hinsicht fortschrittlich bis revolutionär, ihre Anhängerschaft rekrutierte sich überwiegend aus der Unterschicht. Wenn wir die Bewegungen, die heute als „links" bezeichnet werden, oder die sich selbst so nennen, unter die Lupe nehmen, so fällt zunächst auf, daß sie kaum proletarische Elemente enthalten, es handelt sich überwiegend um frustrierte Bürgersprößlinge. Die antikapitalistische Tendenz wurde seit dem letzten Weltkrieg durch eine antifaschistische Tendenz weitgehend verdrängt, wobei die Aggressivität der mehr oder weniger radikalen Gruppen auf willkürlich definierte Personenkreise gerichtet wurde, ohne das sozioökonomische System als Ganzes in Frage zu stellen. Was sich heute in Europa unter der Firmenbezeichnung „links" herumtreibt, ist selbst dort, wo es sich der systemkritischen Phrase bedient, voll in das System integriert.

Der Begriff des politischen Extremismus ist nicht sachlich oder gar wissenschaftlich abgesichert, er entstammt der Polemik und dem bürokratisch-administrativem Sprachgebrauch. Er soll ausdrücken, daß ein Standpunkt äußerst konsequent vertreten wird, meist haftet dem Ausdruck ein negativer Beigeschmack an. Manche verwenden den Begriff „Extremismus" stillschweigend als Synonym für „Gewaltbereitschaft“, was die manipulative Verwendung erleichtert. Stellen wir daher klar: Gewaltbereitschaft mag bei sogenannten extremistischen Tendenzen eine Rolle spielen, aber nicht jeder sogenannte Extremismus neigt tatsächlich zu Gewaltanwendung.

Wenn wir versuchen wollen, dem an sich unwissenschaftlichen Extremismusbegriff eine rationale Bedeutung zuzuschreiben, bietet sich die mangelnde Toleranz gegenüber Andersgesinnten an. Der frühere Universitätsprofessor Walter Simon sprach von einem Extremismus der politischen Mitte, womit er einerseits die lineare Modellvorstellung des linken und rechten Extremismus ad absurdum führte, andererseits auf den Anpassungsdruck hinwies, der in der sogenannten „politischen Mitte“ besonders stark ist.

Die Militanz, mit der sich die Intoleranz gegenüber Andersdenkenden äußert, ist unterschiedlich intensiv. Das geht von verbalen Angriffen über beharrliche Unterstellungen und Verleumdungen zu öffentlichen Belästigungen und Behinderungen bis zu Sachschäden und Angriffen auf Leib und Leben.

Die pseudolinke Polemik richtet sich vornehmlich gegen die Eigengruppe, gegen nationale Tendenzen, gegen die Familie, die historische Identität, gegen alles, was der kollektiven Selbstbehauptung dient. Diese Polemik findet Platz in den meisten Medien, sie hat sogar in die Lehrpläne der Schulen Eingang gefunden. Dies zeigt, daß die pseudolinke Militanz sich keineswegs im Gegensatz zu den herrschenden Tendenzen befindet, vielmehr mit diesen vernetzt ist und wie diese von ausländischen supranationalen Kräften gesteuert wird. Die national-masochistische Propagandawalze, die unmittelbar nach dem verlorenen Krieg wenig überraschend war, hat in den letzten zwei Jahrzehnten bedrohliche Ausmaße angenommen.

Politische Militanz zeigt sich oft in der Form, daß Veranstaltungen politischer Konkurrenten gestört werden. Kaum jemals

Bild: ZZ-Archiv

**Linksextremisten:** Ihre Aufmärsche sorgen bei der politisch korrekten Kaste für keinerlei Erregung und Empörung

werden linke Veranstaltungen oder Demonstrationen von „rechten“ oder nationalen Gruppen gestört. Hingegen ist es beinahe die Regel, daß nationale Kundgebungen sofort Gegendemonstrationen auf den Plan rufen, die ohne eigene Zielvorstellungen lediglich stören wollen. Auch dies macht deutlich, wie die pseudolinke Militanz vom herrschenden System instrumentalisiert wird.

Von zahlreichen Sachbeschädigungen kann die Freiheitliche Partei Österreichs ein Lied singen: Parteilokale werden beschmiert, Glasscheiben eingeschlagen, Verwüstungen angerichtet. Wenn die kleine sozialistische Partei AFP eine Tagung abhält, kommt es mit Sicherheit zu einer Gegendemonstration, bei der sich Vertreter der KPÖ und der Parlamentsgrünen aufspielen. Es ist auch schon vorgekommen, daß ganze Schulklassen von ihren Lehrern zu diesem Zweck abkommandiert wurden. Oft wissen die manipulierten Demonstranten gar nicht, worum es eigentlich geht; das kann sich insofern positiv auswirken, daß die meisten dieser Kundgebungen relativ friedlich verlaufen.

Von größeren gewalttätigen Demonstrationen blieb Österreich bisher weitgehend verschont. Die Chaostage in der Bundesrepublik weisen da eine andere Handschrift auf, und erst kürzlich gab es in Kopenhagen Krawalle „linksextremer" Prägung.

Die organisierten linksextremen Krawalle richten sich zwar vordergründig gegen das herrschende System, soweit sie aber überhaupt einen Effekt haben, besteht dieser in einer Verstärkung der staatlichen Repression. Eine Staatsgewalt, die einen Vorwand für zusätzliche repressive Maßnahmen sucht, kann sich derartige Krawalle nur wünschen.

Die höchste Stufe politischer Militanz besteht in gezielten Tötungsakten. Die Morde der Rote Armee Fraktion (RAF) werden gerade jetzt ins Gedächtnis gerufen, weil die Freilassung einiger verurteilter Täter zur Debatte steht bzw. schon erfolgt ist. Die Aktivitäten der RAF waren zwar subjektiv antikapitalistisch, aber sie waren von einer elitären, dem Bolschewismus verwandten, Ideologie bestimmt und hatten keinen Bezug zu einer proletarischen Basis. Im Endeffekt gipfelten die Maßnahmen gegen den Terror der RAF in einer verstärkten staatlichen Repression, die sich heute vor allem gegen nationale antikapitalistische Bestrebungen richtet. Auch die antizionistische Tendenz der RAF führte auf lange Sicht zu mehr Toleranz gegenüber zionistischen Terrorakten.

Erinnern wir uns an die Ermordung des italienischen Politikers Aldo Moro im Jahr 1978. Verantwortlich dafür waren die sogenannten „Roten Brigaden". Allerdings ergaben die Ermittlungen, daß die Führungsspitze der Roten Brigaden vor und während der Aktion Kontakt zur CIA hatte. Viel zu wenig gewürdigt wurde das Detail, das sich an den Schuhen des Toten Sand aus dem Keller der israelischen Botschaft befand. Unbestritten war, daß der Tod Moros einflußreichen politischen Kreisen (auch aus Moros Partei) sehr gelegen kam.

Ein aufsehenerregender Akt linksextremer Militanz in Österreich war die Bombenserie der Jahre 1993 bis 1997. Die Militanz zeigte sich dabei in doppelter Hinlicht: einerseits in den Tathand-

**Die beiden Ebergassing-Terroristen Peter Konicek und Gregor Thaler (oben) sowie der Anschlag-Hellseher und zeitweilig Mitverdächtige Wolfgang Purtscheller (re.), ein ehemaliger DÖW-Mitarbeiter**

## Terror kommt von Links

Der aus der gewalttätigen Wiener Hausbesetzer-Szene kommende Wolfgang Purtscheller vertraute am 10. April 1995 der APA seine wissende Vorahnung eines Anschlags der „Rechtsradikalen" an (APA-Aussendung 393 vom 10. April 1995). Noch in der gleichen Nacht machen sich zwei seiner politischen Kampfgefährten aus dem Ernst-Kirchweger-Haus in Richtung Ebergassing auf, wo sie beim Anbringen einer Sprengladung durch eigene Hand zu Tode kommen. Ein oder zwei Mittäter können flüchten. Als Tatverdächtiger wird Bassam Al-Taher (zuletzt) via Interpol gesucht, doch die Justiz kann (Jahre später) die Vorwürfe nicht erhärten – Polizei- oder Justizirrtum? Die Kripo sieht „Parallelen zu weiteren Amschlägen in Wien und Umgebung". Peinlich: Der Ebergassing-Terrorist Gregor Thaler hatte Kontakt zum damaligen Innenminister Caspar Einem.

G. Schneeweiß-Arnoldstein

Siehe auch: „TOP", Nr. 7/9, 1997, S. 20–23

**Bassam Al-Taher:** „Aiding and abetting criminal damage, explosives violations, criminal conspiracy, and violations of firearms laws" – so der Interpol-Steckbrief. Österreichs Justizwesen fand angeblich keine Anhaltspunkte für Straftaten.

lungen selbst, andererseits in dem Umstand, daß die Handlungen von Anfang an anderen, sogenannten „rechtsextremistischen", Kreisen in die Schuhe geschoben werden sollten. Erst als dieser Versuch endgültig gescheitert war, wurde ein kleiner Mitläufer, der das Spiel mitspielte, als Sündenbock verurteilt. Nach dem Regierungswechsel bestand die Gefahr, daß der Häftling nicht mehr kontrolliert werden konnte, er wurde für die eigentlichen Täter und ihre Hintermänner zum Sicherheitsrisiko und kam in der Haftanstalt unter ungeklärten Umständen ums Leben.

Die österreichische Bombenserie war ein Musterbeispiel für die Zusammenarbeit zwischen den anonym gebliebenen Tätern und Teilen des Staatsapparates. Beim Bombenanschlag in Oberwart im Februar 1995 kamen vier Personen ums Leben. Aus dem zeitgleich verschickten Bekennerschreiben ging deutlich hervor, daß die Täter damit gerechnet hatten, daß Exekutivbeamte zu Schaden kamen. In der ersten Meldung der burgenländischen Kriminaldirektion hieß es, daß sich vier Personen beim Hantieren mit Sprengstoff selbst getötet hätten. Wenige Stunden später erklärte die dubiose „Einsatzgruppe zur Bekämpfung des Terrorismus" im Innenministerium, die Toten wurden Opfer eines gegen sie gerichteten Anschlags. Es wurde niemals versucht zu begründen, wieso die Interpretation der EBT wahrscheinlicher sein sollte als die Interpretation der burgenländischen Kriminaldirektion. Die ganze Affäre wurde mit einem spektakulären Kasperltheater vor dem Landesgericht Graz rechtskräftig abgeschlossen. Nachdem dem angeklagten kleinen Mitläufer für den Tag seiner Verhaftung Unzurechnungsfähigkeit bescheinigt wurde, an diesem Tag mithin keine Straftat begangen wurde, erfolgte die Untersuchung der Umstände bei der Verhaftung nur sehr oberflächlich. Der Psychiater, von dem die Bestätigung der Unzurechnungsfähigkeit stammte, und der später auch erklärte, daß der angebliche „Selbstmord" im Gefängnis zu erwarten gewesen wäre, ist seither groß im Geschäft.

Wir lernen aus dieser Angelegenheit mancherlei. Zunächst, daß es Terrorakte gibt, deren Hauptzweck es ist, andere dafür verantwortlich zu machen. Weiters, daß der staatliche Gewaltapparat, Verwaltung und vor allem Gerichte, mit bestimmten Täterkreisen zusammenarbeitet und daß es unmöglich ist, diese Zusammenarbeit aufzudecken und zu beenden. Schließlich, daß die Medien in einem Ausmaß gleichgeschaltet sind, durch das eine lückenlose Vertuschung möglich wird. Neben diesen verallgemeinerungsfähigen Schlußfolgerungen macht der Ablauf der seinerzeitigen Ereignisse aber ganz konkret deutlich, daß die Täter eine Kriminalisierung des nationalen Lagers und der Freiheitlichen Partei anstrebten. Es war ein sehr umfangreiches Projekt. Projekte in dieser Größenordnung erfordern erhebliche finanzielle Mittel, sowohl für die unmittelbare Durchführung der Aktivitäten, als auch für kleine Geldgeschenke, um potentielle Störfaktoren ruhig zu stellen. Unwillkürlich fällt dabei auf, daß die Untersuchung der in letzter Zeit offenkundig gewordenen Finanzskandale jenen Zeitraum im Visier hat, der mit der Planung und Durchführung des erwähnten Projekts zusammenfällt. Die Erforschung der finanziellen Transaktionen jener Tage könnte interessante Aufschlüsse ergeben – oder auch nicht.

Die sogenannte „linksextreme" Militanz unterscheidet sich von anderen militanten Tendenzen durch unzureichende Selbstreflexion. Linke Gesinnung geht in der Regel Hand in Hand mit dem Wunsch nach einer Umgestaltung der Gesellschaft und des Staates. Nachdem die diesbezüglichen Vorstellungen naturgemäß differieren, ist es schwierig, zu einvernehmlichen Zielvorstellungen zu gelangen. Da bekommt man schon eher einvernehmliche Feindbilder, was wieder die Gefahr des Mißbrauchs und der Instrumentalisierung mit sich bringt. Und so kommt es, daß so mancher „Linke" subjektiv das System verändern will, aber bedingt durch Dummheit und Denkfaulheit objektiv als Kettenhund des herrschenden Systems fungiert.

# Die Melonenshow alias „Grüne Alternative“

## Ein Tummelplatz für Linksaußen-Politiker jeder Schattierung

**VON MARTIN HOBEK**

Im Jahr 2006 feierten Van der Bellen & Co. den 20. Jahrestag ihres Einzugs ins Parlament. Das Image der Melonenpartei (außen grün, innen rot) sind sie bis heute nicht losgeworden – aus gutem Grund. Viele Funktionäre haben eine SP-Vergangenheit, davon alleine drei der vier bisherigen Bundessprecher (Peter Pilz, Madeleine Petrovic, Alexander Van der Bellen). Die rot-grünen Beziehungen sind seit jeher eng und mannigfaltig. Ulli Sima, die Nichte eines einst glücklosen Kärntner SP-Landeshauptmannes,

Bild: ZZ/Archiv

**Madeleine Petrovic:** Meldete sich 2000 bei den Demonstrationen gegen die schwarz-blaue Regierung aus der politischen Versenkung zurück

bevorzugte beispielsweise eine Karriere bei den Grün-Alternativen. Als studentische Spitzenfunktionärin bewarb sie sich 1994 und 1995 um ein Nationalratsmandat. „Die Linke" spottete in ihrer Novemberausgabe 1995, daß sie bei der grünen Listenerstellung mit ihrer „richtungsweisenden und ergreifenden ‚I bin des liabe junge madl und i mechat a ins parlament'-Rede" keine Chance gegen Terezija Stoisits hatte. So wechselte sie zur SP, von der sie 1999 das heißersehnte Mandat und 2004 die Position der Wiener Umweltstadträtin bekam. Ungeachtet ihres Scheiterns bei den Grünen zählt sie die erste grüne Nationalratspräsidentin Eva Glawischnig zu ihren besten Freundinnen. Die vorhin erwähnte, ab Juli 2007 vielleicht erste grüne Volksanwältin Terezija Stoisits wiederum ist durch ihre Lebenspartnerschaft und das gemeinsame Kind mit Bruno Aigner auf Tuchfühlung mit der SP. Aigner ist bekanntlich der Langzeit-Intimus und -Sekretär des SP-Bundespräsidenten Heinz Fischer.

Aber nicht nur Sozialdemokraten und Sozialisten, sondern auch Kommunisten setzten auf die Farbe der Hoffnung. Neben den moskautreuen Leninisten der KPÖ, die 1959 aus dem Nationalrat ausschied, fristeten auch andere „Glaubensrichtungen" wie beispielsweise die Trotzkisten jahrzehntelang ein Dasein in der absoluten Bedeutungslosigkeit. Die trotzkistische „Gruppe Revolutionäre Marxisten (GRM)" mußte feststellen, daß sich kaum jemand für sie und ihr Vereinsblatt „Rotfront" interessierte – und am allerwenigsten die von ihnen am meisten umworbenen Arbeiter. So verlegten sie sich strategisch auf Antonio Gramsci. Der italienische Kommunistenchef hatte Mussolinis Marsch auf Rom 1922 messerscharf analysiert und festgestellt, daß eine Revolution nur dann nachhaltig erfolgreich sein kann, wenn man die zu Unterjochenden zuvor geistig mürbe macht und auf seine Seite zieht. Im Sinne von Gramscis zentralem Begriff der „kulturellen Hegemonie" begannen die Revolutionär-Marxisten den sog. „Marsch durch die Institutionen". Ein Teil der GRM faßte im ORF Fuß (wie z. B. der heutige USA-Korrespondent Raimund Löw), der langjährige Anführer Hermann Dworczak nützte eine andere Chance: 1963 hatte Herbert Steiner das „Dokumentationsarchiv des Österreichischen Widerstandes (DÖW)“ gegründet. Steiner war ein KPÖ-Funktionär, dem das Regime in Prag 1958 trotz fehlender Matura das Universitätsstudium der Geschichte gestattete. Den zweifelhaft erworbenen Titel ließ er in Wien nostrifizieren. Dworczak bewarb sich 1976 bei Steiner, durfte eine ständige Ausstellung gestalten und 1979 am „Handbuch des Rechtsextremismus“ mitschreiben. Als Steiner 2001 starb, dankte Dworczak ihm in einem Nachruf in „Die Linke“ dafür, daß er als KPÖ-Mann keinen Unterschied zwischen den kommunistischen Strömungen machte: „Herbert Steiner hatte genau gewußt, wen er sich mit mir als ‚Obertrotzkisten‘ eingehandelt hatte.“ Das DÖW scheint sich übrigens auch im 21. Jahrhundert ideologisch wie akademisch nicht verändert zu haben: Im Zuge eines Richtungsstreits wiesen einige Kommunisten darauf hin, daß es sich bei

**Die extremste Linke heute:** Pilz bei den „Grünen“ , Löw beim ORF …

dem fleißigen DÖW-Mitarbeiter Dr. Heribert Schiedel in Wirklichkeit um Andreas Peham handle, einen ehemaligen Vorsitzenden der KPÖ-Studentenfraktion „KSV".

Die jahrzehntelange Wühlarbeit der diversen Genossen – „GRM" und „Rotfront" hießen mittlerweile weniger martialisch „SOAL (Sozialistische Alternative)" und „Die Linke" – hatte die Gesellschaft langsam aber sicher nach links abdriften lassen. 1987 trug die Entschlossenheit und Geduld der Kommunisten schließlich auch erste parteipolitische Früchte: Bei den Wiener Wahlen eroberte die „ALW – Alternative Liste Wien" (ab den Wahlen 1991 „Grüne Alternative") aufgrund nicht vorhandener Sperrklauseln in allen 23 Bezirksvertretungen Mandate. Ein Gutteil davon ging an Angehörige der „FÖJ/bfs". Diese beiden Kürzel stehen für „Freie Österreichische Jugend/Bewegung für Sozialismus". Die FÖJ war die offizielle Jugendorganisation der KPÖ. Als 1968 sowjetische Panzer den Prager Frühling niederwalzten, spaltete sich die Parteijugend als solche ab. Eine der Führungsfiguren dieser frühen „Reformkommunisten", Jean Margulies, schaffte es 1991 für die Grünen in den Wiener Gemeinderat/Landtag. Der derzeitige Abgeordnete Martin Margulies ist sein Sohn. Alsbald durfte sich neben den FÖJ-lern auch Hermann Dworczak als neuer Bezirksrat in Hernals feiern lassen. Was hinter diesem Erfolg steckte, führte GRM/SOAL-Mann Franz Floss im Dezember 1987 in „Die Linke" aus: Infolge der „ungebrochenen Rechtsentwicklung der Sozialdemokratie" und der sich bietenden „Möglichkeiten/Ansätze" kam es bei der „Delegiertenkonferenz Anfang dieses Jahres zu einer klaren Schwerpunktsetzung auf die Grünen: Teile der SOAL arbeiten bei der Grünen Alternative mit". Floss zog ein zufriedenes Resümee: Man habe „auch in ‚Tunnelphasen' den revolutionären Marxismus hochgehalten und das politische Klima in der österreichischen Linken (und dann auch in der Alternativbewegung) mitgeprägt." Am 10. Oktober 1992 war die Übernahme abgeschlossen als in Bad Gleichenberg

## Das DÖW – eine Volksfront-Gesellschaft

**Die „akribischen Forschungen des einstigen Spanienkämpfers und nunmehrigen DÖW-Mitarbeiter Hans Landauer“** (Wolfgang Neugebauer in den DÖW-Mitteilungen 174 vom Dezember 2005) hatten als Ergebnis eine Sondersammlung im DÖW und eine Buchpublikation über die österreichischen Spanienkämpfer. Sie dienen – in seltenem Geschichtsrevisionismus – der Heroisierung der kommunistischen Interbrigaden als „antifaschistische Kämpfer“ für die junge spanische „Demokratie“, tatsächlich aber mit militärischer Hilfe Stalins im Spanischen Bürgerkrieg wüteten.

Die Interbrigaden waren von der „Komintern“ – der „Kommunistischen Internationale“ – rekrutierte und ausgebildete Freiwilligenverbände. Ihnen werden Erschießungen von 35.000 bis 65.000 Personen zugerechnet. – Wer von den österreichischen Spanienkämpfern auch an den internen „Säuberungen“ (Ermordungen) der stalinistischen PSUC ab 1937 beteiligt war, wird verschwiegen.

Bilder: dokumentationsarchiv.at

**Zivile Opfer des roten Terrors während des Spanischen Bürgerkriegs**

Nach Neugebauer (siehe oben) kommt „diese gelebte internationale Solidarität (...) in dem Lied der Internationalen Brigaden zum Ausdruck: *‚Wir haben die Heimat nicht verloren, unsere Heimat liegt heute vor Madrid!‘*“ Besser charakterisieren die Spanienkämpfer allerdings die von ihm nicht zitierten Zeilen *‚Wir, im fernen Vaterland geboren, / nahmen nichts als Hass im Herzen mit.‘* oder *‚Mit Gewehren, Bomben und Granaten / Wird das Ungeziefer ausgebrannt.‘*

Zuvor hatten vor allem die sowjetischen Satelitenstaaten wie die „DDR“ die Interbrigaden geehrt, seit dem Fall des Eisernen Vorhangs ruhen die kommunistischen Hoffnungen offenbar beim DÖW. Dafür sorgen die linkslinken, kommunistischen oder aus der autonomen Szene stammenden Mitarbeiter wie Andreas Peham [Deckname „(Dr.) Heribert Schiedel“], Wolfgang Purtscheller, Karl Pfeifer, Brigitte Bailer, Wolfgang Neugebauer u. a.

**Nach der „DDR“ 1986 ehrt nun auch das DÖW die Spanienkämpfer**

G. Schneeweiß-Arnoldstein

erstmals ein GA-Bundessprecher gewählt wurde. Beide Kandidaten kamen aus der GRM. Peter Pilz obsiegte über Franz Floss. Letzterer blieb dem grünen Bundesvorstand erhalten, 2002 wurde er schließlich noch einmal Bundesgeschäftsführer, bis er 2004 die Geschäftsführung im Verein für Konsumenteninformation (VKI) übernahm. Sämtliche Personalvertreter des in der Bevölkerung hochangesehenen VKI sind übrigens deklarierte Grün-Gewerkschafter. Gramsci wäre entzückt…

Auch eine andere Lektion haben die Gramscisten gelernt: Man braucht Brückenköpfe, um quasi metastatisch expandieren zu können. Wien, und hier insbesondere der Vergleich zu den Freiheitlichen, ist exemplarisch. Die geographisch im großen und ganzen gleichmäßig gestreute FPÖ-Wählerschaft verhalf der Partei auf Gemeindeebene dreimal zum zweiten Platz. Auf Bezirksebene, auf der gemäß Wiener Wahlrecht eine relative Mehrheit zur Erlangung des Bezirksvorstehersessels genügt, konnte in dieser Zeit keine einzige der 69 Chancen genutzt werden. Die Grünen hingegen, die selbst 2005 zu ihrem Entsetzen auf Gemeindeebene vom vierten Platz nicht wegkamen, verteidigten den Bezirksvorsteher im 7. Bezirk bravourös und gewannen den 8. Bezirk hinzu. Die politischen Beobachter sind sich einig, daß beim nächsten Mal zumindest der 6. Bezirk folgen wird.

Daß man 2005 in Neubau, dem 7. Bezirk, über 43,7 Prozent jubeln konnte, dafür wurde der Grundstein bereits in den achtziger Jahren gelegt, und das denkbar kapitalistisch. Das KPÖ-Organ „Volksstimme" zeichnete im Dezember 1994 minutiös nach, wie Günter Kerbler und Pius Strobl den Bezirksteil Spittelberg und damit in weiterer Folge das ganze Gebiet innerhalb des Gürtels politisch „umdrehten". Kerbler konzentrierte sein Immobilienimperium auf den Spittelberg und Strobl, der ehemalige Gendarm und Ex-Vorsitzende der burgenländischen SP-Jugend, kümmerte sich um den Rest. Strobl gilt als perfekter Fädenzieher. Als er für die Grünen ORF-Kurator wurde, verankerte er sich so schnell im „Rotfunk“, daß er heute als „Kommunikationschef“ des neuen SP-Generaldirektors Alexander Wrabetz fungiert. Strobl siedelte in Kerblers Häusern und Geschäftslokalen gezielt linke studentische Jugend an. Diese brachten eine Alternativkultur mit, von der sich auch viele Alteingesessene des bis dahin bieder-bürgerlichen Bezirks anstecken ließen. Im Amerlinghaus am Spittelberg die orthodox-marxistischen Organisationen und in der Neubaugasse die schicken Boutiquen – zwei völlig verschiedenartige Gruppen, die aber beide die Grünen favorisieren und ihnen in Summe sensationelle Wahlergebnisse bescheren.

Die Bevölkerung von Neubau ist ein gutes Studienobjekt. Hier tummeln sich jene, die von den Kommunisten/Gramscisten im Laufe der Jahrzehnte der bürgerlichen Wertewelt entrissen werden konnten, nicht jedoch der bürgerlichen Lebensart. Bezeichnungen wie „Linksliberale“ würden zu wenig tief greifen. Eine genaue Beschreibung inkl. neuem Begriff verdanken wir David Brooks und seinem 2001 erschienenen Buch „Die Bobos“. Der „Bobo“ (BOurgeois BOhemian) ist die Weiterentwicklung des „Yuppie“, ein gutbetuchter, links denkender Hedonist. Aus ideologischer Sicht könnte man bösartig kommentieren, daß die Bobos bei ihrer Umpolung auf halbem Weg stecken blieben und im Niemandsland umherirren, was sich sogar in der Mode bemerkbar macht: Die Kombination teures Sakko & Schmuddelpulli ist inzwischen fester Bestandteil der Bobo-Folklore. Nicht wenige Bobos, die bereitwillig zu „BürgerInnen“ mutierten, haben sogar ihre sexuelle Orientierung verloren. Sie sind überdies klassische „Weltverschlimmbesserer“: Sie fliegen auf die Seychellen, um Kraft zu tranken für ihren Kampf gegen den Fluglärm und treten für eine Freigabe von Suchtgift ein, um damit den immer zahlreicheren Drogen-Zombies in den Wiener U-Bahn-Stationen zu „helfen“. Der sowjetnostalgische Kern der Grünen, also die „Bolschis“, wissen nicht, ob sie angesichts der parteiinter-

Bild: ZZ-Archiv

**Karl Öllinger:** Der wegen zu extremer Linkslastigkeit aus der SPÖ ausgeschlossene grüne Abgeordnete war bei Anti-Regierungs-Demonstrationen anzutreffen

nen Bobo-Flut lachen oder weinen sollen. Man hat die einstigen „Rechten" an die Leine legen können, aber sie schnüffeln leider an der falschen Straßenecke, soll heißen, sie fänden eine schwarzgrüne Koalition „spannend". Bobos mögen nämlich keine Prolos und daher können sie sich für die Gusen- und Sackbauerpartei nur mit großer Mühe erwärmen, während für die Bolschis ausschließlich rot-grün in Frage kommt.

Wie enorm groß die Kluft zwischen dem Bolschi- und dem Bobo-Flügel ist, zeigte sich nach der Nationalratswahl 2002. Der strahlende Wahlsieger Wolfgang Schüssel lud gewiefterweise auch die Grünen zu Koalitonsverhandlungen ein. Diese verweigerten sich nicht, da das auch bei ihrer Klientel Anklang fand. Im Februar 2003 trafen sich beide Parteien zu ihrer ersten PR-Pflichtübung. Die grüne Vize Eva Glawischnig trug ein überdimensionales Kreuz um den Hals – als bewußte Provokation, wie sie vor laufender Fernsehkamera freimütig bekannte. Da man die

Verhandlungen nicht ernst meinte und wußte, daß man damit nicht alleine war, ließ es sich unbeschwert konziliant und kompromißorientiert sein. Die zunehmend joviale Stimmung begann plötzlich eine Eigendynamik zu entwickeln. In Schnellzugsgeschwindigkeit erzielte man bei immer mehr Kapiteln eine Einigung. Als sich Grünen-Chef Alexander Van der Bellen mit der unverhofften Perspektive, doch noch Vizekanzler zu werden, anzufreunden begann, zog sein Stellvertreter Karl Öllinger, so wie Pilz seinerseits wegen Linkslastigkeit aus der SP ausgeschlossen, die Notbremse. Während sich die Medien schon auf eine schwarzgrüne Regierung einstimmten, setzte in der Wiener Landesgruppe die Mobilmachung ein. Der Zorn, daß man überhaupt daran dachte, mit der „ultrarechten“ ÖVP zusammenzugehen, die noch dazu den Tabubruch einer Koalition mit der „rechtsextremen“ FPÖ begangen hatte, wurde intern lautstark artikuliert. Auch das Bobo-Argument, daß man durch einen Regierungseintritt eine Prolongierung von schwarz-blau verhindern könnte, zog nicht. In der Bundesrepublik hatte der grüne Vizekanzler „Joschka“ Fischer im Zuge solcher Unmutsäußerungen bei einem Parteitag einen Farbbeutel abbekommen, der sein Trommelfell platzen ließ. Die hohe Dichte an ehemaligen Hausbesetzern und Opernballdemonstranten war für Van der Bellen vermutlich eine Entscheidungshilfe. Letztlich verkündete er, daß man mit der ÖVP doch auf keinen grünen Zweig gekommen sei. So zeigte sich, wer in der Partei nach wie vor das Sagen hat.

Diese Machtverhältnisse werden auch durch die Karriere von David Ellensohn widergespiegelt. Dieser wurde 1963 in London als Sohn eines Vorarlbergers und einer Britin geboren. 1982 kam er zum Wirtschaftsstudium nach Wien. Wie er in seinem Lebenslauf anführt, organisierte er 1987 an der WU die Studentenstreiks. 1996 zog er in die Bezirksvertretung in Wien 15, Rudolfsheim-Fünfhaus, ein, der er alsbald eine skurrile Note gab. Bereits 1998 avancierte er zum Klubobmann der grünen Bezirksratsriege. Als Ellensohn die Totalsperre der kurzen, aber stark frequentierten Winckelmannstraße betrieb, schob er eine Anrainerin vor, die sich in allen Bezirksmedien darüber ereiferte, daß sie und ihr Säugling die bösen Autos ertragen müssen. Birgit Hebein, so heißt die Dame, war aber weder Anrainerin (sie wohnte am anderen Ende des Bezirks) noch dürfte ihre Kooperation eine rein zufällige, unpolitische gewesen sein. Sie gehörte nämlich der sog. „Volxtheaterkarawane" an, die sich das autonome Ernst-Kirchweger-Haus unter anderem mit dem (nachweislich grün-dominierten) „TATblatt" teilte. Im Sommer 2001 sollte die Volxtheaterkarawane einer breiteren Öffentlichkeit bekannt werden. Sie war mit dabei, als Linksextreme aus ganz Europa in Genua gegen ein G-8-Treffen demonstrierten. Es kam zu Ausschreitungen, die ein Menschenleben forderten. Daß beim polizeilichen Durchgreifen auch mehrere Mitglieder der Volxtheaterkarawane festgenommen wurden und zum Teil fast vier Wochen in Haft blieben, sorgte für innenpolitische Turbulenzen. Kurze Zeit vorher gelang das auch Ellensohn selbst in einem ähnlichen Zusammenhang. Der frischgebackene Gemeinderat/Landtagsabgeordnete nahm an linksextremen Demonstrationen gegen den WEF-Gipfel in Salzburg teil. Die ÖVP stellte in den Raum, daß Ellensohn vorübergehend festgenommen worden sein könnte. Die Grünen dementierten die Festnahme per Presseaussendung als „lächerliche Unterstellung", ihr Wiener Abgeordneter habe in Salzburg sein Demonstrationsrecht friedlich wahrgenommen. Zu dem Gerücht, daß sich Ellensohn zumindest unter dem von der Polizei stundenlang „eingekesselten" gewaltbereiten „Schwarzen Block" befunden habe, schwieg der grüne APA-Anschluß. 2002 initiierte Ellensohn auf der Internetseite der Wiener Grünen eine seltsame Aktion: „Die grüne Show für Millionen" verhieß als Gewinn ein gemeinsames Abendessen mit ihm. Grundvoraussetzung war allerdings die richtige Beantwortung der Frage „Welche der nachstehenden Bezeichnungen assoziieren Sie am stärksten mit dem Kärntner Landeshauptmann?" (Postenkommandant in Ljubljana, Postgeneraldirektor, Postfaschist, Poster). Von den ohnehin nur 512 Teilnehmern dürften sich 509 ziemlich gefrotzelt gefühlt haben. 465 entschieden sich erwartungsgemäß für den „Postfaschisten" und nur 3 für den „Poster". In der Auflösung meinte Ellensohn zu „Poster" ungehemmt schrullig: „Das ist es. Allerdings mit Tippfehler." Der englische Begriff „Poser" bedeute „Selbstdarsteller". Die Gewinnerin des Abendessens mit ihm sei Nicole Delle Karth. Die Regisseurin ist politisch keine Unbekannte: Auf einer linksextremen Seite wurde sie als „Mitorganisatorin" der Volxtheaterkarawane genannt, auf einer anderen als deren zweite Ansprechpartnerin neben Birgit Hebein. Letztere erlangte übrigens bei der Wiener Wahl im Oktober 2005 ein grü-

Bild: ZZ-Archiv

**Ernst-Kirchweger-Haus:** Das Zentrum der linksextremen Szene in der Bundeshauptstadt Wien

nes Bezirksratsmandat in Rudolfsheim-Fünfhaus und übernahm als Neuling auf Anhieb den stv. Klubvorsitz. Nach nicht einmal eineinhalb Jahren ist sie nun bereits Klubobfrau. Ellensohns Auftreten gegenüber den Freiheitlichen ist als besonders aggressiv bekannt. Das dürfte an einem ungelösten Generationenkonflikt liegen: Ellensohns Vater ist FPÖ-Mitstreiter im vorarlbergischen Weiler. Im Oktober 2001 bekam es aber auch die ÖVP mit ihm zu tun. Als deren Jugendorganisation in Wien-Penzing die dortige grüne Klubobfrau Elisabeth Holzer wegen der Aussage „Lieber bekifft ficken als besoffen fahren" kritisierte, konnte sich Ellensohn nicht mehr halten. Am 22. Oktober 2001 schickte er der ÖVP-Penzing folgendes e-mail: „Null geehrte Herren, Ich werde euer geschmackloses Statement so kommentieren, daß ihr es auch versteht, ihr Wixer. Eure Fickfantasien könnt ihr euch in den Arsch schieben. Grußlos". Die Wiener Grünen scheinen solch ein Auftreten unter ihrem Namen für angemessen zu halten: Seit der letzten Wiener Wahl ist Ellensohn zu einem ihrer beiden Stadträte aufgestiegen...

In diese Kategorie paßt auch der in der von den Grünen stark hofierten Asylbranche prominent tätige Michael Genner. Der ehemalige brachial-kommunistische „Spartakus"-Aktivist und „Longo maï"-Kommunarde hatte 1991 für die Grünen bei den Wiener Wahlen kandidiert. Einer breiteren Öffentlichkeit wurde er bekannt, als er zum Jahreswechsel den plötzlichen Tod von VP-Innenministerin Liese Prokop bejubelte. Diese Haltung stieß nicht nur die Bobos ab ...

Der offene Krieg zwischen den beiden Parteiflügeln konnte bis dato nur durch zwei Faktoren verhindert werden: das Nichteintreten in eine Bundesregierung und Alexander Van der Bellen. Sascha, wie er liebevoll genannt wird, kommt aus dem dunkelroten Bolschi-Lager und kratzt auch bei den Bobos kein bißchen „arschknapp" die Kurve. Als menschgewordene Schlaftablette mit dem in Österreich so wichtigen Professorentitel deckt er den häßlichen Hintergrund bestmöglich zu. Die Taktik der Öko-Gaukelei, die der kettenrauchende Autofahrer „VdB“ perfekt beherrscht, wird auch nach dessen Abtreten oberste Parteimaxime bleiben.

Filmfreunde kennen möglicherweise eine Szene in der Komödie „Ein Fisch namens Wanda“, in deren Mittelpunkt der neurotische amerikanische Killer Otto West steht, der vorgibt, ein Italiener zu sein. Als seine Herkunft angezweifelt wird, wischt er das in Sekundenschnelle vom Tisch: „Mein Name ist Otto – das ist Italienisch und heißt ‚acht‘!“ Solch einen Fall gibt es auch in Österreich. Hier ist es ein Kommunist mit dem Argument: „Mein Name ist Baum, ich bin ein Grüner!“ Josef Baum, so heißt er vollständig, verteilte bereits als 18jähriger kommunistische Flugblätter gegen das Bundesheer mit dem Titel „Abrüsten!“ Das erwies sich allerdings als ungünstig, denn er hatte zu diesem Zeitpunkt bereits den Wehrdienst begonnen. Er mußte zum Rapport antreten, bei dem ihm ein Offizier eröffnete: „Abgerüstet, Wehrmann Baum, wird auf den Ruinen von Moskau!“ Diese imaginäre Vernichtungsattacke gegen die geliebte Sowjetunion traumatisierte Baum so stark, daß er 1983 das Buch „Tagwache! – Erfahrungen eines Präsenzdieners beim österreichischen Bundesheer“ veröffentlichte. Dieses erlebte vier Auflagen und mündete 1989 in einem „Soldatenratgeber“. Baum hatte sich damit auch außerhalb der KP bei den Linken einen Namen gemacht. Im Jahre 1995 kandidierte Josef Baum erstmals in Purkersdorf, einer 7.700-Seelen-Gemeinde am westlichen Stadtrand von Wien. Er tat das natürlich nicht unter „KPÖ“, sondern unter „Liste Baum (LIB)“. Er errang ein Mandat und wurde Gemeinderat. Seinen vorläufigen Höhepunkt erlebte der Politiker Baum bei der Gemeinderatswahl 2000: Die LIB vervierfachte, sich und er avancierte zum Stadtrat. Die Gemeinderatswahl 2005 stand ganz unter dem Zeichen des Erdrutschsieges des amtierenden Bürgermeisters, des früheren SP-Innenministers Karl Schlögl. Dieser errang eine Zweidrittelmehrheit (22 von 33 Sitze). Die LIB (diesmal als „LIB & Grüne") verlor zwei Prozentpunkte und die Position des Stadtrates, konnte aber ihre vier Mandate halten und liegt nur mehr knapp hinter der zweitplatzierten ÖVP (6). Bereits vor der Wahl feierte die LIB einen Prestigeerfolg: Sie reichte die Maximalzahl von 66 Kandidaten ein. Sieht man sich diese an, so überwiegen „gutbürgerliche" Existenzen, nicht wenige davon akademisch graduiert. Es handelt sich um eine Anhäufung von „Wienerwald-Bobos", die zwar in der benachbarten Bundeshauptstadt arbeiten, ansonsten der Stadt aber den Rücken gekehrt haben. Sie würden niemals zugeben, daß sie das von der rot-grünen Stadtpolitik zelebrierte Verkehrs- und Multikulti-Chaos nicht mehr aushielten. Ganz im Gegenteil, jetzt, wo einem die Autofahrer- und Inländerfeinde das Leben nicht mehr schwer machen können, läßt es sich noch viel leichter mit ihnen sympathisieren. Das führt dazu, daß bei Verwendung eines grünen Tarnmäntelchens auch deklarierte Kommunisten offene Ohren und Türen finden. Der „Liste Baum" könnte man nicht vorwerfen, daß die einschlägige Vita dreier Hauptakteure verschwiegen würde: Ingram „Ingo" Riß kandidierte 1996 für die „Bewegung Rotes Wien" (damaliger Listenname der KPÖ) für den Bezirksrat in Wien-Neubau. Auf der LIB-Internetseite erklärt Riß ganz offen, daß er schon während seiner Hochschulzeit in Salzburg für eine „links-sozialistisch/kommunistische Bündnisliste" ein Mandat ausübte (übrigens gemeinsam mit der heutigen Landeshauptfrau Gabi Burgstaller, wie Riß anmerkt).

Auch der frühere „Volksstimme"-Karikaturist Karl Berger dürfte als solcher bekannt sein. Ein jugendlicher LIB-Aktivist gibt nicht ohne Stolz an, daß er jetzt auch für die KPÖ in Wien tätig ist, für die ihn Riß als Mitglied geworben hat. Das dürfte bei der nach Eigendefinition „demokratischen, ökologischen" LIB niemanden stören – offenbar auch Volker Plass nicht. Plass, der Bundessprecher der „Grünen Wirtschaft", war 2001 Spitzenkandidat für den Bezirksrat in Wien-Meidling und trat 2005 in Wien-Neubau an, wo er ein werbegraphisches Büro besitzt. Ungeachtet dessen kandidierte er 2000 und 2005 auch für die LIB in Purkersdorf.

Bei einer so engen Beziehung zwischen GA und KPÖ wundert es nicht, daß man sich immer wieder gegenseitig die Räuberleiter macht. Als bei der letzten Grazer Gemeinderatswahl im Jahre 2003 der „unpolitisch“ als „Engel der Armen“ agierende KP-Frontmann Ernest Kaltenegger mehr Mandate ergatterte als er besetzen konnte, holte er sich für den zweiten Sitz im Stadtsenat Wilfriede Monogioudis. Damit war eine ehemalige grüne Gemeinderätin (1988-98) kommunistische Stadträtin geworden.

Eine besonders bemerkenswerte Begebenheit trug sich nach den Hochschülerschaftswahlen 2001 zu: „GRAS“, die Studentenfraktion der Grünen, wurde mit 12 Mandaten erstmals zur Nr. 1 in der ÖH-Bundesvertretung. Zusammen mit den SP-Studiosi und deren 11 Mandaten bedeutete das ebenfalls erstmals eine gemeinsame absolute Mehrheit im 45-köpfigen Gremium. Umso mehr überraschte es, daß die beiden von sich aus dem KP-zugehörigen „Kommunistischen Studentenverband (KSV)“ mit seinen 2 Mandaten den dritten Vorsitzenden gaben und ganz offiziell eine grün-rot-rote Koalition bildeten.

Zwei ungeschriebene Gesetze sprechen für die Grünen: Wer die Mehrheit der Studierenden und damit der künftigen Meinungsmultiplikatoren hat, der spielt auch bald in der Innenpolitik eine größere Rolle. Und was in der 1998–2005 rot-grün regierten Bundesrepublik passiert, das passiert über kurz oder lang auch in Österreich. Nicht nur deshalb ist eine grüne Regierungsbeteiligung nur eine Frage der Zeit. Viele fürchten das. Andere wiederum freuen sich auf die Zerreißprobe, die der „Grünen Alternative“ bevorsteht.

# Eine grüne Karriere

## Vom linksextremen Molotow-Gewalttäter zum Princeton-Professor für Internationale Krisendiplomatie

**VON ERNST BRANDL**

Bei seinem Abschied von der politischen Bühne im November 2005 meinte Joseph Martin („Joschka") Fischer lakonisch vor der versammelten Presse: „Ich war einer der letzten Rock'n Roller der deutschen Politik". Für ein kurzweiliges Moment der Heiterkeit in der Politik war der mächtigste Grün-Politiker in Deutschland ja immer gut. Der „grüne Leitwolf" und „Vorzeige-Realo" einer ganzen linken Politgeneration war immer fähig für einen witzigen Schnellschuß aus der Hüfte.

Joseph Martin Fischer: Jahrgang 1948, abgebrochene Photographenlehre, setzt sich früh mit Marx, Mao und Hegel auseinander, hört Adorno und Habermas, ohne jemals an der Universität eingeschrieben zu sein, engagiert sich in der Frankfurter Sponti-Szene. „Putz machen", hieß das damals. Steine, Molotow-Cocktails, Straßenschlachten, Häuserkampf und Polizistenprügel anstelle von Argumente.

Nach Jahren des agitativen Straßenkampfes wendet er sich unter der späten Erkenntnis: „Die gewaltsame Konfrontation mit dem Staat zu suchen, führt direkt in die politische Aussichtslosigkeit, erzeugt immer wieder Ohnmacht." den Grünen zu und zieht 1983 in den Bundestag ein. Die Agitation bleibt sein politisches Werkzeug, Tumulte im deutschen Bundestag, von Fischer inszeniert, sind keine Seltenheit: „Mit Verlaub, Herr Präsident, sie sind ein A…" „Joschka" Fischers, stenographisch nicht festgehaltener Satz – gerichtet an den amtierenden Bundestagsvizepräsidenten

Richard Stücklen – sorgt für Tumulte im Hohen Haus in Bonn. Trotzdem – schnell macht er Karriere, wird parlamentarischer Geschäftsführer und tritt zwei Jahre danach in das erste rot-grüne Kabinett von Holger Börner als Umweltminister in Wiesbaden ein. 1994 übernimmt Fischer den Vorsitz der Grünen-Fraktion im Bundestag. Der „Oberrealo" Fischer – in anderen Parteien nennt man so was wohl Machtpolitiker – drängt die Fundamentalisten weiter aus einflußreichen Positionen. Immer mehr grüne Grundsätze fliegen über Bord. Fischer legt die Grundlage für die erste rotgrüne Bundesregierung und avanciert so zum ersten Spitzenkandidaten der Bündnisgrünen.

Am 27. Oktober 1998 ist „Joschka" Fischer dann am Ziel seiner Träume. Er übernimmt das Amt des Außenministers von Klaus Kinkel. Eine erste innerparteiliche Bewährungsprobe läßt nicht lange auf sich warten. Die Nervosität bei den Bündnisgrünen erreicht nämlich vor ihrem Kosovo-Sonderparteitag 1999 bereits den ersten Höhepunkt. Die Ausgangslage: Sollten sich die „Radikalpazifisten" durchsetzen mit ihrer Forderung nach einer sofortigen und endgültigen Feuerpause in Jugoslawien, dann gerieten die bündnisgrünen Minister und die Bundestagsfraktion erheblich unter Druck. Fischer tritt ans Rednerpult und poltert: „Ich sage euch (Beifall, Pfiffe), ich halte zum jetzigen Zeitpunkt eine einseitige Einstellung, unbefristete Einstellung von Bombenangriffen für das grundfalsche Signal. Damit das klar ist." Fischers Macho-Spruch setzt sich durch. Unter seinen innerparteilichen Gegnern packt man die Farbbeutel aus. Die Bündnisgrünen brauchen für diesen Parteitag 1999 erstmals schärfsten Polizeischutz. Es kommt immer wieder zu Tumulten, Fischer wird sogar mit einem Farbbeutel angegriffen, läßt sich aber nicht einschüchtern. Der grüne Pragmatiker mit Gespür für das Machbare und die Macht schlachtet nach und nach die heiligen „grünen Kühe": keine Abschaffung der NATO mehr, die aus dem Programm der Grünen gestrichen wird. Doch erst nach ernstgemeinten Dro-

**Am Höhepunkt der Karriere:** Außenminister Joseph Fischer mit Bundeskanzler Gerhard Schröder und Luxemburgs Premier Jean-Claude Juncker

hungen mit dem Rücktritt aus allen Ämtern folgen die Grünen seinem außenpolitischen Kurs endgültig. Auch das Ja zum Bundeswehr-Einsatz in Afghanistan kann er seinen Parteifreunden verkaufen – schließlich geht es um den Machterhalt.

Zwei Wahlkämpfe führt er für seine Partei im Alleingang – das Alpha-Tier spielt die Rampensau, angetrieben durch einen unerschütterlichen Glauben an die eigene Fähigkeit. Überzeugte Fundamentalisten, Kriegs- und Atomkraftgegner geben entnervt auf. Lange stellt sich Fischer keiner innerparteilichen Wahl, nie war er Parteivorsitzender, doch immer das politische und strategische Machtzentrum. Zur Inszenierung gehört der journalistische Hofstaat, den er teilweise oder auch ganz verstößt, wenn es ihm gefällt. Er gibt das Gefühl von Nähe, läßt sie zu, solange er die Journaille braucht. Diese läßt sich jahrelang beschimpfen, nimmt die öffentliche Verachtung und Erniedrigung als Anerkennung. Dieses Verhalten und die künstlich aufgebaute Abhängigkeit funktioniert als „System Fischer“ über Jahre.

Besonders stolz ist er auch auf seine linke Vergangenheit, bis ganz bestimmte Photos auftauchen. Anfang Januar 2001 löste Bettina Röhl mit der Veröffentlichung der sogenannten Fischer-Prügelphotos eine weit über deutsche Grenzen hinausreichende Mediendiskussion über Fischers militante Vergangenheit und die 68er-Bewegung aus. Die Bilder zeigen „Joschka" Fischer, den späteren OPEC-Terroristen Hans-Joachim Klein und andere dabei, wie sie 1973 den Polizisten Olaf Marx verprügelten. Diese Bilder des Photografen Lutz Kleinhans waren 1973, ohne daß jemand wußte, wer auf den Photos zu sehen war, als bloße Prügelszene veröffentlicht worden und von der Journalistin Bettina Röhl (Tochter von Ulrike Meinhof, Anm.) im Jahr 2000 entdeckt und inhaltlich entschlüsselt worden. 2001 entdeckte sie in altem Tagesschau-Material eine Filmsequenz der gleichen Schlägerei, die „Joschka" Fischer 1973 beim Niederschlagen des Polizisten zeigt. Fischer ist damals schließlich einer der beliebtesten deutschen Politiker; sein persönlicher Werdegang dokumentiert seinen Wandel vom linken Straßenkämpfer zum grünen Demokraten glaubwürdig. Zumindest für die gleichgeschalteten linken Medien. Schließlich gilt „Joschka" als der lebende Beweis für jene Werte, die sich von 1968 erhalten haben. Die Debatte über seine militante Frankfurter Zeit gerät ihm nicht außer Kontrolle, die Medien sind auf seiner Seite. Dabei böte Fischers „Frankfurter-Rabauken-Zeit" Stoff für einen Polit-Thriller mit dem reißerischen Titel: „Vom Straßenkämpfer zum grünen Leitwolf".

Am 10. Mai 1976 fliegt ein Molotow-Cocktail durch das offene Fenster eines Polizei-Opels in Frankfurt. Ein Polizist erleidet schwere Verbrennungen. Bei den Krawallen in Frankfurt ist ein gewisser Joseph Martin, genannt „Joschka", Fischer mit von der Partie. Mehr als das: er ist einer der Anführer. Aber mit dem Molotow-Cocktail hat er natürlich nichts zu tun. So sagt er jedenfalls. Früher war das anders, als er 1973 auf den Polizeibeamten einprügelte. Während einer der Komplizen Fischers den

Polizisten am Kopf umklammerte und zu Boden drückte, schlug Fischer mit brutaler Wucht auf den Wehrlosen ein. Ja, dieser „Joschka" Fischer hat gekämpft für seine Sache. Das gibt er sogar zu. Im Oktober 2000 steht Fischer, mittlerweile vom „Sponti" zum deutschen Außenminister gewandelt, als Zeuge vor Gericht. Es geht um seinen Kampfgenossen, den Terroristen Hans-Joachim Klein, und den Überfall auf die OPEC-Konferenz in Wien (drei Tote!). Klein und Fischer kämpften vor nunmehr über 31 Jahren gegen die „reaktionäre Gewalt des Systems", wie Fischer damals zu sagen pflegte. Für Klein war Fischer „ein Freund" und mehr als das: „ein Vorbild". Allgemein wird anerkannt: „Fischer war eine der zentralen Figuren des linksradikalen Milieus in den siebziger Jahren." Klein ist heute als Terrorist entlarvt. Er steht vor Gericht. Von den Verbindungen zwischen Klein und Fischer bleibt vieles im Dunkeln. Aktenkundig ist, daß Klein die Mordwaffe in Fischers Wagen transportiert haben soll, mit welcher der FDP-Politiker Heinz Karry 1981 nachts in seinem Schlafzimmer ermordet wurde. Die Tat konnte nicht aufgeklärt werden. Fischer hat damit freilich nach eigenem Bekunden nichts zu tun.

Noch Anfang der 70er Jahre waren die Karten anders verteilt: Damals wollte Fischer noch das Proletariat für seinen Kampf gegen das verhaßte herrschende System gewinnen. Anfangs bemühte er sich darum, Jugendliche aus Erziehungsheimen zu einer schlagkräftigen Einheit im Häuserkampf auszubilden. Seit 1968 fehlte er bei kaum einer Aktion im Frankfurter Raum. 1970 schloß er sich der Gruppe „Revolutionärer Kampf" an, dort traf er auf Daniel Cohn-Bendit, den Anführer der Mai-Unruhen von 1968 in Frankreich. Mit gefälschten Papieren verschaffte er sich eine Stelle bei Opel, um den Krawall zu den Werktätigen zu tragen. Die aber hatten kein Interesse an den versponnenen Ideen der linksextremen Szene.

Erfolgreicher waren er und seine Bande vor allem im Häuserkampf. Das war nicht so anstrengend wie die langweilige Arbeit am Fließband, und an den Prügeleien fanden sie immer mehr Gefallen. Das machte richtig Spaß. An den Wochenenden fuhren Fischers Leute im Autokonvoi in den Taunus, suchten sich abgelegene Waldstücke und übten den Nahkampf. Die Gruppe nannte sich „Putz-Gruppe", wobei „Putz" angeblich für „Proletarische Union für Terror und Zerstörung" stehen soll. 40 Mann machten bei der Schlägertruppe mit, zum unumstrittenen Feldkommandanten stieg in kurzer Zeit ein Mann auf: „Joschka" Fischer. Das machte Fischer so richtig Spaß, „durch ihn wurde der Kampf nach und nach zum Selbstzweck", erinnert sich Jahre später einer der Teilnehmer.

Fischers Kampfübungen hatten dann auch Erfolg. In einem Bericht der Frankfurter Polizei heißt es nach dem vergeblichen Versuch, das Haus am Kettenhofweg zu räumen: es habe „ein nicht gekanntes Ausmaß an Aggressivität und Brutalität" gegeben. „Die Wurfgeschosse waren von solcher Schwere und Größe, daß Lebensgefahr bestand". Photos von damals belegen heute wie Fischer kämpfte. Vier Leute aus der „Putz-Gruppe", einer davon der Terrorist Klein, stürzten sich auf einen Polizisten, warfen ihn zu Boden und Fischer lief dann hinzu und schlug mit Fäusten auf den Wehrlosen ein. Am Ende der Schlacht blieben 48 verletzte Beamte zurück. Das Haus am Kettenhofweg konnte nicht geräumt werden. Eine Woche lang hielten die Besetzer ihre Gegner mit Straßenschlachten in der Innenstadt in Atem. Fischer hatte Grund zur Freude, er war jetzt in der linken Gewalt-Szene berühmt. Beim nächsten „Bullenklatschen" geht Fischers Putztruppe noch weiter. Polizisten werden eingekesselt und entwaffnet. Die Aktion wird im „Revolutionären Kampf" intensiv diskutiert, aber Fischer kann sich heute an Waffen nicht mehr erinnern. Andere berichten, daß die Waffen für den venezolanischen Terroristen „Carlos", alias Iljitsch Ramirez Sanchez, gehortet wurden.

Ein neues Niveau linksextremer Militanz wird dann beim Sturm auf das spanische Generalkonsulat sichtbar. 200 vermummte Kämpfer stürmten in drei Wellen gegen die Vertretung des Franco-Regimes. Die erste Reihe der Angreifer schleudert Farbbeutel, die zweite Steine, die dritte Molotow-Cocktails. Ein Mannschaftswagen der Polizei geht in Flammen auf. Die Vermummten können sich erfolgreich und unerkannt zurückziehen. Bei der generalstabsmäßig geplanten Aktion ist Fischer in vorderster Front dabei. Heute erklärt der Vize-Kanzler: „Ich hatte weder Steine noch Molotow-Cocktails dabei". Das ist gut möglich. Feldherren schießen ja auch meist nicht selbst.

Bild: ZZ-Archiv

**Schulabbrecher Joseph „Joschka" Fischer:** War ein bekanntes Gesicht bei den Straßenschlachten der 68er

Die Gewalt in Frankfurt eskaliert nach dem Tod von Ulrike Meinhof am 9. Mai 1976. 1.500 Demonstranten versammeln sich auf dem Campus der Frankfurter Uni. Ein Teil davon – mit Molotow-Cocktails und Steinen bewaffnet – trifft in der Nähe des Goethe-Platzes auf eine Hundertschaft der Polizei, die noch in ihren Wagen sitzt. Fischers Truppen „eröffnen das Feuer", die

Polizisten springen von ihren Wagen, die „Mollis" schlagen ein wie Granaten. Ein Brandsatz fällt in das Führerhaus eines Opel-Streifenwagens, in dem der 23jährige Polizeiobermeister Jürgen Weber sitzt. Er versucht sich durch einen Hechtsprung durch die offene Beifahrertür zu retten, bleibt am Pedal hängen und fängt sofort Feuer. Den Kollegen gelingt es, die lebende Fackel aus dem brennenden Fahrzeug zu zerren und danach die Flammen zu ersticken. Als man ihm die Kleider vom Leibe reißen will, reißt die Haut mit ab. Weber schreit wie ein Wahnsinniger vor Schmerz und fleht seinen Kollegen an: „Klaus, hilf mir, bitte, bitte, erschieß mich!" Weber kommt ins Krankenhaus, seine Überlebenschancen sind gering, aber er schafft es. Er ist für sein Leben gezeichnet. Ein Täter aus der linken Gewalt-Szene konnte nie ermittelt werden.

Nach dem Brandanschlag auf dem Goetheplatz geht die Polizei in die Offensive. In 14 Frankfurter Wohngemeinschaften dringen Beamte gleichzeitig ein und verhaften zahlreiche Personen aus dem Umfeld der „Putz-Gruppe" und der Gruppe „Revolutionärer Kampf". 17 gebrauchsfertige Molotow-Cocktails werden sichergestellt. Die Polizei sucht steckbrieflich nach fünf Terroristen, einer davon ist der berufslose Linksextremist Joseph Martin Fischer. Er wird verhaftet, kommt aber mangels Beweisen – wie alle anderen auch – nach kurzer Zeit wieder frei.

Von erheblicher Brisanz für die Debatte um Fischers militante Vergangenheit sind Informationen aus Sicherheitskreisen zum oben beschriebenen Brandanschlag auf den Polizisten Jürgen Weber. Die Rolle des damaligen „Streetfighters" Fischer vor und während der von Molotow-Cocktail-Attacken begleiteten Demonstration nach dem Selbstmord von Ulrike Meinhof ist heftig umstritten. Fahnder berichten, ihre Ermittlung sei „zusammengebrochen", weil die Sonderkomission „von einem bestimmten Beweismittel keine Gebrauch machen durfte". Dabei handelt es sich um einen Informanten des Landesamtes für Verfassungsschutz aus Fischers „Putz-Gruppe". Dieser V-Mann nahm an der Vorbereitung und an der Demo teil, auf die Aussagen dieses Belastungszeugen stützte sich nach Angaben des Insiders auch die Verhaftung von Fischer & Co. Um den Spitzel zu schützen, streute die Polizei aber das Gerücht, ihr Zugriff sei auf einen anonymen Anruf hin erfolgt. Wegen des Mordversuchs an Weber wollte die Polizei den besagten V-Mann dem Gericht präsentieren. Der Verfassungsschutz habe sich dann aber vehement dagegen ausgesprochen, seinen tief in die Szene eingetauchten Informanten „zu opfern". Wegen dieser Weigerung habe man eine Entscheidung des Innenministers verlangt. Der Polizei sei dann mitgeteilt worden, der V-Mann müsse wegen „besonderer Gefährdung" geheim bleiben.

Es ist unwahrscheinlich, daß Fischer den Molotow-Cocktail selbst geworfen hat. Aber: Am Vorabend der Aktion trafen sich Fischers „Putz-Gruppe" und andere militante Kreise, um ihr Vorgehen zu besprechen. Christian Schmid schreibt dazu in seiner lesenswerten Fischer-Biographie „Wir sind die Wahnsinnigen": „Eine Mehrheit der Kämpfer trat dafür ein, der Polizei eine Schlacht zu liefern, die diese nicht vergessen würde. Der Einsatz von Mollis wurde heftig diskutiert. Dagegen waren nur wenige Genossen. Sie warnten eindringlich, daß Brandsätze Fürchterliches anrichten könnten.

Aber vergeblich. Schließlich gab es nur eine Person im ganzen Saal, die das absehbare Desaster hätte abwenden können: der Mann, der die Diskussion leitete, Genosse Joschka Fischer persönlich. Doch der zeigte sich wenig besonnen und setzte sich selbst für die Wunderwaffe ein, mit der man vor dem spanischen Generalkonsulat einen historischen Sieg errungen hatte."

Rund dreißig Jahre später sitzt Fischer als honoriger Gastprofessor im Studierzimmer der amerikanischen Elite-Universität Princeton. Die „Presse" hofiert ihn mit einem Exklusiv-Interview zur Lage im Irak. Er sehe den außenpolitischen Niedergang der

USA. Er, der ja stets gegen den Irak-Krieg aufgetreten war. Es nütze aber nichts, „Recht gehabt zu haben, wenn man auch für den Schaden aufkommen muß" spricht er dann Stunden später ins ORF-Mikrophon. Apropos Schaden: Fischer hat es bisher abgelehnt, sich bei den Opfern seiner Putz-Gruppe zu entschuldigen.

# Gewaltbereite RAF-Frauen

## Ulrike Meinhof, Brigitte Mohnhaupt und Gudrun Ensslin: Terror als Lebensinhalt

**VON BERNHARD TOMASCHITZ**

Seit Brigitte Mohnhaupt unlängst aus dem Gefängnis entlassen wurde, ist die RAF wieder in aller Munde. Nun steht die Debatte im Raum, immer mehr noch inhaftierte RAF-Terroristen, wieder auf freien Fuß zu setzen.

Sieht man sich die Liste aller Terroristen der Roten Armee Fraktion etwas genauer an, ist es ein Phänomen, wie viele Frauen doch tatsächlich zu brutalen und blutigen Gewaltakten bereit waren – so wie eben erwähnte Brigitte Mohnhaupt, die ihre Taten bis heute nicht bereut.

Sie wurde 1949 als Tochter eines Kaufmannes geboren. 1967 immatrikulierte sie auf der Münchner Universität an der Philosophischen Fakultät. Bereits 1971 ging Mohnhaupt in den Untergrund und beteiligte sich dort maßgeblich am Aufbau der RAF-Logistik, der Waffenbeschaffung und ähnlichem mehr. 1972 wurde sie das erste Mal verhaftet, aber bereits 1977 wieder entlassen. Umgehend verschwand Mohnhaupt wieder in den Untergrund, um dort erneut Kontakte zu anderen RAF-Mitgliedern aufzunehmen. Sie sah sich selbst dabei von Anfang an in einer leitenden Position, und auch Andreas Baader bestätigte in einem aus dem Gefängnis geschmuggeltem Dokument, „daß die Mohnhaupt jetzt ‚ne Art Befehlsgewalt hat". Die Unterstützung durch die erste RAF-Generation und ihr Auftreten führten dazu, daß sie sich zur Führungsperson der zweiten Generation entwickelte.

Sie organisierte die „Offensive 77", bei der unter anderem der Generalbundesanwalt Siegfried Buback, sein Chauffeur sowie der Chef der Fahrbereitschaft der Bundesanwaltschaft von den RAF-Terroristen erschossen wurden. Ziel der Aktion war es, die in Stammheim Inhaftierten frei zu bekommen. Mohnhaupt soll hierbei aktiv mitgewirkt haben. Mohnhaupt wird auch die logistische Planung der Entführung des Arbeitgeberpräsidenten Hanns-Martin Schleyer zulasten gelegt.

Bei dem mißglückten Entführungsversuch Jürgen Pontos und seiner Frau ist belegt, daß es Brigitte Mohnhaupt war, die den Banker kaltblütig erschoß. Zwar wurde sie daraufhin 1978 in Jugoslawien erneut verhaftet, aber nach nur sechs Monaten in Freiheit entlassen. 1981 war Mohnhaupt am Attentat auf den US-General Kroesen beteiligt und nach ihrer endgültigen Verhaftung 1982 wegen aller RAF-Aktionen und den Angriff auf den Nato-General zu fünf mal lebenslänglich verurteilt.

**Gudrun Ensslin:** Die Tochter eines evangelischen Pfarrers war an den Bomenanschlägen des „Blutigen Mai" 1972 beteiligt

Bild: ZZ-Archiv

Ein weiterer Kopf der RAF war Gudrun Ensslin. Die 1940 als Tochter eines evangelischen Pfarrers geborene Gudrun Ensslin studierte in Tübingen Germanistik, Anglistik und Pädagogik. 1964 zog sie um nach Berlin, um ihr Studium an der FU fortzusetzen. Dort lernte sie vermutlich Andreas Baader kennen für den sie ihren Sohn und Verlobten Bernward Vesper verläßt, um mit ihm nach Frankfurt am Main zu ziehen. 1968 ist sie an vier Kaufhausbränden beteiligt, bei denen jedoch keine Menschen ums Leben kamen. Nachdem die Brandstifter nur wenige Tage später auf Grund eines „konkreten Hinweis" – man vermutet, daß der Freund Baaders, bei dem sie unterkamen mit seinem Besuch nicht zufrieden war – verhaftet wurden, , wurde Ensslin zu drei Jahren Haft verurteilt. Nach einem Revisionsantrag gelang

**Ulrike Meinhof:** Führende Figur der „Rote Armee Fraktion", deren Terror die Bundesrepublik erschütterte

Bild: ZZ-Archiv

ihr 1969 die Flucht und Ensslin floh in den Nahen Osten, wo sie von Juni bis August eine militärische Ausbildung in einem Palästinensercamp absolvierte. Danach kehrte sie in die BRD zurück und war mehrfach an Banküberfällen zur Geldbeschaffung und an darauf folgenden Bombenanschlägen im Rahmen des „Blutigen Mai" – Ziel waren amerikanische Einrichtungen in der Bundesrepublik, bei denen mehrere Menschen ums Leben kamen – beteiligt. Am 2. Juni 1972 wurde Ensslin in Hamburg verhaftet und in das berüchtigte Gefängnis Stammheim überliefert. Dort wurde ihr mit Andreas Baader, Ulrike Meinhof und Jan Carl Raspe 1977 der Prozeß gemacht, bei dem alle Beteiligten zu lebenslanger Haft verurteilt wurden. Am 18. Oktober wurde sie Tod in ihrer Zelle aufgefunden. Über diesen angeblichen Suizid ranken sich bis heute noch viele Gerüchte.

Eine enge Freundschaft verband Gudrun Ensslin mit Ulrike Meinhof. Die um Jahre ältere, 1934 geborene Ulrike Meinhof studierte Philosophie, Pädagogik, Soziologie und Germanistik in Marburg. Ihre Eltern starben bereits sehr früh und sie wuchs unter der Vormundschaft der Historikerin Renate Riemeck auf.

1957 zog es Meinhof nach Münster, wo sie sich in der extrem linken Studentenbewegung „Sozialistischer Deutscher Studentenbund“ (SDS) als Sprecherin des „Anti-Atomtod-Ausschusses“ engagierte. Von 1959 bis 1969 war sie Mitarbeiterin bei der linken Zeitschrift „konkret“, bei der sie zwei Jahre lang sogar Chefredakteurin war. In dieser Zeit wurde sie eine Symbolfigur der deutschen Linken, die an zahlreichen öffentlichen Veranstaltungen und Demonstrationen teilnahm. Beim „Frankfurter Kaufhaus-Brandstifterprozeß“ lernte sie Andreas Baader und Gudrun Ensslin kennen und knüpfte so erste Kontakte zur RAF.

Das erste Mal wurde sie 1970 bei der Befreiung von Andreas Baader, der zu dieser Zeit in Tegel im Gefängnis saß, aktiv. Sie organisierte diese gemeinsam mit Gudrun Ensslin, die allerdings nicht persönlich daran teilnahm. In den folgenden Jahren bildete Meinhof zusammen mit Baader, Gudrun Ensslin und Holger Meins den harten Kern der sogenannten „Baader-Meinhof-Bande“, die durch Gewaltaktionen in der Bundesrepublik immer wieder auf sich aufmerksam machte. Dies gilt bis heute auch als Geburtsstunde der RAF. 1970 tauchte Meinhof gemeinsam mit Ensslin im Nahen Osten unter und war ebenfalls, wie die meisten RAF-Terroristen ihrer Zeit, in einem Palästinensercamp zur militärischen Ausbildung. Am 15. Juni 1972 wurde Meinhof mit Ensslin und Baader gemeinsam verhaftet und in Stammheim interniert. In einer gemeinsamen Erklärung übernahmen die Angeklagten schließlich im Mai 1976 für einige Bombenattentate die Verantwortung. Wenige Tage später beging Ulrike Meinhof am 9. Mai 1976 in ihrer Stammheimer Zelle Selbstmord. Die unerwartete, durch Erhängen ausgeführte Tat ließ sofortige Zweifel an der behördlicherseits bekanntgegebenen Selbstmordversion aufkommen. Es folgten heftige Demonstrationen in Frankfurt und Berlin sowie ein Bombenanschlag auf das Frankfurter Hauptquartier der US-Army.

Eine, die der sogenannten „zweiten Generation“ der RAF an-

Bilder: Ausriß www.ingrid-strobl.de; dokumentationsarchiv.at

**Sprengstoffanschlag einer feministischen Antifaschistin:** Die Innsbruckerin Ingrid Strobl, vormalige Mitarbeiterin bei ORF und Alice Schwarzers „Emma" (bis 1986), wurde wegen der Beteiligung am Sprengstoffanschlag der „Revolutionären Zellen"/„Rote Zora" vom 28. Oktober 1986 auf ein Lufthansa-Büro in Köln und Unterstützung einer terroristischen Vereinigung zu fünf Jahren Haft (auf drei Jahre unbedingt und eine bedingte Haftstrafe herabgesetzt, 1989 aus der Haft entlassen!) verurteilt. In Österreich hatte sie eine rege Unterstützerbrigade: So gehörten dem „Solidaritätskomitee Dr. Ingrid Strobl" Personen wie „Jazz-Gitti" (Martha Butbul, geb. Bohdal), „Ostbahn-Kurti" (Kurt Resetarits), KPÖ-Funktionäre, Grünen-Mandatare wie Helga Erlinger oder Thomas Prader, aber auch die SPÖ-Abgeordnete Waltraud Horwath (bekannt durch die „Grapscher-Affäre mit Minister Hesoun) an. Unter den „Ständigen Prozeßbeobachterinnen" auch die Kommunistin Elfriede Jelinek. Die der Wiener Hausbesetzerszene entspringende Wochenzeitschrift „Falter" widmet sich besonders der Unterstützung Strobls. Einen Lehrauftrag am Institut für Erziehungswissenschaften an der Universität Innsbruck konnte Strobl 1988 wegen Inhaftierung nicht mehr antreten. Nach ihrer Haftentlassung wird sie u. a. Autorin des S. Fischer Verlags und arbeitet auch für den WDR. Lehrauftrag in Israel sowie Gastprofessorin an der Universität Klagenfurt. 2006 ist die Vortragende bei einer Tagung des „Mauthausen Komitees Österreich" und des „Instituts für Frauen- und Geschlechterforschung" an der Universität in Linz.

G. Schneeweiß-Arnoldstein

gehörte, ist Susanne Albrecht. Die 1951 geborene Hamburgerin begann 1971 das Studium der Pädagogik, Soziologie und Psychologie in ihrer Heimatstadt. Im April 1973 knüpfte sie bei einer Hausbesetzung, an der sie teilnahm, erste Kontakte zu späteren RAF-Mitgliedern. In den folgenden Jahren fiel Albrecht weniger durch ihr terroristisches Engagement auf als vielmehr durch diverse Hausbesetzungen, unter anderem im Oktober 1974, als sie an der Besetzung des Hamburger Büros von Amnesty International teilnahm.

Ihre erste Schlüsselrolle hatte sie zweifelsohne bei der Ermordung Jürgen Pontos. Albrechts Familie war eng mit der des Bankiers befreundet, wodurch es für die Terroristen ein leichtes war, in sein Haus einzudringen, denn Ponto war arglos, als Susanne vor der Türe stand. 1978–1979 hielt sich Albrecht in einem palästinensischen, militärischen Ausbildungslager im Jemen auf und kam erst 1980 wieder nach Deutschland zurück. Allerdings kehrte sie der „BRD" den Rücken und wurde Staatsbürgerin der DDR wo sie mit Hilfe der Staatssicherheit unter dem neuen Namen Ingrid Jäger und einem fiktiven Lebenslauf in Cottbus angesiedelt wurde. Im Juni 1990 wurde sie in Ostberlin verhaftet und nach einem umfangreichen Geständnis zu einer 12jährigen Haftstrafe verurteilt, während der sie sich eindeutig von der RAF distanzierte und nach sechs Jahren auf Bewährung entlassen wurde. Heute arbeitet sie unter einem neuen Namen als Lehrerin in Norddeutschland.

Die Rädelsführer und tonangebenden Personen in der RAF waren zum Großteil Frauen. Bis auf Susanne Albrecht war aber keine jemals geständig oder zeigte ein angemessenes Maß an Reue. Gudrun Ensslin und Ulrike Meinhof hatten sich ihren terroristischen Aufgaben soweit verschrieben, daß sie sogar ihre Familien und ihre Kinder im Stich gelassen haben. Der Terror und die RAF waren ihr einziger Lebensinhalt, für den sie sogar bereit waren, ihre Identität, ihr Leben und ihre Heimat aufzugeben.

Kapitel 4

# Deutschlands radikale Rechte

# „Deutsche Kulturrevolution“

## National(sozial)istische Erscheinungen in der BRD anhand von vier Beispielen

**VON MARTIN PFEIFFER**

Ab Ende der ersten Hälfte der 1970er Jahre war die Bonner Republik von den Mordanschlägen (von Drenkmann, Buback, Ponto) und Entführungen (Schleyer mit anschließender Ermordung, Lufthansa Maschine „Landshut“) der linksterroristischen Rote Armee-Fraktion (RAF) geprägt. Die radikale Linke rüstete dabei zum Sturm auf das verhaßte „kapitalistische System“. Die Republik drohte in ihren Grundfesten erschüttert zu werden. Ein Pendant zur RAF auf der Rechten, das ähnlich spektakulär in Erscheinung trat, existierte in der BRD nicht.

Dennoch gab es zu dieser Zeit auch eine radikale Rechte. Im Jahre 1973 gründete etwa der gebürtige Nürnberger Karl-Heinz Hoffmann (* 1937) die nach ihm benannte „Wehrsportgruppe Hoffmann“ (WSG). Außer bei Geländespielen in historischen Uniformen und mit Militärfahrzeugen traten WSG-Mitglieder auch als Ordnungskräfte und Saalschutz bei Veranstaltungen der NPD oder anderer rechter Organisationen auf. In diesem Zusammenhang kam es zum Beispiel 1976 zu einer Verurteilung Hoffmanns.

Schnell dehnte dieser mit seinen Mannen seine Einflußsphäre auf das ganze Bundesgebiet aus, und dies bei einer Mitgliederzahl von annähernd 500. Die Bedeutung der WSG darf jedoch nicht überschätzt werden. Besonders deren martialisches Auftreten beeindruckte vor allem Medien und linke Politiker. Hierbei trat auch der V-Mann Herbert Hegewald – dieser hatte schon in den 1960er Jahren als Agent des italienischen Geheimdienstes

SISIMI im Südtiroler Freiheitskampf als Scharfmacher mitgemischt und soll auch für die Stasi gearbeitet haben – als „wilder Mann" in Erscheinung „und sorgte für eine zunehmende Radikalisierung der ‚Szene'".[1]

Ein anderer WSG-Mann soll sogar in die Berliner Kanalisation abgetaucht sein, um Vorbereitungen zur Befreiung des in Spandau eingekerkerten Hitler-Stellvertreters (in der Partei) Rudolf Heß zu treffen. Diesbezügliche Pläne fand die Polizei bei einer Hausdurchsuchung in Hoffmanns Schloß Ermreuth bei Erlangen eingemauert in einer Blechdose.

Am 30. Januar 1980 wurde die militante Organisation von Bundesinnenminister Gerhart Baum (FDP) verboten. Nachfolgende Hausdurchsuchungen brachten eine Unmenge an Waffen zutage, u. a. Karabiner, Pistolen und Handgranaten. Der damalige Kanzlerkandidat der Union, Franz-Josef Strauß (CSU), überbewertete diese Funde aber nicht und sprach gegenüber der ausländischen Presse von „überdimensionierten Darstellungen", die den WSG-Leuten „eine Bedeutung beimessen, die sie nie hatten, nie haben und in Bayern nie bekommen werden". Im übrigen habe Hoffmann „sich nichts zuschulden kommen lassen". Der damalige Innenminister Gerold Tandler (CSU) fand auch keinen Grund, den WSG-Chef zu kriminalisieren: „Wehrsport ist schließlich nicht strafbar."

Einige Monate später, am 26. September 1980, detonierte beim Münchner Oktoberfest eine Bombe, die 13 Menschen in den Tod riß und über 200 Personen zum Teil schwer verletzte. Als Urheber machte man ein WSG-Mitglied, nämlich den Tübinger Studenten Gundolf Köhler, aus, der bei dem Attentat ums Leben gekommen war. Eine Verstrickung von Hoffmann und dessen Gesinnungsfreunden aber konnte nicht nachgewiesen werden. Die Justiz ging von einer Alleintäterschaft Köhlers aus.

---

1 Thomas Mehnert, Schweinejournalismus? – Wenn Medien hetzen, türken und linken, München 2002, S. 159

Ein knappes Vierteljahr später stand ein weiteres Mitglied der WSG im Rampenlicht: der Medizinstudent Uwe Behrendt. Dieser wurde beschuldigt, am 19. Dezember 1980 den jüdischen Verleger und einstigen Vorsitzenden der Israelitischen Kultusgemeinde Nürnberg, Shlomo Levin, und dessen Lebensgefährtin, Frida Poeschke, in Erlangen erschossen zu haben. Auch diese Bluttat konnte nicht restlos aufgeklärt werden. Außer Indizien, die eine enge Verbindung des mutmaßlichen Täters zu Hoffmann zeigten, und der Tatwaffe, einer Maschinenpistole vom Typ Beretta, die man Hoffmann zurechnete, sowie einer am Tatort gefundenen Brille von dessen Ehefrau, Franziska Birkmann, konnte keine direkte Tatbeteiligung des ehemaligen Wehrsportgruppengründers hergestellt werden. Dieser hatte sich zuvor schon in den Libanon abgesetzt und gründete nun mit dem geflüchteten Behrendt zusammen mit Jassir Arafats Al-Fatah im Palästinenserlager Bir Hassan nahe Beirut die „Wehrsportgruppe Ausland“. Kurze Zeit später wurde Behrendt tot im Libanon aufgefunden. Er soll Selbstmord begangen haben.

Ebenfalls im Jahre 1980 krepierte in Bologna am Bahnhof eine Bombe, die zahlreiche Todesopfer forderte. Als Urheber machte man „Rechtsextremisten“ aus. Der italienische Neofaschist Elio Ciolini behauptete sogar, Karl-Heinz Hoffmann hätte auch hier seine Hände im Spiel gehabt. Bewiesen werden konnte jedoch abermals nichts.

Nach seiner Rückkehr aus dem Libanon am 16. Juni 1981 wurde Hoffmann, der auch Waffen in den Nahen Osten verschoben und in diesem Zusammenhang sogar Kontakt zu einem Agenten des Bundesnachrichtendienstes (BND) gehabt haben soll, auf dem Frankfurter Flughafen verhaftet. Man klagte ihn wegen Geldfälschung, Nötigung, gefährlicher Körperverletzung, Verstößen gegen das Waffen- und Sprengstoffgesetz sowie Freiheitsberaubung in mehreren Fällen an. Der Vorwurf der „Bildung einer terroristischen Vereinigung“ gemäß § 129a StGB wegen der Gründung der „Wehrsportgruppe Ausland" mußte nach einer Entscheidung des Bundesgerichtshofs (BGH) mangels Strafbarkeit (Auslandstat) fallengelassen werden. Das Urteil des Landgerichts Nürnberg-Fürth wurde erst im Jahre 1984 gefällt: Es lautete neuneinhalb Jahre Freiheitsstrafe. Wegen guter Führung und einer „günstigen Sozialprognose" wurde Hoffmann im Jahre 1989 vorzeitig aus der Haft entlassen. Politisch trat dieser dann öffentlich nicht mehr in Erscheinung.

Eine ähnlich schillernde Figur im extrem rechten Lager war Michael Kühnen (1955 bis 1991). Aus bürgerlich-katholischer Familie stammend betätigte er sich bereits in frühen Jahren politisch. Schon mit 14 trat er in die „Jungen Nationaldemokraten" (JN) ein, die Jugendorganisation der NPD. Sein Redetalent ließ ihn in Bonn zum Schülersprecher werden. Im Laufe seiner Schulzeit war er auch bei der „Aktion Widerstand" – diese protestierte gegen die Brandt'sche Ostpolitik – sowie kurze Zeit bei der „Jungen Union" (JU).

Nach seinem Abitur verpflichtete sich Kühnen 1974 bei der Bundeswehr und schlug die Offizierslaufbahn ein. Nach seinem Studium an der Bundeswehruniversität Hamburg wurde er im Jahre 1977 zum Leutnant befördert. Aufgrund seiner politischen Betätigung – am 8. Mai 1977 hatte Kühnen mit zwei Kameraden den „SA Sturm Hamburg" gegründet, eine Unterorganisation der NSDAP/Auslandsorganisation (AO) – wurde der Offizier unehrenhaft aus der Bundeswehr entlassen.

Am 26. November 1977 wurde dann die „Aktionsfront Nationaler Sozialisten/Nationale Aktivisten" (ANS/NA) aus der Taufe gehoben. Zusammen mit Aktivisten wie Thomas Brehl, Steffen Hupka, Gottfried Küssel (Wien), Arndt Heinz Marx und Christian Worch baute Kühnen die ANS rasch zu einer straffen Organisation aus. Wegen des Verwendens von Kennzeichen verfassungswidriger Organisationen (§ 86a StGB) wurde er im Jahre 1978 zu einer sechsmonatigen Freiheitsstrafe verurteilt. Ein Jahr

Bild: ZZ-Archiv

**Michael Kühnen (stehend):** Der Vordenker der extrem rechten Szene starb 1991 an der Immunschwächekrankheit AIDS

später verdonnerte man ihn wegen Volksverhetzung und Verbreitung von NS-Propagandamaterial zu vier Jahren (!) Haft. Diese Zeit nutzte er, um an seinem Werk „Die zweite Revolution" zu schreiben. Während seines Gefängnisaufenthaltes besuchte den bekennenden Nationalsozialisten sogar der linke Literat Erich Fried und diskutierte mit jenem.[2]

Nach seiner Haftentlassung 1982 übernahm Kühnen erneut die Leitung der ANS. Er verkörperte weniger den Haudegen oder Militaristen als vielmehr den Intellektuellen und Vordenker. In Anlehnung an die linke 68er-Bewegung, die mit den Ideen der „Frankfurter Schule" den Marsch durch die Institutionen antrat, schwebte Kühnen eine „Deutsche Kulturrevolution" vor, die „völkisch" sein sollte und sich gegen Amerikanismus und Materia-

2 Prominente ohne Maske NEU – 1.000 Lebensläufe einflussreicher Zeitgenossen, München 2001, S. 273

lismus wandte. Eine solche „völkische Kulturrevolution" sollte das Gegengewicht zum Amerikanismus sein. Diesen bezeichnete der ANS-Chef als „die extremste Ausgeburt bürgerlich-marxistischer Lebenshaltung (...) und damit die Hauptkraft der heutigen Dekadenz". Unter Materialismus verstand Kühnen das „Werkzeug" für die „Endziele des Zionismus bei seinem Kampf um die Weltherrschaft".

Am 7. Dezember 1983 verbot Bundesinnenminister Friedrich Zimmermann (CSU) schließlich die ANS/NA, in der auch der Agent des Landesamtes für Verfassungsschutz Niedersachsen, Hans-Dieter Lepzien, sowie der später wegen Beteiligung am Fememord (28. Mai 1981) an dem homosexuellen Kameraden Johannes Bügner zu lebenslanger Haft verurteilte Michael Frühauf, ein Agent des Landesamtes für Verfassungsschutz Hamburg, mitgewirkt hatten.[3] 1984 überführte man mehrere Gruppen in die „Gesinnungsgemeinschaft der Neuen Front" (GdNF) sowie in die seit 1979 bestehende „Freiheitliche Deutsche Arbeiterpartei" (FAP).

Unruhe kam 1986 in die GdNF, was schließlich zu deren Spaltung führte, nachdem sich der Ernst Röhm-Verehrer Kühnen, der nach Bügners Tod die schwulenfreundliche Schrift „Nationalsozialismus und Homosexualität" verfaßt hatte, offiziell zu seiner homosexuellen Veranlagung bekannt hatte. Er blieb aber nach seinem Austritt aus der GdNF am 4. August 1986, die während Kühnens Inhaftierung auf ihrem „Gautreffen" am 19. Juli 1986 ein „Anti-Homosexuellenmanifest verabschiedet und Schwule als „Verräter am Volk" bezeichnet hatte, dennoch als Galionsfigur der gesamtdeutschen extremen Rechten unbestritten.

Mit der sich abzeichnenden Wiedervereinigung von West- und Mitteldeutschland entwarf Kühnen den „Arbeitsplan Ost". Demnach sollten in der ehemaligen „DDR" schlagkräftige Struk-

3 Schweinejournalismus? – Wenn Medien hetzen, türken und linken, München 2002, S. 159 f.

turen nach westlichem Vorbild aufgebaut werden. Dank Kühnens organisatorischen Geschicks gelang es ihm, die „Szene“ im In- und Ausland zu vernetzen. Sein gewandter Umgang mit der Presse brachte ihm mediale Aufmerksamkeit. Mit Provokationen wie der Verwendung des – zumindest damals – straflosen „Widerstandsgrußes“ (ausgestreckter rechter Arm mit zwei abgewinkelten Fingern, sog. Schwurhand), erregte er öffentliches Aufsehen.

Für Furore sorgte nach dem US-Überfall auf den Irak zu Beginn des Jahres 1991 Kühnens Ankündigung, 500 Söldner für Saddam Husseins Kampf gegen die US-Invasoren zu rekrutieren. Mit Parolen wie „Schlesien zu Deutschland, Kuwait zu Irak“ sorgte er für Präsenz in den Medien. Als Interviewpartner war Kühnen bei linken und zeitgeistigen Fernsehanstalten sehr beliebt. Er durfte sogar für eine Video-Dokumentation zur Wiedervereinigung zusammen mit anderen Prominenten seinen Kommentar abgeben. Mit dem Tod Kühnens am 25. April 1991 – er starb aufgrund seiner Promiskuität an der Lustseuche AIDS – wurde die extreme Rechte stark geschwächt.

Einer seiner Mitstreiter, der Hamburger Christian Worch (* 1956), rückte fortan in den Mittelpunkt. Die beiden kannten sich schon aus jungen Jahren. Bereits 1974 hatten sie die „Hansabande“ gegründet. An der Gründung der ANS/NA 1977 war Worch auch beteiligt. Mit der Verhaftung Kühnens 1979 trat Worch an dessen Stelle als ANS-Führer. 1980 wurde er wegen verschiedener Delikte im Zusammenhang mit einer Demonstration zu drei Jahren Gefängnis verurteilt. Nach seiner Haftentlassung und dem ANS-Verbot wechselte Worch zur FAP, deren Vizechef er wurde. 1989 wurde die „Nationale Liste“ (NL) gegründet. Das nutzte Worch, sich dieser Gruppierung anzuschließen. In seiner Zeitschrift „Index“ beschäftigte er sich mit dem Kampf gegen die Antifa.

Der Tod Kühnens 1991 brachte ihn zusammen mit Gottfried

Küssel und Winfried Arnulf Priem an die Spitze der GdNF. Sein Wirken führte 1994 zu einer zweijährigen Freiheitsstrafe, die aber zur Bewährung ausgesetzt wurde. Erst mit der Fortführung der ANS/NA faßte er 1996 eine Haftstrafe aus, die er aber nicht vollständig absitzen mußte. Man entließ ihn im Jahre 1997.

Worchs Stärke ist die Fähigkeit, Demonstrationen auf die Beine zu stellen. So fungiert er seit langem als Redner bei rechten Kundgebungen wie etwa den Rudolf Heß-Gedenkmärschen in Wunsiedel. Der Versuch der BRD-Gesinnungsjustiz, Worch bei einer Demonstration in Leipzig am 1. September 2001 wegen dessen Parole „Ruhm und Ehre der Waffen-SS" zu verurteilen, endete mit einem Freispruch. Seit der Einbindung der Kameradschaften in das nationale Bündnis mit der NPD steht der Hamburger Aktivist in freundschaftlicher Nähe zu dieser nationalistischen Partei.

Die seit fast sechs Jahrzehnten schillernste Figur der extremen bundesdeutschen Rechten dürfte der 1929 in Bochum geborene Friedhelm Busse sein. Aus nationalsozialistischer Familie stammend – sein Vater war bereits 1920 Parteigenosse und einer der ersten SA-Männer an der Ruhr – meldete sich der Adolf Hitler-Schüler Friedhelm Busse erst 15jährig freiwillig zum Dienst in der Waffen-SS. Zu Beginn des Jahres 1945 wurde er der 12. SS-Panzerdivision „Hitler-Jugend" zugeteilt und kämpfte als Panzerjäger gegen die alliierten Invasoren.

Nach der Kapitulation der Deutschen Wehrmacht blieb Busse seiner Gesinnung treu und trat in die „Reichsjugend", die Jungendorganisation der „Sozialistischen Reichspartei" (SRP), ein. Vize-Chef der SRP war der bekannte Generalmajor Otto Ernst Remer, der als Major und Kommandeur des Wachregiments „Großdeutschland" „durch sein tatkräftiges Zupacken die Revolte des 20. Juli 1944 in der Reichshauptstadt im Keime erstickte"[4].

4 Ralph Tegethoff, Generalmajor Otto Ernst Remer – Kommandeur der Führer-Begleit-Division, Riesa 2006, S. 261 (zeitgenössisches Zitat)

Dieser stand auch an der Spitze der auf Betreiben von ihm 1950 gegründeten „Reichsfront“, einer Unterorganisation der SRP, die sich als „Aktivbewegung der Partei und Elite des Volkes“ ver-

Bild: ZZ-Archiv

**Christian Worch:** Beschäftige sich in der Zeitschrift „Index“ mit dem Kampf gegen die Antifa

stand.[5] Busse war Angehöriger der „Reichsfront“ und sorgte für den Personenschutz der SRP-Führung, ohne selbst Mitglied der Partei zu sein.

Nach dem Verbot der SRP durch das Bundesverfassungsgericht im Jahre 1952, an dem das radikale Gebaren des Parteichefs Fritz Dorls (einst CDU, dann DRP), eines vom damaligen Verfassungsschutz-Gründungspräsidenten (und 1956 verurteilten Landesverräter) Otto John in die Partei eingeschleusten V-Mannes, mitverantwortlich gewesen sein dürfte, wandte sich der 23jährige 1954 der „Deutschen Reichspartei“ (DRP) zu. Zu Beginn der 1960er Jahre war er im Südtiroler Freiheitskampf aktiv. In diesem Zusammenhang wurde bei ihm zuhause ein Kilogramm

5 Ebd., S. 341

Dynamit gefunden, was zu einer dreimonatigen Bewährungsstrafe führte.

Im Januar 1965 trat der bisherige Kreisvorsitzende der „Deutschen Reichspartei" (DRP) in Wattenscheid, Friedhelm Busse, der erst einige Wochen zuvor gegründeten Nationaldemokratischen Partei Deutschlands (NPD) bei. Er stieg vom Pressereferent des NPD-Kreisverbandes Bochum zum Vorsitzenden des Kreisverbandes Wattenscheid und zum Mitglied des Landesvorstandes der Partei in Nordrhein-Westfalen (NRW) sowie zum Leiter des Referates „Sozialpolitik und Gewerkschaftsfragen" auf.[6]

Das Scheitern der NPD an der Fünf-Prozent-Hürde bei den Bundestagswahlen 1969 mit 4,3 Prozent stürzte die Partei in eine tiefe Krise. Busse gehörte dem radikalen Flügel der Partei an und stand damit im Gegensatz zum pragmatischen, nationalkonserativ-bürgerlichen Kurs des Parteichefs Adolf von Thadden.[7] Er unterstützte daraufhin die auf Veranlassung der NPD-Führung am 5. Oktober 1970 ins Leben gerufene überparteiliche „Aktion Widerstand e. V.", womit man im Kampfe gegen die Brandt'sche Ostpolitik das rechte Lager noch einmal einen wollte. Zur Gründungsveranstaltung in der Würzburger „Frankenhalle" am 31. Oktober 1970, die unter Federführung der NPD stattfand, kamen etwa 5.000 Nationalgesinnte aus 34 verschiedenen patriotischen Organisationen.

Bei der Gründung der „Partei der Arbeit/Deutsche Sozialisten" (PdA/DS) am 17. Juni 1971, die sich ab 1975 „Volkssozialistische Bewegung Deutschlands" (VSBD) nannte, stand Busse Pate und war auch der Vorsitzende. Er wurde daraufhin aus der NPD ausgeschlossen. 1972 trat Busse mit der PdA/DS in die „Aktion Neue Rechte" – ANR (Nicht zu verwechseln mit der gleichnamigen Gruppe in Österreich, Anm.) ein, wurde Lan-

6 Holger Apfel (Hg.), „Alles Große steht im Sturm" – Tradition und Zukunft einer nationalen Partei, Stuttgart 1999, S. 133 f.

7 Ebd., S. 136

desbeauftragter für Nordrhein-Westfalen und 1973 Mitglied des Bundesvorstandes und Leiter des „Referats Strategie“. Mit Busses Austritt aus der ANR spaltete sich diese Anfang 1974.

1975 soll der mittlerweile 46jährige an der Gründung der NSDAP/AO beteiligt gewesen sein. Seit 1973 wohnte Busse in München-Neubiberg. Am 20. Oktober 1981 kam es dann zu einem folgenschweren Zwischenfall: Ein Polizeieinsatzkommando eröffnete auf zwei Mitglieder der VSBD in der Putzbrunner Straße in München-Neuperlach das Feuer, in dessen Folge beide Rechtsaktivisten (Nikolaus Uhl, Kurt Wolfgram) getötet wurden. Busse hat man daraufhin wegen des Verdachts der Verwirklichung von § 129a StGB, der Mitgliedschaft und Rädelsführerschaft in einer terroristischen Vereinigung („Kommando Omega“), verhaftet. Am 24. Januar 1982 wurde die VSBD vom Bundesinnenministerium verboten. Wegen Begünstigung von Bankräubern und Verstoßes gegen das Waffengesetz erhielt er eine Freiheitsstrafe von drei Jahren und neun Monaten. Er saß bis August 1986 im Gefängnis.

Nach seiner Haftentlassung engagierte sich Busse wieder in der FAP. Dieser gehörte seit dem ANS-Verbot auch Michael Kühnen an. Nach dessen „Outing“ als Schwuler entstanden zwei Fraktionen in der Partei, die um Jürgen Mosler und die um Michael Kühnen. Ersterer stärkte Busse den Rücken und sorgte dafür, daß dieser 1988 FAP-Bundesvorsitzender wurde. Diese Position hatte Busse bis zum Verbot der Partei durch Bundesinnenminister Manfred Kanther am 24. Februar 1995 inne. Als Partei hätte die FAP nur durch das Bundesverfassungsgericht verboten werden können. Dieses stufte unter seiner Präsidentin Jutta Limbach die Organisation jedoch lediglich als Verein ein (u. a. mangels Relevanz bei Urnengängen) und sprach ihr somit, obwohl sie zu zahlreichen Wahlen zugelassen worden war, die Parteieneigenschaft ab.

Mit dieser Zäsur, die für die FAP-Führung nicht unerwartet

kam, überführte man die Mitglieder weitgehend in neue Strukturen: Es wurden „Freie Kameradschaften" gegründet. Busse beteiligte sich etwa im Jahre 1994 an der Gründung der „Stuttgarter Kameradschaft", die aber sogleich von der Polizei aufgelöst wurde. Wegen Weiterführung der verbotenen ANS/NA, der Busse nie angehört hatte, bekam dieser 20 Monate Freiheitsstrafe auf Bewährung.

Einer neuen Propagandawaffe bediente sich der inzwischen 68jährige ab Ende 1997. Er installierte das „Nationale Infotelefon Bayern" und gründete die „Katakombenakademie", eine Ka-

**Friedhelm Busse:** Schillerndste Figur der extrem rechten bundesdeutschen Szene

Bild: ZZ-Archiv

der- und Schulungseinrichtung. Ferner leitete er den „Deutschen politischen Presse- und Informationsdienst" (dpi) und verschaffte sich durch Herausgabe mehrerer Publikationen Gehör. Außerdem entdeckte er das Internet zur Verbreitung seiner Gedanken: Mit www.ffranken.com wandte sich Busse an die Öffentlichkeit.

Als Vortragsredner tingelte er im Jahre 2000 durch Sachsen und trat am 1. Mai 2001 in Essen bei einer Kundgebung auf, wo er nach einem politisch unkorrekten Satz von der Polizei des Platzes verwiesen wurde. Einen öffentlichen Auftritt in Karlsruhe im Juni 2001 nahm Busse zum Anlaß, Aussagen zu tätigen, die unter die BRD-Gesinnungsstrafjustiz fallen. Den mittlerweile 73jährigen hat man deshalb im Jahre 2002 u. a. wegen Volksverhetzung und Verunglimpfung des Staates und seiner Symbole zu einer Freiheitsstrafe von 28 Monaten ohne Bewährung verurteilt.

Aus der Zelle heraus ernannte er in einem Rundschreiben vom 27. Februar 2004 Norman Bordin zum Nachfolger in der „Führung des Nationalen Widerstandes". Nach seiner krankheitsbedingten vorzeitigen Freilassung (Haftunterbrechung wegen Krebs) aus dem Gefängnis trat Busse wiederholt auf NPD-Veranstaltungen als Redner auf. Die Hinwendung der NPD zu den seit Mitte der 1990er Jahre bestehenden „Freien Kameradschaften" nach dem für die Partei erfolgreich abgwendeten Verbotsverfahren veranlaßte Friedhelm Busse, am 24. Februar 2003 wieder in seine „alte Partei" einzutreten.

Den Mitgliedsausweis bekam dieser aber erst, als er wieder in Freiheit war, am 20. Oktober 2006 vor versammelter Mannschaft auf einer Kundgebung im niederbayerischen Deggendorf/Rettenbach von Parteichef Udo Voigt persönlich überreicht. Bedingt durch körperliche Gebrechen – dem Endsiebziger wurden in der Haft aufgrund Diabetes und angeblich nachlässiger ärztlicher Behandlung beide Vorfüße amputiert – sind Busses Bewegungsfreiheit (Pflegestufe 2) und Aktionsradius fortan stark eingeschränkt. Dennoch ließ er es sich nicht nehmen, mit einem Gehwagen den NPD-Bundesparteitag Anfang 2007 in Berlin zu besuchen und dort eine Rede zu halten. Busse, bei dem noch 68 Hafttage „offen" sind, ist damit seit über 57 Jahren politisch aktiv.

# „Widerstand braucht keine Partei“

## Die losen Bündnisse der freien Kameradschaften in der Bundesrepublik

**VON BERNHARD TOMASCHITZ**

Anfang der 90er Jahre kam es zu grundlegenden Veränderungen in der rechten Szene in der Bundesrepublik. Anlaß dafür waren die behördlichen Verbote der „Nationalisten Front“ (NF) und der „Deutschen Alternative“ (DA) Ende 1992, des „Deutschen Kameradschaftsbundes Wilhelmshaven“ (DKB) in Niedersachsen, des „Nationalen Blocks“ (NB) in Bayern, der „Heimattreuen Vereinigung Deutschland“ (HVD) in Baden-Württemberg und des „Freundeskreises Freiheit für Deutschland“ (FFD) in Nordrhein-Westfalen im Jahr 1993. Und zu dieser Zeit drohte auch noch der „Freiheitlichen Arbeiterpartei“ (FAP) das staatlich verordnete Aus.

Um die Zerschlagung der Organisationsstrukturen wettzumachen, wurde das Konzept der „freien Kameradschaften“ entwickelt und umgesetzt. Die bundesdeutschen Verfassungsschutzbehörden sprechen dann von einer Kameradschaft, wenn die jeweilige Gruppierung die folgenden Merkmale ausweist:

- ein abgegrenzter Aktivistenstamm mit beabsichtigter geringer Fluktuation,
- eine lediglich lokale oder maximal regionale Ausdehnung,
- eine zumindest rudimentäre Struktur

- die Bereitschaft zu gemeinsamer politischer Arbeit auf der Basis einer „rechtsextremistischen, insbesondere neonazistischen Grundorientierung".[1]

Um die personellen, inhaltlichen und logistischen Kräfte besser zu bündeln und um die Schlagkraft der Szene zu erhöhen, haben sich die einzelnen Kameradschaften auf überregionaler Ebene zu „Aktionsbündnissen" oder „Aktionsbüros" zusammengeschlossen. Der Verfassungsschutzbericht für das Jahr 2005 gibt die Zahl der Mitglieder der Kameradschaften mit 4.100 an.[2] Zentren der freien Kameradschaften sind neben den neuen Bundesländern Schleswig-Holstein, Nordrhein-Westfalen, Niedersachsen sowie der süddeutsche Raum. Dem seit 1997 aktiven „Nationalen und Sozialen Aktionsbündnis Norddeutschland" (NSAN) gehören Gruppierungen aus Hamburg, Schleswig-Holstein, Niedersachsen und Bremen an.

Die lose Organisation bot den Kameradschaften nicht nur den Vorteil, behördlichen Verboten zuvorzukommen – was rechtlich nicht existiert, kann nicht rechts- oder verfassungswidrig sein – sondern erschwerte es auch der Polizei und der Staatsanwaltschaft, die Bildung einer „kriminellen Vereinigung" nachzuweisen. Ein weiteres Kennzeichen der freien Kameradschaften, deren Zahl bundesweit mit rund 160 angegeben wird, ist der mitunter häufige Wechsel der Gruppenbezeichnungen. Im Raum Halle-Merseburg (Sachsen-Anhalt) treten sie beispielsweise als „Freie

---

1 Verfassungsschutzbericht des Landes Brandenburg 2005, S. 54, http://www.verfassungsschutz.brandenburg.de/sixcms/media.php/4055/VS_Bericht_2005.15203706.pdf

2 Verfassungsschutzbericht 2005, S. 54., kann aus dem Internet heruntergeladen werden unter: http://www.verfassungsschutz.de/download/de/publikationen/verfassungsschutzbericht/vsbericht_2005/vsbericht_2005.pdf

Nationalisten", „Freie Kräfte", „Kameradschaft Halle" oder als „Nationale Sozialisten Halle/Saale" auf.[3]

Deutlich stärker ist die Szene in Mecklenburg-Vorpommern, wo im Jahr 2005 nach Angaben des Landesverfassungsschutzes rund 320 Personen in acht freien Kameradschaften – „Freier Kameradschaftsbund Bad Doberan" (FKBD), „Aktionsgruppe Kameradschaft Stralsund/Freundeskreis avanti", „Soziales und Nationales Bündnis Pommern" (SNBP), „Kameradschaftsbund Anklam" (KBA), Untergliederung der SNBP, „National-Germanische Bruderschaft" (NGB). Landkreis Uecker-Randow als Untergliederung der SNBP, Rostock (AGR)/„BI-Hanse M-V", Mecklenburger Aktionsfront (MAF), Landkreis Mecklenburg-Strelitz, Aryan Warrioers, Ueckermünde – aktiv waren.[4] Zudem habe, so der Verfassungsschutz Mecklenburg-Vorpommerns, die Kameradschaftsszene im Osten des Landes erneut deutlich gemacht, „daß sie – wie bereits im Jahr 2004 – in der Lage ist, Kampagnen zu entwickeln und ihnen Kontinuität zu verleihen. Stand im vorherigen Jahr noch die vom ‚Nationalen und sozialen Aktionsbündnis Mitteldeutschland' (NSAM) initiierte Kampagne ‚Keine Agenda 2010' mit Protesten gegen die Arbeitsmarktreformen im Vordergrund, so fanden im Jahr 2005 zahlreiche und weitgehend inhaltlich wie auch personell identische Demonstrationen für die Abschaffung des jetzigen Sozialsystems und den Aufbau eines ‚Sozialen und Nationalen Systems' statt."

Wer der „Urheber" der freien Kameradschaften gilt, ist umstritten. Norbert Weidner kündigte jedenfalls Ende März 1994 auf einem Seminar der „Nationalen Jugend Sauerland" und der FAP in Warstein (NRW) an, daß sich im Falle eines Verbots der

3 Dazu ausführlich der Verfassungsschutzbericht 2005 des Landes Sachsen-Anhalt, S. 14 ff, kann aus dem Internet heruntergeladen werden unter: http://www.sachsen-anhalt.de/LPSA/fileadmin/Elementbibliothek/Bibliothek_Politik_und_Verwaltung/Bibliothek_Ministerium_des_Innern/PDF_Dokumente/Verfassungsschutz/verfbericht_05.pdf

4 http://www.verfassungsschutz-mv.de/

Bild: ZZ-Archiv

**Freiheitliche Arbeiterpartei (FAP):** Ihr behördliches Verbot gab den Anstoß zur Gründung der ersten „freien Kameradschaften"

FAP „autonome Strukturen" ohne Mitgliedschaften und feste Organisationsformen bilden werden. Am 24. Februar 1995 wurde die FAP dann tatsächlich vom Bundesverfassungsgericht in Karlsruhe als „verfassungswidrig" verboten; allerdings nur als Verein, da ihr nach Auffassung des Höchstgerichts die Eigenschaft als Partei nicht zustand. Andere, die sich als „Vater" der freien Kameradschaften sehen, sind Thomas Wulff, ein ehemaliger Vorsitzender der „Nationalen Liste", und Christian Worch, der dieses Konzept Ende 1992 entwickelt haben will. Thomas Wulff sagt, er habe das System der freien Kameradschaften von den (Links-)Autonomen „abgekupfert". Ursprünglich habe er, Wulff, sich sogar die Bezeichnung „Autonome Nationalisten" überlegt, diese aber dann verworfen. Mit dem Begriff „freie" Kameradschaften soll laut Wulff die Freiheit des einzelnen und sie „Freiheit vom System" zum Ausdruck gebracht werden.

Interessant ist das Verhältnis der freien Kameradschaften zur Nationaldemokratischen Partei (NPD) Deutschlands, zumal zu deren Jugendorganisation, den „Jungen Nationaldemokraten" (JN), ein nicht zu leugnendes Naheverhältnis besteht. So nehmen insbesondere in Mitteldeutschland die freien Kameradschaften an NPD-Veranstaltungen teil, und auf verschiedenen Internetseiten der freien Kameradschaften werden Erklärungen dieser Partei veröffentlicht[5]. Darüber hinaus unterstützen „freie Kräfte" die NPD im Vorfeld von Landtags- oder Bundestagswahlen, in dem sie Werbematerial verteilen oder Personenschutz für Informationsstände zur Verfügung stellen[6]. Die freien Kameradschaften deshalb aber als „Vorfeldorganisationen" der NPD zu bezeichnen, wäre aber falsch. Schließlich wird den nationalen Parteien die „völlige Erfolglosigkeit" in der Politik vorgeworfen. „Seit Jahrzehnten hat keine der nationalen Parteien den Sprung in den Bundestag geschafft. Überall dort, wo es gelang, in die Landtage einzuziehen, flog man schon bei den nächsten anstehenden Wahlen wieder in hohem Bogen aus der ‚Volksvertretung'", ist beispielsweise auf der Internetseite des „Aktionsbündnisses Norddeutschland" zu lesen. Weiters werden Vorwürfe des internen Zwistes, „geistig beschränkter Abgeordneter" sowie „persönlicher Bereicherungsorgien" erhoben.

Beim Aufbau der freien Kameradschaften machten sich deren Mitglieder auch die Neuerungen im Bereich der Kommunikationstechnologie – die Mobiltelephonie begann Mitte der 90er Jahre ihren Siegeszug – zunutze. Wenig später kam das Internet dazu. Das Ziel der Vernetzung, so das „Aktionsbüro Norddeutschland", sei es nicht, „selbst eine bessere, neue Organisation heranzubilden, sondern es soll eine flächendeckende, effektive und schlagkräftige Form von Organisierung *ohne* Organisation gefunden werden. Denn seit der Gründung der ersten nationalen Opposition in der Nachkriegsrepublik gäbe es nur zwei Möglichkeiten: Entweder die Anpassung an die Verhältnisse im Staat,

5 http://www.aktionsbuero.org/seite/index.php?ID=225&seite=meldungen
6 Verfassungsschutzbericht 2005, S. 70

was zur Trennung von allen Grundsätzen, die als staatsfeindlich angesehen werden könnte, führte, oder andernfalls das „früher oder später" erfolgende Verbot als grundgesetzwidrig.

Die Verwendung der modernen Kommunikationstechnologie erleichtert einerseits zwar die Vernetzung der „freien Nationalisten", hebt jedoch andererseits die „im Zusammenhang mit unserem politischen Kampf immer wichtigere Anonymität" auf. Daher wird davor gewarnt, daß „Internetseitenpflege, E-Mail-Verkehr, Rundfaxe und Telephonate ohne die Nutzung staatlich kontrollierbarer Datenübertragungsleitungen kaum möglich sind". Folglich lautet die Forderung, hier deshalb „ganz besondere Umsicht" walten zu lassen.

Die Wirklichkeit sieht jedoch teilweise ganz anders aus: Aufgrund von „Gedankenlosigkeit und Selbstdarstellungssucht, so wird geklagt, kursiere per Telephon, E-Mail und auf Internetseiten „eine Flut von Informationen (Klarnamen, Arbeitsstrukturen und Zusammenhänge), deren Verbreitung oftmals überflüssig, nicht selten sogar schädlich für die nationalen Kreise sei. Denn diese Informationen würden von Staatsanwälten und Antifa gesammelt, ausgewertet und gegen sie verwendet. Staatsanwälte konstruierten daraus Anklagen gegen nationale Menschen, Antifaschisten griffen öffentlich bekannt gewordene Personen und Strukturen mit verschiedensten Methoden an. Als Folge dessen gäben die „freien Nationalisten" oftmals so viel über ihre politische Tätigkeit preis, daß sie sich letztlich selbst kriminalisierten und zur Zielscheibe stattlicher und linker Gewalt machten.

Um zu verhindern, daß die Mitglieder der freien Kameradschaften Staat und Antifa den Strick liefern, an dem sie aufgehängt werden können, wird daher die „Anonymisierung von Personen und Arbeitsstrukturen im Widerstand" gefordert. Diese Vorgehensweise sei „weder feig noch anrüchig", sondern „der einzige Schutz, der uns gegen die immer übermächtiger werdende staatliche Überwachung und die damit verbundene linke Gewalt noch bleibt. Zudem gäbe es in der BRD „verschiedene staatliche Stellen, die systemkritische oppositionelle Bewegungen und Menschen beobachten, einschüchtern, infiltrieren und zersetzen sollen.“[7].

Die „Nationale Opposition“ bzw. „Freien Nationalisten“, wie sie sich selbst bezeichnen, wollen mit ihren Aktivitäten „die bestehenden gesellschaftlichen Verhältnisse der deutschen Nachkriegspolitik grundlegend wandeln, die ökonomischen Verhältnisse im Staat tiefgreifend verändern und die Lebensumstände der Deutschen nachhaltig verbessern“. Auf der Internetseite des „Aktionsbündnisses Nord“ beschreibt ein freier Nationalist sein Selbstverständnis unter anderem folgendermaßen: Er begreife sich als „einen politischen Kämpfer für Deutschland“, der wolle, daß sein Land „unabhängig von fremden Machteinflüssen“ ist. Weiters wolle er, „daß wir Deutschen zu einer nationalen und sozialen Gemeinschaftsform finden, die uns das Überleben und die eigenständige Weiterentwicklung in allen Lebensbereichen möglich macht.“ Jedoch sieht er für das deutsche Volk in der Bundesrepublik keine Zukunft, auch nicht durch eine Veränderung der Verhältnisse bei Wahlen. Weil „das System“ (die BRD, Anm.) die Ursache des Übels sei, habe es nichts anderes als den Untergang verdient. Aufgrund solcher freimütiger Bekenntnisse überrascht es denn auch nicht, daß die freien Kameradschaften seit Jahren vom Verfassungsschutz des Bundes und der Länder überwacht werden[8].

Über die freien Kameradschaften beschreibt der Verfassungsschutz in seinem Bericht für das Jahr 2005, daß diese „im Durchschnitt einen festen Mitgliederstamm von bis zu 25 Personen aufweisen. An der Spitze steht ein sogenannter Kameradschaftsführer, der die Ziele seiner Gruppe bestimmt und Kontakt zu

---

7 http://www.widerstandnord.com/aktionsbuero/dokumente/dok_anonym.htm

8 http://www.widerstandnord.com/aktionsbuero/

den Leitern anderer Kameradschaften unterhält. Das Treffen der – im Durchschnitt Anfang 20jährigen – Kameradschaftsmitglieder haben in der Regel ‚Stammtischcharakter', teilweise werden die Treffen aber auch durch politische Schulungen oder Vorträge ergänzt. Kameradschaften treten in der Öffentlichkeit meist bei Demonstrationen oder bei der Verteilung von Propagandamaterial in Erscheinung".

Als ein besonderes Problem für die freien Kameradschaften (wie auch für die Rechtsparteien) hat sich die Unterwanderung durch den Verfassungsschutz erwiesen. So gilt innerhalb der Szene eine Zusammenarbeit mit der Staatsgewalt als „Verrat" an den eigenen Idealen, weshalb Spitzel ausgegrenzt und geächtet werden sollen. In der Broschüre „Spitzel-Antivirus" heißt es dazu: „Es gibt keine Rechtfertigung für eine Zusammenarbeit mit dem Feind (dem Verfassungsschutz, Anm.) und es gibt keine Rechtfertigung dafür, einen erkannten Spitzel weiterhin in der nationalen Zusammenarbeit zu dulden. Wer sich für dieses System prostituiert, stellt sich außerhalb unserer Gesellschaft"[9].

Im Mittelpunkt der Auftritte in der Öffentlichkeit steht in vielen Fällen das Gedenken an die deutschen Opfer des Zweiten Weltkriegs wie etwa jene des alliierten Bombenterrors in Dresden und anderer deutscher Städte. Weniger bekannt ist, daß seitens der freien Kameradschaften am „Volkstrauertag" im November „Heldengedenken" an vielen Orten abgehalten werden, „um den gefallenen Frontsoldaten die Ehre zu erweisen". Hier ein Bericht des „Nationalen Widerstands Nord" über die „nationale Ehrung im holsteinischen Wilstedt": „Am Abend des 19. November wurde in Wilstedt im Kreis Stormann eine Ehrung unserer gefallenen Helden vorgenommen. Am Ehrenmal, das von der Gemeinde sehr gepflegt wird, wurde in Zweierreihen mit Fackeln und schwarzen und schwarz-weiß-roten Fahnen aufmarschiert.

9 http://www.widerstandnord.com/aktionsbuero/spitzel_antivirus_druckfertig.pdf

Bild: ZZ-Archiv

**„Kampfbund Deutscher Sozialisten“:** Die Erinnerung die deutschen Kriegsopfer ist selbstverständlich

Trotz der offensichtlichen nationalen Gesinnung der Teilnehmer nahmen auch spontan einige Anwohner an der sehr andächtigen Trauerveranstaltung teil. Eine Kameradin trug das sehr ergreifende Gedicht „Den Gefallenen“ von Josef Weinheber vor. Es wurden die gefallenen Teilnehmer beider Weltkriege und aller Waffengattungen mit einem bestimmten und lauten „hier“ in unsere Gemeinschaft zurückgerufen. Abschließend wurden das „Lied vom guten Kameraden“ und das „Lied der Deutschen“ gesungen. Bei letzterem stimmten die Wilstedter und Tangstedter Bürger unerwartet mit ein“[10].

Gedenkveranstaltungen werden aber nicht nur für gefallene Soldaten und zivile Kriegsopfer angehalten, sondern auch für Größen des Dritten Reiches. Während die Aufmärsche in Wun-

10 http://www.widerstandnord.com/aktionsbuero/

siedel anläßlich des Todestages des Hitler-Stellvertreters Rudolf Heß hinlänglich bekannt sind, wurde beispielsweise am 29. Oktober 2006 in Aumühle bei Hamburg „der bis heute unvergessenen Verdienste des letzten Reichspräsidenten Karl Dönitz, der unter völkerrechtswidrigen Umständen mit seiner Reichsregierung am 23. Mai 1945 verhaftet wurde", gedacht.[11]

Ein weiterer Schwerpunkt der politischen Tätigkeit der freien Kameradschaften ist der „Kampf für Meinungsfreiheit". In diesem Zusammenhang werden insbesondere das Verbot bzw. die Auflösung von Kundgebungen sowie Verurteilungen wegen „Volksverhetzung" und ähnlicher Tatbestände scharf kritisiert. Im Mittelpunkt der Kritik steht dabei der Staat, der nach außen hin eine demokratische Fassade aufgebaut habe, im inneren jedoch zu diktatorischen Methoden greife. Vor allem in Mitteldeutschland wird diesbezüglich die Bundesrepublik mit der untergegangenen „DDR" verglichen, wie folgendes Beispiel zeigt:

Im vergangenen Jahr (2006), veranstaltete der „Nationale Widerstand Jena" eine Kundgebung für Meinungsfreiheit. Zuvor hatte die Stadt Jena vergeblich versucht, die Demonstration zu untersagen. Dabei wurde auch des 1981 im Geraer Gefängnis unter bislang ungeklärten Umständen ums Leben gekommenen „DDR"-Oppositionellen Matthias Domaschk aus Jena und eines 2004 angeschossenen „nationalen Aktivisten" gedacht. Nach Angaben des „Nationalen Widerstands Jena" setzten „annähernd 500 Teilnehmer nicht nur ein kraftvolles Zeichen für Meinungsfreiheit, sondern auch gegen staatliche Willkür und Repression im allgemeinen". Auf einem in Zuge dieser Demonstration verteilten Flugblatt war zu lesen: „Redet man in der Bundesrepublik Deutschland davon, Freiheit und Demokratie zu sichern, meint man, meist verklausuliert, genau mit diesen Worthülsen die Freiheit anderer einzuschränken. Der Staat droht finanziell zu kollabieren, der Gebärstreik nimmt immer gefährlichere Ausmaße

---

11 http://www.widerstandnord.com/aktionsbuero/

an, die Massenzuwanderung bedroht die Volkssubstanz bereits erheblich und die Außenpolitik ist bestimmt von Befehlen aus Übersee. Wir, die nationale Opposition, die genau diese Zustände politisch angreifen und verändern wollen, sind jenen, die diese Misere in diesem Land zu verantworten haben, natürlich ein Dorn im Auge. Deshalb bekämpft man uns mit Mitteln, die für eine vorgebliche Demokratie mindestens zweifelhaft, wenn nicht gar völlig gegensätzlich sind. (...) Demonstrationen werden verboten und friedliche Versammlungen werden brutal aufgelöst. Sie als mitteldeutsche Menschen sollten sich an solche Methoden nur zu gut erinnern. Auch die „DDR" nannte sich demokratisch und ließ sogar deutsche Landsleute an der innerdeutschen Grenze erschießen"[12].

Einen hohen Stellenwert haben aber auch Kundgebungen gegen die Globalisierung. So ruft die „Koordinierungsstelle für den Widerstand in Thüringen" für den 1. Mai, dem Tag der Arbeit, unter dem Motto „Arbeit für Millionen statt Profite für Millionäre" zu einer Demonstration in Erfurt auf. Denn, so die Begründung, „das Grundübel unserer Zeit ist der aus dem Ruder gelaufene Kapitalismus, der an den niedrigen Händlergeist appelliert und allerorts seine Diener findet". Und der Materialismus und der Liberalismus seien die „Sendboten des völkischen Freitods unserer Zeit". Für den Verfassungsschutz steckt hinter der Strategie, Themen aufzugreifen, „die in der demokratischen Mehrheitsgesellschaft von großem politischen Interesse sind", die Absicht, „die politische Absicht zu überwinden und sich als Sachwalter von Interessen breiter Bevölkerungsschichten auszuweisen".[13]

Entgegen den Darstellungen in gleichgeschalteten Medien, wonach es sich bei den freien Kameradschaften um Ansammlungen grölender Skinheads und Neonazis handle, zeigen diese auch soziales Engagement wie beispielsweise bei Hilfseinsätzen

---

12 http://www.n-w-j.de/?ID=84&seite=news

13 Verfassungsschutzbericht 2005, S. 68

nach der Hochwasserkatastrophe in Mitteldeutschland im Sommer 2002.

# Die Skinheadszene

## Von der Entstehung bis heute

VON FRIEDRICH-WILHELM MOEWE

Ende der 1960er Jahre begann sich die Kultur der Skinheads in Großbritannien zu entwickeln. Damals war es nicht die politische Stimmung, die die Söhne der Arbeiter dazu bewogen hat, sich gegen die Gesellschaft zu wenden, sondern vielmehr die wirtschaftliche Lage.

In den Zeiten der Hochkonjunktur in den 1950er Jahren wurden in den heruntergekommenen Arbeitervierteln viele Backsteinbauten renoviert, wodurch es zu einer immensen Wertsteigerung der Grundstücke kam. Dies hatte zur Folge, daß Arbeiterfamilien durch den Verkauf ihres Eigentums schnell reich wurden und sich die klassischen Arbeiterviertel zu sogenannten besseren Wohngegenden entwickelten. Findige Geschäftsleute machten sich diesen Aufschwung zunutze, kauften die billigen unsanierten Gebäude und ließen sie bewußt verkommen, um eine Renovierung auf Kosten der Staatskasse zu erzwingen. Die Spekulanten erzielten dadurch einen enormen Verkaufsgewinn, und Architekten, Intellektuelle und Künstler besiedelten die ehemaligen Vorstädte. Die wenigen Wohnungen, die übergeblieben waren, wurden hauptsächlich von karibischen Einwanderern besiedelt.

Aufgrund der sozialen Verwerfungen und der Ungewißheit um die eigene Zukunftmachten sich die Jugendlichen der damaligen Zeit auf die Suche nach ihren Wurzeln, ihrer Identität. Sie rasierten sich die Köpfe, um ihre Einigkeit zu demonstrieren. Die Skinheadbewegung war geboren. Zu Ska- und Reggaemusik wurde getanzt, und auch mit den Jugendlichen der Einwanderer knüpfte man enge Bande. Bereits 1968 gab es die ersten Skinhead-Gangs, vor allem in den Großstädten wie London, Birmingham, Liverpool und Glasgow, womit sie zur damaligen Zeit zur größten Jugendsubkultur des Commonwealth zählte.

Die Jugendlichen aus den Arbeiterbezirken rotteten sich zu Gangs zusammen: Ihnen „gehörte" eine Straße oder ein Block – und ihr Revier hielten sie „sauber". Sauber von verfeindeten Jugendcliquen, Schwulen, verfilzten Hippies oder ungeliebten Ausländern. Insbesondere die Immigranten vom indischen Subkontinent waren häufig Opfer der Skinhead-Prügel: Nichts hatten die weißen jugendlichen Arbeiter mit ihnen gemeinsam, ihre Musik klang „schwul", und ihre sanfteren Gesichtszüge wirkten „weibisch" – die Jagd auf Pakistani, Bengalen und Inder gleichermaßen hieß szene-intern „paki bashing". Die Eltern reagierten auf das Verhalten ihrer Kinder meist sehr gelassen bis gar nicht, was dazu führte, daß die Gewalt auf den Straßen immer mehr zunahm. Vor allem die Gewaltbereitschaft gegenüber „Fremden" und „Andersartigen" begann zu eskalieren. Es scheint, als sei hier das Fundament für den Rassismus zu finden, der den Skinheads bis heute und nicht ganz zu Unrecht nachgesagt wird. Es herrschte eine wahre Freude an der Gewalt. Schlägereien standen an der Tagesordnung. Ein Phänomen, das bei Skinheadgruppen, ob links- oder rechtsextrem, bis heute zu finden ist.

In den frühen 1980er Jahren begann sich die Skinhead-Szene zu verändern, und so wurden, vor allem in der Bundesrepublik Deutschland, Skinheads immer mehr zu einer rechtsextremen politischen Gruppierung. Gut 40 Prozent der Skinheads deklarierten sich als rechtsextrem. Es kam immer häufiger zu Aufmärschen und dadurch zu einer verstärkten medialen Berichterstattung über die gewaltbereiten, rechtsextremen Skinheads.

Doch wurde es ihnen nicht leicht gemacht, in der rechtsextremen Szene Fuß zu fassen. Denn nicht jeder, der sich seine Haare rasierte und mit Bomberjacke durch die Straßen lief, war von vornherein von den „echten" Rechtsextremisten anerkannt.

Man mußte sich durch politisches Interesse und Kenntnis der Geschichte erst einmal beweisen, um nicht nur als phrasen-dreschender Mitläufer angesehen zu werden und dadurch vielleicht selbst Prügel von an und für sich Gleichgesinnten zu beziehen.

Gerade in der Skinheadszene ist das äußere Erscheinungsbild evident. Rechtsextreme Skins, gerne auch „Boneheads“ genannt, legen extrem viel Wert auf eine Spiegelglatze. Es wird naß rasiert – und das wenigstens alle zwei Tage. Bomberjacken, Militärhosen und Springerstiefeln sind Pflicht, wobei es bestimmte Modemarken wie zum Beispiel „Lonsdale“ gibt, die getragen werden müssen. Man gehört zu einer Gruppe und möchte diese Gruppenzugehörigkeit auch auf jeden Fall demonstrieren. Vor allem bei den Rechtsextremen ist „Lonsdale“ sehr beliebt, finden sich doch die Buchstaben „NSDA(P)“ im Schriftzug wieder.

So kommt man bei Konzerten einschlägiger Musikgruppen wie „Störkraft“ oder „Landser“ zusammen, zelebriert seine Einigkeit und begießt dies mit Bier. Harte Drogen sind verpönt, ebenso wie anders gesittete, die sich unter die Skinheads mischen wollen. Die Gewaltbereitschaft, die es seit den frühesten Tagen dieser Bewegung gibt, hat sich erhalten. Generell ist zu sagen, daß Musik bei den Skinheads eine enorm große Rolle spielt. Es gibt sehr viele Musikgruppen, die in ihren Texten ihre Gesinnung sehr deutlich und unversteckt zum Ausdruck bringen. Doch gerade in Deutschland wird die Szene sehr scharf beobachtet und kontrolliert, was dazu führte, daß immer mehr Musikgruppen auf den Index gesetzt werden. Der Sänger der „Landser“ wurde 2003 sogar verhaftet und zu vier Jahren Haft verurteilt, was natürlich das Ende der Gruppe bedeutete.

Nichtsdestotrotz sind Skinheads in der rechtsextremen Gesellschaft ein Randgruppenphänomen geblieben. Denn obwohl es immer wieder Versuche gab, die rechtsradikale Skins-Szene unter verschiedenen Dachverbänden zu organisieren, gelang es nie, eine gemeinsame Linie zu verfolgen und sich dadurch politisch zu etablieren. Viele Versuche, die Skinheads in einer großen Organisation zu vereinen, werden von den USA aus gestartet. So gab es zum Beispiel die „Blood and Honour"-Bewegung, die, kaum auf der Bildfläche, sowohl in Deutschland als auch in Österreich verboten wurde. Nachfolgeorganisationen kommen zwar immer wieder auf, werden aber meist schon von ihrer Gründung an so stark unter Beobachtung gesetzt, daß eine Etablierung kaum möglich ist. Vor allem in Deutschland hat man die Szene so gut es geht unter Kontrolle, man kennt die Rädelsführer, und der Verfassungsschutz ist iständig auf Tuchfühlung.

Einen großen Anteil daran haben auch die Medien, die die „Glatzen" sofort an den Pranger stellen und alle ins gleiche Eck rücken wollen. Eine Tatsache, die den linksextremen Skinheads natürlich nicht entgegenkommt, die krampfhaft versuchen, das Image der Glatzköpfe aufzubessern.

Zu guter Letzt muß hier gesagt werden, daß auch die gefürchteten Hooligans, die das optische Erscheinungsbild der Skinheads ziemlich eins zu eins übernommen haben, nichts mit den politisch Ambitionierten zu tun haben. Diese sind nämlich nur auf Randale aus und brauchen weder einen politischen noch multikulturellen Anlaß, um auf vermeintliche Gegner einzuschlagen. So werden sie von den Skinheads auch nicht akzeptiert und es kommt zwischen den beiden Gruppen immer wieder zu Zusammenstößen.

Noch heute lebt und wächst die Skinheadszene. Doch die bereits erwähnte Kontrolle des Staates und die Tatsache, daß sie von den politischen, rechtsextremistischen Gruppen nicht unbedingt ernst genommen werden, macht es ihnen denkbar schwer, sich in welcher Gesellschaft auch immer, zu etablieren. Sie waren und sind eine Randgruppe und werden es wahrscheinlich immer bleiben.

# Personenverzeichnis

Mit einigen Ergänzungen um Gruppierungen und Institutionen

## Personenverzeichnis